行政规定的法治逻辑与制度构建

张浪著

科学出版社

北京

内 容 简 介

本书是行政规定的法治逻辑与制度构建进行系统探讨研究的专著。通过法理阐述、规范分析、比较研究和实证研究相结合等方法，阐明行政规定的概念、价值及其法律地位和法律属性，明确其中包含的形式合法性、程序合法性和实质合法性的法治逻辑结构要素。形式合法性体现在行政规定制定权的合法来源，以及对法律优先原则的遵从。程序合法性蕴含着有效参与、程序公正和兼顾效率的原则，并以此为指导架构具体的程序机制。实质合法性是以自由价值的尊重与保障为衡量标准，在权力行使与权利保障间形成有机统一。本书对行政规定司法审查的原理和制度进行探究，并就我国相关行政诉讼制度的构建与完善提出对策和建议。

本书理论与实践联系密切，可为法学研究人员、政府法制工作人员及司法审判人员的理论研究与实践运用提供参考。

图书在版编目（CIP）数据

行政规定的法治逻辑与制度构建/张浪著. —北京：科学出版社，2019.6
ISBN 978-7-03-060938-0

Ⅰ. ①行… Ⅱ. ①张… Ⅲ. ①行政法-研究-中国 Ⅳ. ①D922.104

中国版本图书馆 CIP 数据核字（2019）第 058706 号

责任编辑：刘英红 / 责任校对：杨 赛
责任印制：张 伟 / 封面设计：华路天然

科学出版社 出版
北京东黄城根北街 16 号
邮政编码：100717
http://www.sciencep.com

北京虎彩文化传播有限公司 印刷
科学出版社发行 各地新华书店经销
*
2019 年 6 月第 一 版 开本：720×1000 B5
2019 年 11 月第二次印刷 印张：11 3/4
字数：235 000
定价：128.00 元
（如有印装质量问题，我社负责调换）

作 者 简 介

　　张浪，江苏涟水人，淮阴师范学院副教授，法学博士，现任江苏高校人文社会科学校外研究基地——社会风险评估与治理法治化研究基地副主任。1991年毕业于苏州大学法学院，获法学学士学位；2001年毕业于南京大学法学院，获法律硕士学位；2008年毕业于苏州大学，获法学博士学位。主要研究方向为：宪法与行政法学。曾先后任职于检察机关和党政部门。在省级以上期刊及核心刊物发表学术论文二十余篇，参与编撰了《中国行政法实用通典》《行政法学》等著作，主持和参加多项市厅级、省级及国家级课题研究项目。2011年，被确定为淮安市"533英才工程"首批学术技术拔尖人才培养对象。

　　"行政规定"在我国目前法律制度和理论研究中，尚未明确成为一个内涵和外延相统一的概念，但围绕其展开的理论研究及制度建设，伴随着法治的发展正在不断深入与完善。本书研究的行政规定，是指行政主体为行使行政管理职能，针对不特定对象制定的能够反复适用的、具有普遍约束力的规范性文件。其适用范围是指行政主体制定的除行政法规、规章以外的规范性文件，即行政法理论和实践中通常所称的"行政规范性文件""规章以下的规范性文件""行政规范""红头文件"等。在现有关于行政行为的理论研究及法律制度中，根据行政行为适用的对象、效力范围、适用的反复性，通常可分为具体行政行为和抽象行政行为，其中抽象行政行为又可分为行政立法行为和制定规范性文件的行为。具体行政行为及行政立法行为，无论是在法律制度的构建还是理论研究方面，都已形成了比较系统和成熟的体系。相比较而言，虽然行政规定作为行政行为的一种重要表现形式，但其理论研究与制度建设则显得薄弱得多，而这对于我国建设法治政府又恰恰是不容忽视的重要方面。因为无论是从规模数量上看，还是从与社会生活联系的广度和紧密程度上看，行政规定在各级政府和公民的日常工作生活中都发挥着重要作用。行政机关实施行政管理最直接的依据往往就是各类行政规定，涉及相对人权利和义务最直接的规则也大多是由行政机关制定的各类行政规定。因此，行政规定的质量如何，将影响着依法行政的水平和法治政府建设的进程。

　　2004年3月22日，国务院颁布的《全面推进依法行政实施纲要》明确提出建设法治政府的目标。根据该纲要规定，法治政府的重要标志之一是政府"制定行政法规、规章、规范性文件等制度建设符合宪法和法律规定的权限和程序，充分反映客观规律和最广大人民的根本利益，为社会主义物质文明、政治文明和精神文明协调发展提供制度保障"。之后，在党中央和国家层面上，对此项工作不断强化推进。《国务院关于加强市县政府依法行政的决定》（国发〔2008〕17号）以"建立健全规范性文件监督管理制度"为专项内容，对行政规定的制定权限、发布程序、备案、清理制度等作了明确具体、可操作性强的规定。《国务院关于加强法治政府建设的意见》（国发〔2010〕33号）规定，要加强对行政法规、规章和规范性文件的清理。对不符合经济社会发展要求，与上位法相抵触、不一致，或者相互之间不协调的行政法规、规章和规范性文件，要及时修改或者废止。建立规章和规范性文件定期清理制度，对规章一般每隔 5 年、对规范性文件一般每隔 2 年清理一次，清理结果要向社会公布。2013 年 11 月 12 日党的第十八届中央委员会第三次全体会议通过的《中共中央关于全面深化改革若干重大问题的决定》关于"推进法治中国建设"的内容中再次提出，要完善规范性文件、重大决策合法性审查机制，健全法规、规章规范性文件备案审查制度。2014 年 10 月 23 日中国共产党第十八届中央委员会第四次全体会议通过的《中共中央关于全面推进依法治国若干重大问题的决定》指出，行政机关不得法外设定权力，没有法律法规依据不得作出减损公民、法人和其他组织合法权益或者增加其义务的决定，并要求加强备案审查制度和能力建设，把所有规范性文件纳入备案审查范围，依法撤销和纠正违宪违法的规范性文件，禁止地方制发带有立法性质的文件。2015 年 12 月中共中央和国务院印发的《法治政府建设实施纲要（2015—2020 年）》再次将"加强规范性文件监督管理"作为完善依法行政制度体系的重要措施之一，对规范性文件的制定程序、合法性审查、"三统一"、设定内容、公布、备案审查等内容提出明确要求。2015 年 5 月 1 日起实施新修订的《中华人民共和国行政诉讼法》确立了人民法院对规范性文件附带审查的制度，规定公民、法人或者其他组织认为行政行为所依据的国务院部门和地方人民政府及其部门制定的规范性文件不合法，在对行政行为提起诉讼时，可以一并请求对该规范性文件进行审查。从中可以看出，规范性文件的制度建设对于构建法治政府、建设社会主义法治国家有着重要的现实意义。

行政规定作为我国行政管理活动中的一项重要内容，如同一把双刃剑，既能有效地推动行政权的规范行使，实现行政目的，也有可能会损害行政相对人的合法权益，背离权力为权利服务的宗旨。现实生活中已有诸多事例，暴露出了行政规定在制定、执行、监督和救济过程中存在诸多问题。人们从理论上和实践中也认识到对其予以规范的重要性，已有理论主张和一些地方行政机关正在探索制定行政规定的规则，力图从多个角度对行政规定进行规范控制。但对有关问题的认识往往止于表面，既缺乏针对性，也不够具体深入，系统性和可操作性不够强，尤其是未能充分结合我国国情和现有的法律制度展开讨论。正是基于这种学术研究与制度建设的迫切需求，笔者选择对其加以研究。本书试图在现有研究成果的基础上，对行政规定的法治逻辑与制度建设问题，做系统性的深入探讨，研究的主要意义在于：结合我国法治建设的实际，对行政规定的性质、适用范围及其地位、作用给予准确的认识和评价，进而解决在法治政府构建中如何保证行政规定的合法性，即判断和保障行政规定合法性的标准与机制是什么，以及如何对行政规定进行监督和救济，以充分实现权力有效行使和权利保障的统一，进而丰富我国行政法治的理论和实践。

　　本着将行政规定置于动态过程中加以考察研究的设想，从行政规定存在的现状、制定权的合法来源、权力界限和范围、如何行使及如何进行司法监督救济等方面加以探讨。首先，论证行政规定的存在价值，即这种行政行为在我国法治建设与行政管理活动中定位究竟应是怎样的；其次，在承认其应有的价值地位的基础上，进一步围绕其法治逻辑的起点与落脚点——合法性展开探讨，在阐述合法性的内涵和要求后，总结出行政规定的法治逻辑结构包括形式合法、程序合法、实质合法三方面内容；再次，对这三个方面的理论内涵及具体制度设计分别展开探讨与论证，目的是在行政权的行使中，创立一套系统有效且便于实际操作的保证行政规定合法的理论与机制；最后，从权力制衡与权利救济的要求出发，着重对保障行政规定合法性的最有效制约途径——司法审查进行探讨，试图建构和完善切合我国法律制度实际的司法审查模式。本书力图通过论证，在理论上和实践中明确行政规定的法律概念，对其性质、价值和法律地位形成准确客观的认识，形成对行政规定合法性的具体价值评判标准和运作保障机制，丰富和完善行政法治的理论与实践；构建和完善我国对行政规定司法审查的具体制度内容，从而促进行政规定制度化建设水平的提升。

张浪

2019 年 5 月 10 日

目　录

第一章
行政规定的基础理论

第一节　行政规定概念的确立

一、行政规定概念的理论诠释

（一）相似概念的不同称谓

"在我国，行政规定是什么，这是个看似简短实则极为复杂的问题。"[①]目前，无论是在理论界还是在实务上，行政规定尚未形成一个约定俗成、含义基本确定一致的概念，而且理论上对此概念的探讨并不多见。从现有的研究看，对行政规定内涵和外延的界定，可以归纳出以下几种观点。①在形式范围方面，将行政规定视为由行政机关制定的除行政法规、行政规章以外的其他规范性文件，亦即认为行政规定"包括除行政法规、行政规章以外的其他所有由行政机关（机构）制定和发布的规范性文件"[②]。②在效力范围方面，行政规定定位在针对相对人发生效力的规范性文件。"行政规定专指特定的国家行政机关为执行宪法、法律、法规、规章和管理社会事务按照一定的程序针对不特定相对人而制定颁布的规范性文件。"[③]③在实质内容方面，认为行政规定具有立法的性质[④]，行政机关制定的行政

[①] 朱芒：《论行政规定的性质——从行政规范体系角度的定位》，《中国法学》2003 年第 1 期，第 33 页。

[②] 袁明圣：《行政规定的若干问题》，《江西社会科学》2001 年第 10 期，第 87 页。持相同观点的文章还有赵银翠：《论行政规定的特征及效力》，《政府法制》2004 年第 8 期，第 25 页；李向平：《行政规定在行政诉讼中的地位和作用》，《人民司法》2001 年第 7 期，第 41 页；张萍：《论行政规定的可诉性》，《中共宁波市委党校学报》2000 年第 3 期，第 31 页；陈党、胡茜茜：《行政规定的司法审查与救济方式》，《理论导刊》2012 年第 10 期，第 90 页。

[③] 尤春媛、马晓敏：《论行政规定的司法审查》，《山西大学学报（哲学社会科学版）》2001 年第 3 期，第 78 页。

[④] 参见朱芒：《论行政规定的性质——从行政规范体系角度的定位》，《中国法学》2003 年第 1 期，第 46 页。

规定有些是属于制定实质性法律规范的活动。④将其视为是一种执行性的行为，不具有立法性质。行政规定是行政机关的一种纯粹的执行行为，不带有任何立法的色彩，尽管是对相对人权利和义务的规定，但这种规定不是创设性的，而是属于解释性、执行性的规定。"行政规定是行政主体基于行政需要，为执行法律、行政法规、地方性法规和行政规章，依法定权限和法定程序制定发布的，将上位阶法所规定的行政相对人的权利义务及法律后果予以具体化、明确化的，能够在本行政管辖区域内反复适用的具有普遍约束力的规范性文件。"①根据其适用对象及内容可划分为内部行政规定与外部行政规定，即如果行政规定的内容仅涉及行政机关自身的组织构成、人员编制或行政机关工作人员的权利与义务和奖惩规定，则这部分规定属于内部规定。如果行政规定的内容涉及行政相对人的权利与义务和法律后果，适用于该行政机关管辖范围内的行政相对人，则这部分规定属于外部行政规定。

　　与本书探讨的行政规定概念相近的法学概念和法律概念，主要有"其他规范性文件""行政规范性文件""行政规范""行政命令"等称谓。对于理论和实务中比较通行的"其他规范性文件"的概念有三种学理上的解释②：一是最广义的解释，指一切国家机关制定的除法律、法规、规章之外的具有普遍约束力的决定、命令和措施（是对立法以外的所有规范性文件的概括称呼，既包括不具备立法主体资格的地方权力机关制定的规范文件，也包括不具备行政立法主体资格的政府、行政机关制定的规范文件）；二是广义的解释，指各级各类国家行政机关为实施法律和执行政策在法定权限内制定的除行政法规和规章以外的具有普遍约束力的决定、命令及行政措施等；三是狭义的解释，指不享有行政法规和行政规章制定权的国家行政机关为实施法律、法规和规章而制定的具有普遍约束力的决定、命令、行政措施等。

　　"行政规范性文件"的概念，较为通行的定义是：行政机关为了执行法律、法规和规章及实现行政目的制定发布的，除行政法规和规章之外的，具有普遍约束力的决定、命令和行政措施。③这与上述"其他规范性文件"概念中的广义解释概念是一致的。

　　"行政规范"的概念，是指行政机关及被授权组织为实施法律和执行政策，在法定权限内制定的除行政法规和规章以外的决定、命令等普遍性行为规则的总称。它的主要含义特征表现为：有权制定行政规范的主体只能是国家行政机关或被授权组织；必须依据一定的程序来制定，但相比较于立法程序，则比较简单、灵活，

---

① 黎枫：《行政规定概念之建构》，《云南大学学报（法学版）》2003年第1期，第20页。
② 参见湛中乐：《论行政法规、行政规章以外的其他规范性文件》，《中国法学》1992年第2期，第108页。
③ 马怀德主编：《行政法学》，中国政法大学出版社2009年版，第176页。类似的主张可参见姜明安主编：《行政法与行政诉讼法》，北京大学出版社、高等教育出版社2011年版，第176页。

更注重效率；具体形式上，主要有《国家行政机关公文处理办法》规定的命令、决定、指示、公告（通告）、通知、通报、报告、请示、批复、函、会议纪要等；所规范的对象是不特定的公众及将来的法律事实。①

还有关于"行政命令"的概念阐述，其将效力范围界定为外部行政规定，"行政命令是指各级行政机关的职权范围内对外发布的具有普遍效力和非立法性行政规范。它是对外抽象行政行为中排除行政立法的那一部分"②。

除了上述的概念名称外，比较常见的还有"行政规则""抽象行政行为""红头文件"等称谓。理论称谓上的繁多杂乱必然导致实践中的困惑和不知所措。因此，明确行政规定的内涵、外延，将有助于我们进一步认识行政行为的具体性质及其种类，进而在理论上和实践中正确把握与运用，实现权力制约和权利保障的有效统一。

（二）行政规定概念的逐步确立

在新近的一些法学著作和教科书中，行政规定逐渐受到关注。章剑生认为，行政规定在当下行政法理论中，作为一个与行政法规、行政规章并列的概念，正逐渐为人们所接受，"行政规定是指行政机关制定和发布的，除行政法规和行政规章之外的，具有普遍约束力的规范性文件……在实务中，行政规定具有数量大、内容杂和涉及面广之特点，令研究者头痛不已"③。关于行政规定的性质，章剑生主张行政规定的制定在有法律授权的条件下，即具有与法律规范相同的功能，其性质应界定为法的自然延伸，凡是与法律、法规和规章不抵触的，应当视为法的组成部分。

胡建淼教授在其所著的"高等教育法学精品教材"丛书《行政法学》一书中，以专门的第八章"行政规定与行政决定"④阐述了行政规定的概念、性质、范围和种类等。行政机关在行使行政职权过程中，有两大职能，即制定普遍性规则和作出具体性决定，并据此将行政行为的构成范畴划分为行政规定与行政决定两大板块。行政规定是指各级人民政府及其工作部门依据法律、法规、规章或者上级行政机关的有关规定，基于其行政职权的范围，针对不特定的行政相对人作出的，并可反复适用的行政规则。行政规定是由行政主体所制定的具有普遍约束力的行政规则。他还认为，行政规定的制定主体不仅应当包括《中华人民共和国行政复议法》第七条规定的范围，即国务院工作部门的规定；县级以上地方各级人民政

① 应松年主编：《当代中国行政法》（上卷），中国方正出版社 2005 年版，第 597—598 页。
② 张建飞：《论行政命令》，《浙江学刊》1998 年第 3 期，第 92 页。
③ 章剑生：《现代行政法基本理论》，法律出版社 2008 年版，第 191 页。
④ 参见胡建淼：《行政法学》，法律出版社 2015 年版，第 203—222 页。

府及其工作部门的规定；乡、镇人民政府的规定；还应包括国务院，即国务院制定的行政法规以外的规范性文件也应当包括在行政规定范畴内，即由行政机关制定的除行政法规和规章以外的规范性文件都属于行政规定。从中国的实际情况来看，行政规定主要有以下四种类型。①创设性行政规定。在法律、法规和规章未作规定的条件下，该规定率先确立有关权利与义务或行为标准。由于行政规定不是法律规范，因而这种创设性需受严格限制：一是以法律、法规和规章的授权为前提；二是内容一般限于授益性的行政行为，而不是负担性的行政行为。②执行性行政规定。为了执行和落实国家法律、法规和规章而制定的规定，其内容大多是将国家法规变换成行政规定，以便有效实施。③指导性行政规定。它仅是行政机关对相对人行为的一种指导，不具有强制性。④解释性行政规定。行政机关为实施法律、法规和规章，以及有关的行政规定而对它们所作的解释。

以上类别仅是对行政规定在理论上的划分，"在实际中，许多行政规定都不是纯种类性的，即不可能有一个行政规定其全文都是创设性条款或解释性条款"①。事实正是如此，行政规定的内容在类别上存在着交叉融合，其数量大、内容杂和涉及面广的特点，在令研究者头痛不已的同时，也反映出对其进行研究与规范的必要性和迫切性。

二、行政规定的概念及特征

（一）行政规定的概念

本书认为行政规定是指行政主体为行使行政管理职能，针对不特定对象制定的能够反复适用的、具有普遍约束力的规范性文件。其范围是指行政主体制定的除行政法规、规章以外的规范性文件，含义具体包括以下几方面内容。

一是制定的主体是行政主体。所谓行政主体，是指享有国家行政权，能以自己的名义行使行政权，并能独立地承担因此而产生的相应法律责任的组织。国家行政机关是最主要的行政主体，一定的行政机构和其他社会组织，依照法定授权，也可以成为行政主体。②行政规定的制定主体可分为两类：一类是拥有行政立法权的行政机关以行政立法形式以外方式制定的行政规定。有行政立法权的行政机关并未按照行政立法的形式制定规范性文件，即没有按照《中华人民共和国立法法》《行政法规制定程序条例》《规章制定程序条例》的要求，这种规范性文件，我们称为行政规定，而不称为行政法规和规章。另一类是根本没有行政立法权的行政

---

① 胡建淼：《行政法学》，法律出版社2015年版，第207页。
② 参见罗豪才主编：《行政法学》，北京大学出版社2001年版，第34页。一般而言，行政主体是行政机关的上位概念，为了表述简便，如无特别说明，本书将行政机关和行政主体作为同一层面含义上可互换的概念使用。

机关制定的行政规定。尤其是《中华人民共和国立法法》在 2015 年 3 月 15 日经第十二届全国人民代表大会第三次会议修正前，没有行政立法权的行政主体很多，除了较大的市外，我国的县、乡人民政府，县级以上、省级以下的市政府以及行政主管机关都没有行政立法权，而它们日常的行政管理活动在很多情况下是依据行政规定来进行的。

二是为行使行政管理职能。行政规定的制定和实施必须是基于行政的目的，是行政主体对国家与公共事务的决策、组织、管理和调控，亦即为实现国家的目的，运用自身固有职权或法律法规规章的授权，通过制定行政规定的方式执行国家法律和权力（立法）机关意志的活动。它是为实现国家目的，对国家事务与公共事务进行的特殊管理活动。

三是范围涵盖内部规定与外部规定。作为一种抽象行政行为，与行政法规、规章共同构成抽象行政行为的全部内容和表现形式。在现有法律规定的范围上，主要是指《中华人民共和国行政复议法》第七条列举的范围："国务院部门的规定；县级以上地方各级人民政府及其工作部门的规定；乡、镇人民政府的规定。"《中华人民共和国行政诉讼法》第五十三条列举的范围，即指国务院部门和地方人民政府及其部门制定的规范性文件。《中华人民共和国行政复议法》《中华人民共和国行政诉讼法》两部法律规定的行政规定种类和形式是完全一致的，这也满足了行政复议与行政诉讼在机制衔接上的需求。对行政规定的效力范围，可做出内部行政规定与外部行政规定的分类。内部行政规定是行政主体对隶属于自身的组织、人员和财物的管理，只针对内部作出，不适用于外部，对社会相对人不发生法律效果；外部行政规定是行政主体对社会行政事务的管理，发生在行政主体与相对人之间。根据我国行政诉讼制度的设计，内部行政行为不具有可诉性，外部行政行为可以诉。而就法律所设定的行政规定的效力范围而言，行政规定的范围既包括内部行政规定，也包括外部行政规定，只不过外部行政规定因其直接针对相对人发挥作用，而更应成为研究关注的重点。

（二）行政规定的特征分析

（1）制定主体的广泛性

行政规定不像行政法规、行政规章那样有着严格的主体资格限制，任何行政机关均可在其职权范围内根据其履行行政职能的需要加以制定，以致形成了上至国务院，下至乡、镇人民政府及各级人民政府的职能部门均可成为行政规定的制定主体。

（2）程序的相对灵活性

行政法规和行政规章的制定有比较严格与规范的程序规定，它们的制定必须依据《中华人民共和国立法法》《行政法规制定程序条例》《规章制定程序条例》

规定的一系列程序和形式要求，而行政规定的制定则无统一的法律法规加以系统规范。早期则散见于个别法规和国务院文件中有概括性或原则性规定，如国务院颁布的《规章制定程序条例》和国务院办公厅公布的《国家行政机关公文处理办法》。《规章制定程序条例》（2002 年 1 月 1 日起施行）第三十六条规定，依法不具有规章制定权的县级以上地方人民政府制定、发布具有普遍约束力的决定、命令，参照本条例规定的程序执行。该条规定中的"具有普遍约束力的决定、命令"正是指行政规定。《国家行政机关公文处理办法》[①]对行政公文的制作程序作了粗略的规定，行政规定的制定也同样适用此程序。随着《全面推进依法行政实施纲要》和《国务院关于加强市县政府依法行政的决定》（国发〔2008〕17 号）的公布实施，对行政规定程序规制要求趋向严格。《国务院关于加强市县政府依法行政的决定》第四部分"建立健全规范性文件监督管理制度"中，明确提出三项制度的建设内容：①严格规范性文件制定权限和发布程序；②完善规范性文件备案制度；③建立规范性文件定期清理制度。其后的《国务院关于加强法治政府建设的意见》（国发〔2010〕33 号）在"加强和改进制度建设"内容中，对行政规定的清理、制定程序和备案审查又作出了进一步的规定及要求。《法治政府建设实施纲要（2015—2020 年）》在"加强规范性文件监督管理"内容中要求完善规范性文件制定程序，落实合法性审查、集体讨论决定等制度，实行制定机关对规范性文件统一登记、统一编号、统一印发制度。涉及公民、法人和其他组织权利义务的规范性文件，应当按照法定要求和程序予以公布，未经公布的不得作为行政管理依据。由此可见，虽然行政规定的制定程序相较于立法程序有一定的简便和灵活性，但应遵循应有的程序，以强化其合法性已成为必然。

（3）形式的多样性

在名称形式上，行政法规和行政规章一般以条例、规定、办法、实施细则与规则等为名，而行政规定的名称则显得比较混乱。依据 2001 年 1 月 1 日起实施的《国家行政机关公文处理办法》可推定有如下几种：①命令（或令）；②决定；③公告；④通告；⑤通知；⑥通报；⑦批复；⑧意见；⑨函；⑩会议纪要。2012 年 7 月 1 日起施行的《党政机关公文处理工作条例》第 8 条列举了 15 种主要公文种类：①决议；②决定；③命令（令）；④公报；⑤公告；⑥通告；⑦意见；⑧通知；⑨通报；⑩报告；⑪请示；⑫批复；⑬议案；⑭函；⑮纪要。依据部分省（自治区、直辖市）、市已出台的关于行政规定制定程序的规定，所使用的名称一般有：规定、办法、细则、命令、决定、意见、通告、通知、布告等。在行文格式上，行政规定不像行政法规与行政规章一样有比较完整的章、

---

① 《国家行政机关公文处理办法》（国发〔2000〕23 号）自 2001 年 1 月 1 日起施行，后被 2012 年 7 月 1 日起施行的《党政机关公文处理工作条例》（中办发〔2012〕14 号）所替代废止。

节、条、款、项和总则、分则、附则等结构，相当一部分行政规定是和行政机关的一般性公文类同的，使用包括发文机关标识、发文字号、标题、正文、附注等部分的行文结构。

（4）行为对象的不特定性

行政规定针对的是不特定的人或事，该文件适用于发文机关职权范围和管辖区域内所有符合相应条件的某一类人或某一类事，并可反复适用。与具体行政行为①不同，行政规定针对的不是已经发生的行为或事件，而是针对当时或今后可能发生的行为或事件。行政规定的这一特征与法律、行政法规和行政规章相同，也是其区别于具体行政行为的关键所在。

（5）内容的特定性

行政规定往往是根据行政管理的实际需要针对某类人或事制定的，或者为执行法律、法规、规章或上级行政规定而结合本地或本部门的实际情况制定，再或者是在行政法规、规章或上级行政规定授权的前提下补充制定，具有暂时性、过渡性和从属性的特点，因而所规定的内容特定有限。

（6）效力的层级性

行政规定就其效力而言，体现为时间、空间及对人的效力；它与具体行政行为比较，表现为能否被准用的效力；它与法律、法规、规章和其他规范性文件比较，其效力则表现为层次的高低。行政规定与各自制定主体相对应，呈现出上下分明的多层级性。在抽象行政行为中，行政法规的法律效力最高，其次是行政规章。行政规定也具有法律效力，也可以作为具体行政行为的依据，但其层级最低，不能与法律、法规和规章相抵触。行政规定也存在着层级效力，并且这种效力层级关系是与行政机关之间的行政隶属关系相一致的，即下级的行政规定不能与上级的行政规定相抵触。

（三）行政规定与抽象行政行为、行政立法的关系

抽象行政行为是基于以行为的对象是否特定为标准对行政行为进行分类而形成的一个基本概念。它是指行政主体以不特定的人或事为管理对象，制定具有普遍约束力的规范性文件的行为。其核心特征就在于行为对象的不特定性或普遍性，即行为对象具有抽象性，属于不确定的某一类人或某一类事项并具有反复适用的

---

① 具体行政行为与抽象行政行为的分类方式是行政行为的重要分类之一，具体行政行为曾是修订前《行政诉讼法》中的重要术语。何谓具体行政行为，有关司法解释也曾作出过定义，根据《最高人民法院关于贯彻执行〈中华人民共和国行政诉讼法〉若干问题的意见（试行）》（法〔1991〕19号）第一条的规定，"具体行政行为"是指国家行政机关和行政机关工作人员、法律法规授权的组织、行政机关委托的组织或者个人在行政管理活动中行使行政职权，针对特定的公民、法人或者其他组织，就特定的具体事项，作出的有关该公民、法人或者其他组织权利义务的单方行为。随着2015年5月1日起施行的修订后《中华人民共和国行政诉讼法》取消了"具体行政行为"这一法律术语，取而代之以"行政行为"的称谓，"具体行政行为"的概念价值则更多存在于理论运用上。

效力。抽象行政行为可分为行政立法行为和制定行政规定的行为，亦即在抽象行政行为中，行政规定是抽象行政行为的下位概念，它是和行政立法相并列的一种行为，与行政立法共同构成抽象行政行为的全部内容和表现形式。

行政立法是行政主体根据法定权限并按法定程序制定和发布行政法规与行政规章的活动。行政立法的最终结果，表现为适用于不特定行政相对人的普遍性规则，即作为法的渊源的行政法规和规章。行政主体非制定行政法规和规章的活动，即制定行政规定的活动，不是行政立法。在我国，行政立法仅指制定行政法规和行政规章的行为，除此以外的制定普遍约束力的规则的行为，都属于制定行政规定的行为。关于行政立法行为，按其效力等级可以分为制定行政法规的行为和制定行政规章的行为；从制定的机关则可以分为国务院制定、发布行政法规，国务院各部委和直属机构制定、发布部门规章，省、自治区、直辖市、设区的市、自治州的人民政府制定、发布地方政府规章。

行政立法与行政规定的区别主要包括以下几个方面。首先，制定的主体不同。行政立法的主体只能是国务院、国务院的组成部门和具有对外行政管理职能的国务院直属机构，以及省、自治区、直辖市、设区的市、自治州的人民政府。而行政规定的制定主体除了具有行政立法权限的行政立法机关外，还包括不享有行政立法权限的行政机关。其次，二者的地位不同。行政立法属于行政法渊源，而行政规定目前在我国通说认为其不是行政法的渊源，"主流观点也一直把它们排斥在法律渊源之外，但它们在实际生活中的作用是毋庸置疑的"①。关于行政规定的法律渊源属性本书后续内容再作进一步讨论。最后，行政立法有明确的法定程序和形式要求，而行政规定尚无统一规范的法定程序要求。行政立法必须依据《中华人民共和国立法法》《行政法规制定程序条例》《规章制定程序条例》等规定的一系列程序和形式要求，程序和形式规范明确严格。行政规定的制定与发布程序，尚无统一的法律法规加以规范，随着对其制度建设的日益重视，各地各部门多以地方立法（主要是政府规章或部门规章）或出台规范性文件（亦即行政规定）的形式予以规范。相比较而言，行政规定制定程序的法律规范效力层级较低，程序相对简便灵活。

（四）确立"行政规定"概念的意义

首先，"规范性文件"称谓的不合理。从语法结构上分析，该称谓是为偏正的复合结构短语，"文件"是中心词，"规范性"是修饰定语。依据《汉语大词典》的解释，文件指公文、信件等，有关政治理论、时事政策、学术研究方面的文章。公文，指处理或联系公务的文件。规范，是指：①典范；②规模、规格；③为使

---

① 应松年主编：《当代中国行政法》（上卷），中国方正出版社 2005 年版，第 46 页。

合乎模式；④约定俗成或明文规定的标准。①公务，通常是指关于国家或集体的事务。公务的范围都直接或者间接地表现为对国家和社会公共事务的管理。依此，规范性文件的含义可解释为：具有明确标准的公文。因此，从语义上理解，规范性文件的内涵丰富，涉及范围广。因为公务的内容显然不仅包括行政事务，而且涉及国家的政治行为及公权力行使的其他领域，如军事、外交、立法、司法、政党活动等方面。这样对规范性文件的理解不应仅限于行政行为领域，因为无法准确地反映出其行政行为的性质，也不够周延严密。

其次，有利于概念统一，消除称谓混乱的现状。"其他规范性文件是个大杂烩，其称呼也极其混乱。"②这形象地揭示出针对特定类型的抽象行政行为，尽管在对象及范围的界定上基本一致，但使用名称却繁多杂乱的理论研究和行政法实践的现状。与行政规定概念相同或相近的其他称谓，如"行政措施、决定和命令""规范性文件""其他规范性文件""行政机关制定、发布的具有普遍约束力的决定、命令""规定"等，在多部法律中已有规定。就正式法律文本规定而言，主要有以下几种称谓。

1）称为"行政措施、决定和命令"。《中华人民共和国宪法》第八十九条规定，国务院根据宪法和法律，有权规定行政措施，发布决定和命令；第九十条规定，国务院各部委根据法律和国务院的行政法规、决定、命令，在本部门的权限内，发布命令、指示；这表明《中华人民共和国宪法》授予国务院及其部委规定行政措施，发布决定、命令、指示的权力。《中华人民共和国宪法》第一百零七条规定，县级以上地方各级人民政府可以发布决定和命令；《中华人民共和国地方各级人民代表大会和地方各级人民政府组织法》第五十九条第一款规定，县级以上的地方各级人民政府行使下列职权：执行本级人民代表大会及其常务委员会的决议，以及上级国家行政机关的决定和命令，规定行政措施，发布决定和命令；第六十一条第一款规定，乡、民族乡、镇的人民政府行使下列职权：执行本级人民代表大会的决议和本级国家行政机关的决定和命令，发布决定和命令。因此，《中华人民共和国宪法》《地方各级人民代表大会和地方各级人民政府组织法》授予了县以上地方各级人民政府规定行政措施、发布命令和决定的权力，授予乡、民族乡、镇的人民政府发布决定和命令的权力。

2）称为"规范性文件"。根据《中华人民共和国各级人民代表大会常务委员会监督法》第五章"规范性文件的备案审查"的规定，规范性文件的范围包括：

① 汉语大词典编辑委员会、汉语大词典编纂处编纂：《汉语大词典》（第六卷），汉语大词典出版社 1990 年版，第 1517 页；汉语大词典编辑委员会、汉语大词典编纂处编纂：《汉语大词典》（第二卷），汉语大词典出版社 1988 年版，第 58 页；汉语大词典编辑委员会、汉语大词典编纂处编纂：《汉语大词典》（第十卷），汉语大词典出版社 1992 年版，第 329 页。

② 应松年主编：《当代中国行政法》（上卷），中国方正出版社 2005 年版，第 46 页。

行政法规、地方性法规、自治条例和单行条例、规章;地方各级人民代表大会及常委会的决议、决定和县级以上人民政府发布的决定、命令;最高人民法院、最高人民检察院作出的属于审判、检察工作中具体应用法律的解释等。此处的规范性文件所包含的范围较广,仅在制定主体上,就涵盖了权力机关、司法机关和行政机关。其中,就县级以上地方各级人民代表大会常务委员会备案审查的规范性文件范围而言,依据第三十条的规定,对下一级人民代表大会及其常务委员会作出的决议、决定和本级人民政府发布的决定、命令。因此,其范围就包括了权力机关和行政机关制定的规范性文件。

3)称为法律、法规、规章以外的"其他规范性文件"。《中华人民共和国行政处罚法》第十四条规定,"除本法第九条、第十条、第十一条、第十二条以及第十三条的规定外,其他规范性文件不得设定行政处罚。"根据该法的内容,这里的"其他规范性文件",是指除法律、法规、规章以外的规范性文件。与此相类似的还见之于《中华人民共和国行政许可法》的规定。《中华人民共和国行政许可法》第十四条规定,必要时,国务院可以采用发布决定的方式设定行政许可。第十七条规定,除本法第十四条、第十五条规定的外,其他规范性文件一律不得设定行政许可。

4)称为"行政机关制定、发布的具有普遍约束力的决定、命令"。《中华人民共和国行政诉讼法》第十三条关于人民法院不予受理的案件范围的规定,即人民法院不受理公民、法人或者其他组织对行政法规、规章或者行政机关制定、发布的具有普遍约束力的决定、命令提起的诉讼,也就是学理上所讲的抽象行政行为。在该法中还出现"规范性文件"的称谓,如第三十四条规定,被告对作出的行政行为负有举证责任,应当提供作出该行政行为的证据和所依据的规范性文件。

5)称为"规定"。《中华人民共和国行政复议法》第七条规定:"公民、法人或者其他组织认为行政机关的具体行政行为所依据的下列规定不合法,在对具体行政行为申请行政复议时,可以一并向行政复议机关提出对该规定的审查申请:(一)国务院部门的规定;(二)县级以上地方各级人民政府及其工作部门的规定;(三)乡、镇人民政府的规定。前款所列规定不含国务院部、委员会规章和地方人民政府规章。规章的审查依照法律、行政法规办理。"因而,在层级和范围上,又称为"规章以下的规定"。

通过以上列举可以看出,对行政机关作出的特定类型的抽象行政行为,尽管在概念及范围的界定上几乎完全一致,但称谓繁多,这不仅令专业人士无所适从,更让非专业人士不知所云,学界亦已认识到"行政法规和规章以外的普遍性规则在我国尚未形成一个为理论和实务所普遍接受的名称,仍旧处于一种非模式化或非定型化的混沌状态"①。因此,考虑到行为的主体特征、名称的简洁方便,以及

---

① 应松年主编:《当代中国行政法》(上卷),中国方正出版社 2005 年版,第 596 页。

学界已有的认同，确立行政规定这一概念，有利于消除目前称谓混乱的状态，有利于在同一语义下和共同的学术平台上展开有针对性的理论探讨与交流，更利于行政法治的实践。

三、与"行政规定"相关的制度比较

在大陆法系及英美法系国家的法律制度中，存在着与行政规定相类似的行政行为。由于不同国家政治体制和法律制度存有差异，首先在概念和范围上难以直接类比，仅就名称而言，就有法规、条例、委任立法、行政命令、法规命令、行政规则、规程等，其称谓既无法统一，在内容、性质和种类方面也不尽一致。尽管具体的定义、内容和理论不尽相同，其称谓也不一致，但总体说来，它们的有关法治理论研究和实践相对比较发达，对我们进行相关研究具有一定的借鉴意义。

（一）德国

在德国的法律体系中，奉行法律秩序的位阶构造学说，认为法律必须具有秩序，形成法律规范的体系，即由基本规范到一般规范，再到个别规范所构成，具体而言，联邦宪法具有最高效力，成为基本法，其下依次是联邦法律、具有法律性质的一般命令、单纯的一般命令、国家其他规范、特别权力关系的命令、自治通则及特别自治规章。其中，命令的归类极有分歧，难以形成通说。依宪法的规定，大体可分为法规命令和行政规则。[①]

法规命令是指行政机关（政府、部长和行政机关）颁布的法律规范。它与正式法律的区别是虽制定机关不同，但在内容和效力上与议会通过的正式法律相同，它的制定要根据议会法律的明确授权。"法规命令由于在性质上如同国会法律一般，是一种具抽象性、一般性，并且对外发生法律效果的法规范，因此被认为是典型行政立法的展现。"[②]行政规则是指上级行政机关向下级行政机关、领导对下属行政工作人员发布的一般——抽象的命令，或者针对行政机关内部秩序，或者针对业务性的行政活动。实践中的用语极不统一，名称有行政规则、纲领、布告、通告、内部工作指令等，但行政规则这一术语更为常用。行政规则可以分为四类，即组织规则和业务规则、解释性规则、裁量性规则，以及替代性规则。[③]①组织规则和业务规则，是指调整行政机关的内部机构和业务活动，如行政机关内部机关设置、业务划分、案卷制作方式和上下班时间等行政规则。②解释性规则，即解

---

① 参见城仲模：《德国及法国行政命令制度之研究》，《行政法之基础理论》，三民书局股份有限公司1999年版，第144—151页。

② 黄舒芃：《行政命令》，三民书局股份有限公司2011年版，第46页。

③ 参见〔德〕哈特穆特·毛雷尔：《行政法学总论》，高家伟译，法律出版社2000年版，第593—594页。

释法律的行政规则或者规范具体化的行政规则（解释性准则），是针对法律规范的解释和适用，特别是法律概念的理解所作的行政规则，它为下级机关提供了法律解释的指南，从而确保法律的统一适用。③裁量性规则，即裁量控制规则，是确定行政机关如何行使法定裁量权的行政规则，其目的是确保裁量权行使的统一性和平等性。④替代性规则，即替代法律的行政规则，是指在出现法律缺位或者没有法律规定而又需要规范时，行政机关所制定的起替代法律作用的行政规则。在虽然有法律规定，但非常宽泛以至于需要具体化时，行政机关所制定的裁量性规则，也可以归类为替代性规则。

对于法规命令与行政规则的界限，尽管德国学界从名称、形式标准、实体标准、原始行政法职能、转换等方面提出了区分标准，但亦认为明确区分二者之间的界限并非易事，二者极易出现错位。"实践中，法规命令和行政规则的界限总是引发难题，而这反过来表明两者的原始区别——法规命令是具有普遍约束力的外部法，而行政规则是只约束行政机关的内部法——本身就存在问题。很有可能，同样内容、同样效力的规范可以采取法规命令的形式或者行政规则的形式。"①尽管在传统上基于"内部法"与"外部法"的划分，将行政规则看成是一种"内部法"，原则上并不直接发生对外效力，通常也与人民没有直接关联，而排除在法的范畴之外，但时代的发展已冲破这种界限，现在行政规则的法律特征已经得到广泛认可，并被广泛作为法律的渊源。"这种否认行政规则可以作为法规范或法源的看法，随着行政自主性与复杂性的不断高涨，在当代已渐渐失去其主流地位。"②

（二）法国

法国行政法中，国会所制定的普遍性规则称为法律，行政机关所制定的普遍性规则称为条例。"作为行政行为根据的普遍性规则，主要由条例规定，而不是法律规定。"③行政机关制定的条例有四种内容不同的种类④：①执行条例，指总理为明确执行的方式和补充法律的规定而制定的条例；②自主条例，凡不在宪法第34条列举属于法律范围以内的事项，由中央政府根据宪法规定享有自主制定条例权力；③法令条例，根据宪法一般的规定属于法律范围内的事项，由议会授权或根据宪法的特别规定，由政府以条例规定；④紧急情况条例，总统根据宪法授予的特别权力为应付危机而制定。

此外，在法国行政法中，还有起着相当重要作用的被称为"内部行政措施"

---

① 〔德〕哈特穆特·毛雷尔：《行政法学总论》，高家伟译，法律出版社2000年版，第608页。
② 黄舒芃：《行政命令》，三民书局股份有限公司2011年版，第48页。
③ 王名扬：《法国行政法》，中国政法大学出版社1988年版，第140页。
④ 参见王名扬：《法国行政法》，中国政法大学出版社1988年版，第142—144页。

的"通令"和"指示"。①通令，是指行政长官关于某一法律和条例的解释与某项公务的实施办法，根据层级指挥权所发布的命令，适用于他管辖下的全体公务员和机关，具有普遍约束力。关于通令的效力，根据其内容可分为解释性的通令和条例性的通令两类，解释性的通令对法律秩序没有增加新的内容，没有变更公民的权利和义务，对外界人员不具有执行效力，属于内部行政措施；一切对于法律秩序增加新规定的通令，属于条例性质，具有对外界执行的效力。但一个通令究竟是属于解释性通令还是属于条例性通令，有时不易区分。指示，是指具有自由裁量权限的行政机关，事先为自己及下级机关规定一个标准，作为行使自由裁量权的指导。指示有时表示具有执行力的条例，指示的内容有时用通令的形式表示。

（三）日本

行政立法是日本公法学界用以称呼行政机关制定具有普遍拘束力规范的普遍用语。日本"行政立法"是指内阁以次行政机关本着法律之授权或执行职务之必要，以法条形式对外部之行为或内部之组织所为一般性抽象之规定者之谓。②行政立法分为以下两种。①法规命令，是指行政机关制定的、关于行政主体和私人的关系中的权利、义务的一般性规范。从性质上讲是行政机关对外生效的"法规"。②行政规则（或称行政命令、行政规程），是指行政机关制定的规范，但与国民的权利、义务不直接发生关系，即不具有外部效果的规定。

法规命令，从权限上进行分类，可分为：国家的法规命令，有内阁的政令、各主任大臣的总理府令和省令、各外局首长的外局规则、会计检查院、人事院等独立机关的规则；地方公共团体的法规命令，有首长和各委员会的规则。从法律关系上进行分类，可分为委任命令与执行命令的范畴。委任命令，是指根据法律的委任而订定有关应以法律规定的事项的命令，事关人民的权利和义务，原授权法应有明确的范围、条件、程度、种类等基准。具体而言，委任命令应系法律的补充规定，具体的、特例的、个别的规定与法律的解释的规定，因此可替代上位阶法律或命令而做实质的内容补充。执行命令，系以执行上位阶法令为目的，并依其目的以决定执行命令的内容，执行命令限于具体、个别、技术、细节及程序等事项，执行命令无须法律明示性的授权，是依行政职权而订定，受上位阶法令的完全支配，裁量权比委任命令受到更严格的限制。

行政规则大致有五种分类。①关于组织的规定。例如，各省的事务组织及事务分配的规定。②关于具有特别关系的人的规定。例如，关于公务员、公立学校

① 参见王名扬：《法国行政法》，中国政法大学出版社 1988 年版，第 179—183 页。
② 参见城仲模：《论日本行政命令制度》，《行政法之基础理论》，三民书局股份有限公司 1999 年版，第 208 页。

的学生的规定。③以各行政机关为相对人，关于各行政机关的行动基准的规定。其中，有规定应该依据解释基准的，也有提示有关裁量基准的。④交付补助金时制定的交付规则或者交付纲要。⑤以文书形式规定对于行政相对人的行政指导基准的规定。其形式并不确定，通常为训令、通知、纲要、告示等。

行政规则在其效力上呈现出"外部化现象"。一方面，对特别权力关系乃至"部分性秩序"关系的规范，从总体上解释为行政规则，且并不否定其外部效果，在司法审查中也可作为合法性审查的基准。另一方面，在侵害行政乃至给付行政中，虽然须有形式意义上的法律和法规命令，"但在法律及其委任的方式以外，行政机关有时也制定行政规则，来作为具体场合的行动基准"①。行政规则，"有时亦就法律事项而规定，使其对于非特别权利义务关系的一般国民亦发生直接的拘束力，即具有法规的性质"②。这种规则主要见于解释基准、裁量基准、给付规则、指导纲要。

（四）美国

美国联邦行政程序法第 551 节把行政行为分为两大类，即规则（rule）和裁决（order）。在有些中文翻译中，也有将 rule 译为法规、规章。③美国联邦行政程序法对规则和裁决进行了明确的区分。联邦行政程序法第 551 节第 7 款，将"裁决"定义为机关作出裁定的行为。联邦行政程序法第 551 节第 4 款，对规则的定义：指机关发布的具有普遍适用性或特殊适用性，并将生效的文件的全部或一部分。目的在于实施、解释、规定法律或政策，或规定机关的组织、程序或活动规则。包括批准或规定将来的收费标准、工资、法人的或财经的体制及其变革、价格、设备、器具及其服务或分配，还包括批准或规定和上述各项活动有关的估价、费用、会计或手续。通过这条规定可以看出，规则不仅指行政机关作出的普遍适用的决定，而且包括它们作出的针对特定人或特定情况的适用于将来发生效力的决定在内。

正是由于美国联邦行政程序法关于规则的定义过于宽泛，几乎足以包括行政机关在任何情况中所作的任何说明，以致"迄今为止还没有人提出一项能够完全令人满意的'规则'定义"④。但规则在美国法律制度中所占有的地位和发挥的作

---

① 〔日〕盐野宏：《行政法》，杨建顺译，法律出版社 1999 年版，第 74 页。

② 城仲模：《论日本行政命令制度》，《行政法之基础理论》，三民书局股份有限公司 1999 年版，第 223 页。

③ 例如，在王名扬所著的《美国行政法》（中国法制出版社 2005 年版，第 345 页及其后），均将 rule 译为法规。在应松年主编的《外国行政程序法汇编》（中国法制出版社 2004 年版，第 2 页），将 rule 译为规章。因此，基于翻译上的差异，在本书中涉及美国行政程序法中的 rule，如无特别说明，将规则、法规、规章作为可互换使用的同一概念。

④ 〔美〕理查德·J. 皮尔斯：《行政法》，苏苗罕译，中国人民大学出版社 2016 年版，第 316 页。

用不可低估。"在行政法关系上，法规的数量远远超过法律，美国公民的日常生活大部份受法规支配。""在美国法律秩序结构中，法规犹如汪洋大海，法律只是漂浮在大海中的少数孤岛。"①特定类型的规则制定权，被认为是行政机关固有的职权。行政机关制定的规则的众多优点表现为②：通过规则制定程序可以产生更高质量的规则；规则制定强化政治问责度；效率优势；作为说明的案件；避免对立法性事实问题举行裁决型听证；避免重复听证；立法性规则更容易得到执行；公平；更优的规则通告；规则的同步适用；减少裁量和提高各决定之间的一致性；广泛的公共参与。

对于法规的种类，以其内容和法律效果为标准，可分为实体法法规、程序法法规和解释性法规。实体法法规，是规定个人权利和义务的法规，必须要有法律的授权才能制定。它所产生的法律效果和国会所制定的法律的效果相同，具有法律所有的各种效果。程序法法规，是实施实体法的规则，制定程序法法规的权力可以由法律授予，在没有法律授权时，行政机关在执行法律的范围内，有固定的权力制定必要的和合理的程序性规则。解释性法规，是澄清或说明法律或其他法规的法规，是行政机关对法律的解释，不具备实体法法规同样的法律效果。③

美国法律制度中的规则在其制定的权力来源、种类的界定、法律适用和司法审查中的效力等，常令人感到困惑和费解。"研究美国行政命令，通常仅能止于联邦部分，至各州行政命令则五花八门，绝非泛论所能综合叙明；即就联邦行政命令而言，依然难理头绪，学说及法院等实务界对之仍未有效为普遍或有系统的见解，甚至命令之名称、实质上有效成立要件及订定之合法程序等，除行政程序法之概略规定外，亦未有较为固定统一的标准。"④

（五）英国

英国作为议会主权国家，认为立法权只属于议会。议会以外的机关需要立法，须有议会委任。议会以外的机关依据议会的授权而进行的立法便被称为"委任立法"。英国的委任立法并不能简单地等同于中国的行政立法，因为其主体并不以行政机关为限，有关法院、教会、社会团体依据议会制定法规的活动，也属于委任立法。以行政机关的委任立法为限，英国的委任立法有以下五种形式。⑤①枢密院

---

① 王名扬：《美国行政法》，中国法制出版社 2005 年版，第 350 页。

② 参见〔美〕理查德·J. 皮尔斯：《行政法》（第一卷），苏苗罕译，中国人民大学出版社 2016 年版，第 386—390 页。

③ 参见王名扬：《美国行政法》，中国法制出版社 2005 年版，第 352—354 页。

④ 城仲模：《论美国行政命令制度》，《行政法之基础理论》，三民书局股份有限公司 1999 年版，第 199 页。

⑤ 参见胡建淼：《比较行政法——20 国行政法评述》，法律出版社 1998 年版，第 89—90 页。

令。法律授权枢密院颁发命令以实施委任立法，它适用于重要的事项或超过一个部的事项。②部令。部长根据议会法律授权发布条例、命令以实施委任立法，这是数目最多的委任立法。③临时命令和特别程序命令。临时命令是指部长根据地方议会申请所制定的命令。特别程序命令是指由地方政府或其他法定机关所制定的法规，呈请有关部长批准。④地方政府法规和单行条例。根据1972年的地方政府法，地方政府有权制定适用于本地区的地方法规。根据议会法律授权，地方政府或其他法定独立机构可以制定单行条例。⑤次级委任立法。根据授权法的规定，具有委任立法权的机关，在另有法律明文许可的条件下，可以再授权其他机关行使有关的委任立法权。"如果我们把英国行政机关在委任立法中所制定的法规叫作行政法规的话，那应该说，英国行政法规的名称是很混乱的，几乎没有明显的规律……从现行情况看，英国行政法规常用的名称主要有命令（order）、条例（regulation）、规则（rule）、计划（scheme）、指示（direction）等。一般说来，条例用于较重要的普遍性的实体规定；规则用于程序方面的规定；命令有时指普遍性规则，有时可用于规定具体措施。"①

英国行政法的奠基人威廉·韦德爵士在阐述英国委任立法的形式与特点时认为②，委任立法的形式有条例、规则、命令、行政规则、通告等。纯粹的行政规则，如关于文官事务的分配或者免除纳税人税收的规则、关于政策及其适用的说明及政府部门所作的声明，都不属于立法。然而，区别立法与行政规则的界限往往被含义不清的术语所模糊。有些原本属于立法性质的法定规则却被视为不具有法律强制性的行政规章制度，而有些非立法性质的规则却被当成法律规则。对这些规则的法律效力，在英国的理论和司法实践中存在着有分歧的认识与做法。有的认为，这些规则仅仅是一种行政活动的规定，既不是法律规则也不是委任立法，不承认其具有法律效力；有的认为，这些规则在某种程度上无疑具有法律效力，如同其所依据的法律本身一样，也是英国法的组成部分。

通过上述国家中与行政规定相关概念的比较可以看出，行政主体制定具有普遍约束力的规范，已成为行政活动中的重要方式。就制定权的来源看，有的是基于法律的授权，有的则是基于固有的职权。就规定的内容看，既涉及内部行政法律关系，也涉及外部行政法律关系；既有实体规范，也有程序规范；其效力也可直接涉及公民的权利和义务，可被视为行政法法源。在表现形式上，名称繁多，鲜有相同。龚祥瑞教授在其所著《比较宪法与行政法》一书中，在"法规的种类"一节中专门对法规的种类进行了介绍。笔者认为，此处的法规，涵盖了我国行政法通常意义上所指的行政法规、行政规章、行政规定，表现形式多样，具体名称

① 胡建淼：《比较行政法——20国行政法评述》，法律出版社1998年版，第90页。
② 参见〔英〕威廉·韦德：《行政法》，徐炳等译，中国大百科全书出版社1997年版，第571—573页。

不一，种类繁多，性质和效力亦存在差异。恰如龚祥瑞教授所述："法规名称繁多，地位效力不等，颁行机关不一。有时界限不清，甚至久经锻炼的执法家也无法告诉我们一个命令、一个特别命令、一个规则与一个规程在地位性质上、效力上究竟有什么区别。"①

第二节　行政规定的法律地位及其功能

一、行政规定在功能上弥补法律规范的不足，完善法律体系

"有法可依"是依法行政的前提和基础。对公权力的有效控制和对公民权利的充分保障，离不开完备的法律规范体系，法以其特有的规范作用和社会作用对社会生活发挥着重要的作用。在现代法治社会，就建立和维护整个社会秩序而言，法律是十分重要的手段和方法，但法并不是也无法成为唯一的、低成本的方式，这是由法自身的局限性所决定的。法律作为规范，主要是对社会生活中业已成熟的社会关系加以调整，因此法律文件往往滞后于社会生活。加之其内容具有抽象性、概括性、原则性和稳定性的特点，因而无法涵盖社会生活的全部事实，而且既要针对不同利益诉求因事制宜，还要对变动频繁的社会关系及时做出相应调整。"法对千姿百态，不断变化的社会生活的涵盖性和适应性不可避免地存在一定的限度。"②这就形成法律规范的真空地带和一定程度的不适应性。

正是行政规定弥补了法制的这一漏洞，并且这种"弥补"并不仅仅是拾遗补阙，而是丰富和拓展。行政规定的数量非常庞大，在国家法律规范体系中占有相当大的比重，根据笔者能够利用的统计手段和统计结果，从中可窥一斑。笔者于2017年2月27日登录"北大法律信息网"（http://www.chinalawinfo.com/），从"法律法规"一栏，分别检索"中央法规司法解释"和"地方法规规章"两类的数量。"中央法规司法解释"共有 266 724 篇，其中法律为 2289 篇，行政法规为 8391 篇，司法解释为 6428 篇；部门规章为 220 562 篇；团体规定为 4873 篇、行业规定为 23 720 篇、军事法规规章为 458 篇。"地方法规规章"共有 1 187 520 篇，其中地方性法规为 24 490 篇；地方政府规章为 24 512 篇；地方规范性文件为 1 129 974 篇；地方司法性文件为 3709 篇。从内容分析，虽然这些法律、法规、规章和规范性文件，并不仅仅是纯粹性的规范，还包括相应主体制定发布的专项工作报告、通报、决议、决定、人事任免、法律草案说明、解释等，但考虑其归纳统计口径的一致性，能够比较准确地反映出行政规定在整个法律规范体系中的占比。根据制定的

---

① 龚祥瑞：《比较宪法与行政法》，法律出版社 2003 年版，第 418 页。
② 张文显主编：《法理学》，法律出版社 1997 年版，第 263 页。

主体，"地方规范性文件"的制定者，主要为省级人民政府、省会所在地市人民政府、较大的市和经济特区政府及少数设区市的政府，尚不包括其他行政主体制定的行政规定。即便如此，这种"地方规范性文件"占"地方法规规章"数量的95.2%，占"中央法规司法解释"和"地方法规规章"总和数量的77.7%。国外的法制状况亦是如此，"在法律和条例的关系上，条例是汪洋大海，法律是大海中几个孤岛"[①]。"在美国法律秩序结构中，法规犹如汪洋大海，法律只是漂浮在大海中的少数孤岛。"[②]这形象地揭示出法和行政规定之间，存在着的相互依赖、相互转化、相辅相成的良性互动关系。

一方面，当社会生活中出现某一新生事物，而就该事项进行立法尚无可借鉴的经验或条件不成熟时，行政规定可就该事项作出探索性的暂时规定。对于行之有效的内容加以保留，对于不合时宜、不尽合理的内容又可及时地进行修改，这就为将来该事项的立法积累了经验，避免了盲目性。行政规定可以早于法的出现，成为社会关系和行为的规范准则，发挥着法规范的作用，或者成为法制定的试验性立法，为法的制定积累经验，"并不仅是国的立法权，有作法的权威，行政行为和司法行为，在某程度内，也有作法的权威"[③]。

另一方面，有的法律、法规和规章在经过一段时间的运行后，随着社会经济条件的变化，必然会出现有些规定不合时宜，或落后于时代的问题，如果这些规定并不影响法律、法规和规章的整体效能时，考虑到法律的稳定因素，立法机关往往不急于对该法律进行修改或废止，在此情况下，行政机关就可以制定行政规定来对法律没有规定的事项作出规定，对法律虽有规定但难以适应现实社会生活要求的内容及时作出修改、补充性的规定。行政规定也可能后于法的出现，作为后续性的立法，如先制定标准化法、后制定具体的不同行业的专业标准；或者作为解释性的立法，如相关法律术语的行政解释；或者作为执行性立法，如具体裁量的事实标准与处理之间的对应量化。"对于议会来说，授权政府对议会立法进行修改是非常可行的。""然而，实际上，随着立法复杂性的不断增长，政府可以享有某些调整或者修正立法条款的权力，这一点应当得到承认。"[④]

二、行政规定是实现自由裁量权正确行使与有效发挥作用的重要途径

成文法固有的缺陷，必然需要通过行政权的积极介入来加以克服。权力有善与恶的两面性，要求对其行使和运作能形成有效的规范与控制，使其既能达成行

① 王名扬：《法国行政法》，中国政法大学出版社1988年版，第142页。
② 王名扬：《美国行政法》，中国法制出版社2005年版，第350页。
③ 〔日〕矶谷幸次郎、美浓部达吉：《〈法学通论〉与〈法之本质〉》，王国维、林纪东译，中国政法大学出版社2005年版，第218页。
④ 〔英〕威廉·韦德：《行政法》，徐炳等译，中国大百科全书出版社1997年版，第564页。

政目的，又不致损害相对人的权益。自由裁量权的积极行使和有效限制是现代法治发展的趋势，也契合法治政府倡导的行为理念。

从西方法治发展的历史及趋势看，在 20 世纪以前，强调对政府权力控制，倡导"有限政府"的权力制约模式，一直是西方宪法和法治理论研究与实践探索的主旋律，以分权制衡为核心的国家权力设置得到广泛认同，权力被滥用与腐败的可能得到有效遏制。"在现代西方政治学说中，宪政论的核心问题是对政治权力进行限制。宪政就是限政，建立有限政府，将国家权力置于宪法、法律的有效制约之下，防止国家权力对自由的侵蚀。"①"有限政府"论作为一种政治信仰和政策选择被推到了顶峰，而政府"有为"的作用和意义被严重忽视，结果导致诸多负面效应。于是，从 20 世纪起，在福利国家、服务行政理念倡导下，西方各法治国家纷纷摒弃了片面强调"有限政府"的消极模式，转向追求"有限政府"与"有为政府"的适度平衡，增进人民福祉，更好地实现社会公平和正义。"仅局限于限制政府权力、保障公民权利这一角度是不全面的，它应该是保护公民权利与维护国家权力良性运行的统一。控权却不囿于控权，控权与保权的统一是现代宪政的必然要求与发展趋势。实现控权与保权的统一的行宪规律是宪政社会价值目标导向下的客观反映。"②以美国当代著名学者斯蒂芬·L. 埃尔金、卡罗尔·爱德华·索乌坦等主张的"新宪政论"，强调宪治应关注保障权力系统的高效与民主化运行，即如何通过制度设计保证政府权力运行的高效化和民主化，高效民主的制度设计及其运作应成为宪治的中心。"新宪政论不否认在宪政制度中政治生活的民主化是件好事，但它需要表明民主政府怎样能够既是受到制约的又是能动进取的——也就是说，既能积极促进社会福利，与此同时，又不陷入仅仅在其组织得最好的公民之间分配利益的专制之中。"③他们还认为，新宪政的结构要素包括：①限制政治权力的滥用；②能够很好地解决问题；③有助于形成公民的性格，即培养出其负责任地行使权力的宪法美德。

《全面推进依法行政实施纲要》倡导的依法行政的基本原则及要求正反映出这一新理念。依法行政的基本原则要求：必须把维护最广大人民的根本利益作为政府工作的出发点；必须把坚持依法行政与提高行政效率统一起来，做到既严格依法办事，又积极履行职责。从中可以看出，"有限政府"与"有为政府"的有机统一，是法治政府的实质；"有所为，有所不为"是法治政府的职能定位。行政法治原则的主要要求之一，就是行政机关必须采取行动保证法律规范的实施。行政机关不仅有消极的义务遵守法律，而且有积极的义务采取行动，以保证法律规范的

---

① 王彩云：《西方宪政制度的人性基础》，《经济与社会发展》2004 年 12 期，第 103 页。

② 白钢、林广华：《宪政通论》，社会科学文献出版社 2005 年版，第 14—15 页。

③〔美〕斯蒂芬·L. 埃尔金、卡罗尔·爱德华·索乌坦编：《新宪政论——为美好的社会设计政治制度》，周叶谦译，生活·读书·新知三联书店 1997 年版，第 39 页。

实施，只有这样才符合法治的现代意义。"行政机关在情况需要的时候如果不制定有效的条例来维持秩序，就是违反法律。"①

徒法不足以自行。法的颁布与法的实施之间必须有一个中间环节，即执法机关运用职权，使法律规范中确定的权利和义务关系转化为现实生活中的权利与义务关系，再转化为人们享有权利、履行义务的活动。行政规定的制定，具有非常强烈的自由裁量权行使的特点，这是由行政规定的性质所决定的，"行政裁量并不单纯存在于行政行为，而存在于行政的一切手段中，诸如，行政计划的制定、命令与规则的制定、行政调查或行政上的即时强制、行政契约和行政指导等"②。自由裁量权虽然有其一定的任意性，但其存在不仅是客观的需要，而且是现代行政法治发展的要求。自由裁量权的存在主要是由于行政任务相当复杂且具有多样性，所涉及的问题无法以绝对划一的法律规则加以规范，必须赋予行政机关某种弹性决策的空间。此外，由于行政规定具有行政行为的一般效力，它在实现行政管理目的，约束相对人的同时，也约束制定和执行行政规定的行政机关。这样行政规定就能够有效防止行政机关中的曲解法律、恣意妄为等行为发生。

三、行政规定有利于提高行政效益，降低法治与社会发展成本

首先，顺应社会行政管理活动的现实需要。我国行政主体中有权制定发布行政法规和行政规章的，只占行政主体极小部分，而随着社会管理的日益复杂化、专业化及现实生活的多变性，仅仅依靠行政法规和行政规章来进行管理远远不能满足社会需要，也不能满足各级政府及其多数部门的需要。为避免众多的低效而重复的行政管理活动，制定可反复适用的、具有普遍约束力的行政规定则是各级政府乃至其部门进行有效管理的必然选择。同时，行政机关大量的行政行为是直接根据行政规定作出的。"当公民和行政机关打交道的过程中，一定意义上说人们是在和各个'红头文件'打交道，因为根据低位阶行政规范优先适用的规则，行政机关总是倾向于优先寻找各种可以适用的文件而不是优先寻找法律条文，所以人们总能发现一个很有趣的现象，就是行政机关的公务员往往对各种文件非常熟悉，而对'法'却相对感到陌生，这也许是对'依通知行政'的一个很有意思的注脚。"③

具体到依法行政的组织实施，如果仅从形式法治的要求出发，强调行政行为必须以法律、法规和规章为依据，那么在现实中则会阻碍行政职能的正常发

---

① 王名扬：《法国行政法》，中国政法大学出版社1988年版，第207页。
② 〔日〕室井力主编：《日本现代行政法》，吴微译，中国政法大学出版社1995年版，第27页。
③ 郭庆珠：《行政规范性文件制定正当性研究》，中国检察出版社2011年版，第3页。

挥。因为行政规定的效用对于行政主体的行政活动具有不可替代性。在《中华人民共和国立法法》于 2015 年 3 月 8 日经第十二届全国人民代表大会第三次会议修正前，全国设区的市共有 284 个，按照现行立法法规定，享有地方立法权的有 49 个（包括 27 个省、自治区的人民政府所在地的市，以及 4 个经济特区所在地的市和 18 个经国务院批准的较大的市），尚没有地方立法权的 235 个。[①]仅就国务院批准的"较大的市"行政立法权而言，根据地方组织法和立法法的规定，其有权制定地方政府规章，立法事项主要包括两类：一是为了执行上位法的规定；二是属于本行政区域的具体行政管理事项。也就是说，这类行政主体在执行法律或管理本行政区域的具体行政事务活动中，可以通过制定具有普遍约束力的规范，达到形式上依法行政的目的。而相对于与"较大的市"同样区划的不属于"较大的市"的全国其他二百余个地级行政区划单位而言，虽然同样存在着需要执行上位法或管理本行政区域具体行政事务的职能要求，但由于没有地方规章的立法权，从依法行政的形式要求，是否就意味着要么是因为无法可依，只能消极的不作为，放弃本应履行的职责？要么积极行政，通过制定行政规定，规范社会秩序和行使职权？从现实的政治生态及行政的实际运作来看，答案显然应该是后者。

学术界已注意到这种法治建设中存在的立法规定与现实状况的悖论，"从'较大的市'立法事项上看，很难说明为什么国务院批准的'较大的市'需要立法权，而非'较大的市'就不必享有地方立法权"[②]。解决这种矛盾的办法，固然可以通过规范国务院批准"较大的市"的行为，强化赋予或限制"较大的市"的地方立法权的理由、标准、程序等，即立法权的取得应当取决于城市的发展水平。但这种以地方发展水平为基础的综合性标准，并不好量化，尽管可以努力设计一些"较大的市"的构成标准，但总的感觉是这些标准的弹性空间很大，难以公正、准确地界定。这也可能恰恰是从 1994 年以后国务院没有再批准设立新的"较大的市"重要原因。

由于我国各地区的政治、经济、文化发展水平不平衡，地区差异较大，各部门各行业也都有自己的特殊性。因此，尽管我国的政体是单一制的结构形式，但遵循的原则是在中央的统一领导下充分调动地方的主动性、积极性。"具有高度的灵活性和很强的包容性，它是集中央集权某些特点、地方自治某些特点和联邦制某些特点于一身的富有创造性的单一制，是一种具有中国特色的单一制。"[③]其主要特点是：实行中央集权，但又赋予地方一定的权力；它不属于地方自治类型，

[①] 李建国：《关于〈中华人民共和国立法法修正案（草案）〉的说明》，2018 年 4 月 19 日，http://www.npc.gov.cn/npc/ xinwen/2015-03/09/content_1916887.htm。

[②] 李兵：《国务院批准具有立法权的"较大的市"行为研究》，《行政法学研究》2006 年第 2 期，第 55 页。

[③] 杨海坤主编：《宪法学基本论》，中国人事出版社 2002 年版，第 221 页。

但又有部分地方实行自治。因此，在坚持单一制政体的前提下，顺应行政权扩张的发展趋势，通过规范批准新的行政主体以赋予其地方立法权，并非解决问题的有效方案。有鉴于此，修订后的《中华人民共和国立法法》第八十二条赋予设区的市享有对部分事项的地方立法权，明确设区的市可以对"城乡建设与管理、环境保护、历史文化保护等方面的事项"制定地方性法规。因此，尽管设区的市人民政府对部分事项享有地方政府规章的立法权，但对行政管理领域中涉及的大量的其他事项并无规章制定权。至于为数众多、承担着最为繁杂的行政管理事务的县乡级人民政府而言，在无立法权的前提下，运用抽象规范的形式，作为其履行职责和实施行政管理的有效措施与手段，则是不可或缺的。

其次，在节约立法成本的同时，也降低了社会交易成本。狭义上的法律（指法律、法规和规章），从立法主体上说，其形成主体比较单一，立法程序比较复杂，一般要经过立法的准备、议案的提出、审议和通过、公布、解释、修改和废除等环节，耗费资源多，投入时间长，国家的立法成本相对较高；而行政规定的制定程序比较简单、灵活，因而避免了立法的复杂性，节约了立法成本。另外，从立法与社会发展的关系看，立法是对社会关系的反映和规范。但在社会转型时期，很多社会关系具有暂时性和过渡性特征，如果都局限于通过传统的立法方式加以规范，可能法律制定出台之日，社会关系早已发生了变化，法律滞后于社会发展，这就浪费了立法资源。而行政规定具有灵活性、回应性的特点，可有效地弥补传统立法的不足，从而以较小的资源耗费，实现社会转型时期对社会关系的及时有效调整。"各种规则、规章的一个根本性的优越性就在于它的灵活性，同议会立法的修改相比，其变化要快得多也容易得多。"①行政规定作为法律规制的手段具有普遍适用的特点，它能给行政相对人合理安排自己的生活提供相对确定的预期，能给行政相对人遵守行政法规和规章提供清楚的行为规则，使其获得明确的依据。而经济分析表明，通过行政规定所制定的普遍性规则，可以避免或降低交易主体在确定和认同规则方面的成本。行政规定大多为法律、法规、规章的具体化，行政相对人更易决定交易成本以及是否进行某行为。

第三节　行政规定的法律渊源属性

作为法学中的专门术语，法律渊源从字面上可理解为法律的来源与表现形式，即是指由不同国家机关制定或认可的，具有不同法律效力和法律地位的各种类别的规范性文件的总称，它又可称为"法源""法的表现形式""法的形式"。行政法

①〔英〕威廉·韦德：《行政法》，徐炳等译，中国大百科全书出版社1997年版，第559页。

的法源，是构成行政法规范成立及表现的形式。"研究和了解行政法渊源，其价值在于，这是我们行政执法时获得法依据的出处，也是行政审判时寻找判案的法规范的基础，更是规范相对人行为、维持社会秩序的准则之所在。"[1]由于现行立法规定及对法律渊源理解的不一致，对行政规定的法律属性存有争议，对其是否属于法律渊源界定不清，"我国行政法学界对行政立法和其他规范性文件的界限仍然缺乏清晰的认识"[2]。理论上的纷争，必然会带来实践中的困惑和矛盾，导致人们对行政规定在行政执法及司法审查活动中的效力与作用产生分歧。本节拟从理论梳理、概念分析、司法实践及实证研究等方面对行政规定的法律属性进行探讨，以期明晰其法律地位和法律效力。

一、对行政规定法律渊源属性的不同理解和主张

大体来看，对行政规定是否属于法律渊源，可以分为肯定论和否定论两种态度。

肯定者认为，行政机关制定规范性文件的行为既是一种行政决策行为，又是一种制造行政法法律渊源的行为。[3]它涉及一定的行政管理问题，需要调整一定的行政关系，作为行政法法源是社会主义国家行政法的一大特色。[4]规范性文件具有普遍约束力，在对社会实施有效管理的过程中发挥着重要作用，比法律规范更为具体适用，虽然《中华人民共和国行政诉讼法》并未确认其可作为法律依据，甚或没有明确可以列为参照标准，但事实上只要经过行政复议机关或人民法院的审查确认其内容不与法律、行政法规、行政规章相抵触，其法律效力是应该承认的。[5]规范性文件可以在一定的条件下，作为裁判的根据，理由在于：一是宪法规定行政机关有权发布具有普遍约束力的决定、命令，如果一概不承认这些决定和命令的效力，事实上就等于取消了宪法赋予行政机关在这方面的权力；二是相当一部分行政规范性文件是正确的、合法的，它们对社会实施有效管理的过程中发挥着重要作用，不予适用是不科学的；三是从现实情况看，我国法律规范本身规定得比较原则，越是低层级的规范性文件往往规定得越具体，而且更切合当地的实际情况。[6]"我国行政法学理论与实务的通说，并不认为其他规范性文件就不可以设定私人（公民、法人或者其他组织）的权利义务，而只是这一规定的效力层级要低于法律、法规和规章等立法性文件。如此一来，

---

① 余凌云：《行政法讲义》，清华大学出版社 2010 年版，第 15 页。

② 马怀德主编：《行政程序立法研究》，法律出版社 2005 年版，第 337 页。

③ 张淑芳：《规范性文件行政复议制度》，《法学研究》2002 年第 4 期，第 25 页。

④ 姜明安主编：《行政法学》，法律出版社 1998 年版，第 25 页。

⑤ 应松年主编：《行政行为法——中国行政法制建设的理论与实践》，人民出版社 1993 年版，第 310 页。

⑥ 参见江必新：《中国行政诉讼制度之发展：行政诉讼司法解释解读》，金城出版社 2001 年版，第 97—98 页。

实际上也就承认了其他规范性文件的立法或法律规范的属性。"①

否定者认为，行政规定不是行政法的渊源。理由是行政规定虽具有法律效果但不等于具有法律拘束力，也不等于法。因为法的渊源最本质含义是：该规范性文件是否具备法的一般特征，其中能否为法院适用是一条重要的判断标准。只有能够作为法院判决依据即对人民法院也有拘束力的规范才是法。否则，即使是立法主体（国家权力机关和行政立法机关）启动立法程序制定的规范，也只是一种制度而不是法。②一个行为规范是否具有普遍性强制拘束力，关键不是看对不特定公众是否具有拘束力，也不是看对所属行政机关及其工作人员是否具有拘束力，而是看对法院或法官是否具有拘束力。只有在这种具有独立地位的法官或法院，也要受到行为规范的拘束时，才认为该行为规范具有真正的普遍性强制拘束力，是法的具体表现形式。由此得出除法定解释性行政规范外，行政规范不是法的具体表现形式。③这种论点是基于法的可诉性特征得出的。

学者从不同角度对行政规定的性质进行了探讨研究，其中，借用东亚汉语圈中的类似概念，从行政规范体系的结构与判断标准入手，就行政规定是否涉及私人的权利和义务、能否对外发生拘束力与是否成为法院审判纠纷的基准等角度，进行实质判断标准的划分并得出结论："行政规定作为无名规范虽然不具有行政法规或规章（有名规范）的外形，但决不能够断言行政规定之中不存在法律。具体而言，行政规定因规范调整的对象属于行政职权体系之外或之内，由此导致行政规定是否涉及私人的权利义务，是否可能成为司法审判基准，从而在总体上可以被划分为属于法规命令的行政规定（其在功能上等同于法律规范）以及属于行政规则的行政规定（其不具有法律规范的功能）。"④

另有学者在首先分析了行政法渊源主流观点的形成、社会背景、新近发展及存在的缺陷后，指出把行政法渊源的范围限定在宪法、法律、行政法规、地方性法规、自治条例以及行政规章等制定法上的多数观点，反映了对国家权威的依赖，是现有宪政体制下中央管理地方、中央与地方博弈的暂时均衡，是对领导个人意志和红头文件不确定性、易变性的忧虑，对依靠明确、稳定的规则治理的企求。其次，从三个方面分析了行政法渊源主流观点存在的缺陷，即法律条文本身并不包含固定的含义，需要取决于法律共同体在特定语境中讨论、交流后达成共识；法律渊源不仅仅局限于正式的制定法渊源，规则、习惯、学说、原则等非正式渊源是正式渊源的必要补充；法律渊源的拘束力并非绝对的、无条件的，并非法院必须绝对遵循的依据，法院对法律、法规有含蓄的保留权，行政规定对法院具有

---

① 马怀德主编：《行政程序立法研究》，法律出版社 2005 年版，第 337 页。

② 叶必丰、周佑勇：《行政规范研究》，法律出版社 2002 年版，第 82 页。

③ 叶必丰：《行政规范法律地位的制度论证》，《中国法学》2003 年第 5 期，第 72 页。

④ 朱芒：《论行政规定的性质——从行政规范体系角度的定位》，《中国法学》2003 年第 1 期，第 46 页。

一定的约束力。通过剖析认为，把法律渊源看成对行政执法和法院判决有约束力的法律依据，可能导致理论与事实的脱节。有些被奉为法律渊源的制定法条文，并非在任何情况下都有约束力；而有些没有被承认为法律渊源的材料，对行政执法和司法活动却有着实际的影响力。在许多情况下，后者比依循有约束力但没有说服力的法律更有实效，甚至取代有约束力的法律而成为判案根据。主流的法律渊源理论不能自圆其说和解释这些现象。再次，借鉴格雷关于区别使用"法律"和"法律渊源"的理论、哈特的承认规则理论及德沃金对法律原则的论证，提出"作为论据的法律渊源"理论主张，把法律渊源定义为，阐述一种法律制度或者争辩一条法律规范时，可以使用的形式多样、具有说服力的论据，从而得出我国的法律渊源不再局限于立法机关事先提供的法律条文，它们的效力也不再是绝对的，而是取决于具体情境的对话和论证。因此，行政规定被看成是行政法的成文渊源之一。[1]持相似观点的学者亦认为，在我国对行政法渊源的认识有一个变迁过程，并呈不断扩大的趋势。同样主张将其他规范性文件，即具有行政管理职能的行政机关制定的除了行政立法之外的所有规范性文件，视为是行政法的成文法源之一。[2]

德国学者主张，尽管由于对法律概念的认识不一致，对是否将行政规则作为法律规范纳入法律渊源存在争议，但在将法律渊源理解为一切法律规则的前提下，并且将行政规则视为外部法的范围内，行政规则当属行政法的一个渊源。"行政规则虽然只在行政内部有效，但可能对公民即外部领域具有重要意义。大量的行政规则都规定了行政机关及其工作人员如何在外部领域、针对公民执行行政任务。通过行政机关适用，行政规则具有事实上的外部效果。"[3]现今德国学者主张行政规则系法源者越来越多，"视行政规则为法源之一种，尤其行政规则既为行政机关履行其功能所不可缺少之手段，其产生对人民之实际效力又不容否认，抑且若干行政规则在内容上已超越内部规范之性质，直接涉及人民与国家之关系"[4]。

对行政规定的性质产生认识分歧，主要是基于对法的概念及法律渊源理解上的差异。具体而言，将法看成是静态的国家制定法，还是动态的适用过程？是对已有上位法律规范的解释和细化，还是具有创制性质的规定？是以对公民权利和义务产生一定影响，还是必须同时具有约束行政执法和法院司法裁判的效力？概念的前提不同，得出的结论自然各不相同。因此，确定同一语境下的法的概念及法律渊源的概念，将便于进行深入的对话与交流。

---

① 参见应松年主编：《当代中国行政法》，中国方正出版社 2005 年版，第 14—69 页。
② 参见余凌云：《行政法讲义》，清华大学出版社 2010 年版，第 15—19 页。
③〔德〕哈特穆特·毛雷尔：《行政法学总论》，高家伟译，法律出版社 2000 年版，第 599 页。
④ 吴庚：《行政法之理论与实用》，三民书局股份有限公司 2013 年版，第 48 页。

二、法律渊源核心内容——法概念的诸种界说与发展

法的概念是研究法律问题和法律现象的起点，集中地体现了人们对法律问题的基本看法。关于法的概念本身尚没有一个通说，各种观点纷繁复杂，众说纷纭，有"规则说""命令说""判决说""行为说""正义工具论""社会控制论""事业论"等。正如哈特所言："在与人类社会有关的问题中，没有几个像'什么是法？'这个问题一样，如此反反复复地被提出来并且由严肃的思想家们用形形色色的、奇特的甚至反论的方式予以回答。"①古往今来，不少的法学家、政治家、社会学家、经济学家都从不同的角度给法律下过不同的定义。笔者在此并不是要深入研究分析学的"法"概念，也无意卷入学派间纷繁复杂的争论，主要是基于本章的主旨，扼要介绍目前在法学领域较有影响力的法学流派关于法概念的理论主张。

我国近代杰出的法学家和法律教育家燕树棠，在 20 世纪 30 年代，以"论法律之概念"撰文，从法律的历史沿革和各法学流派观点的纵横两种视角，对法律的概念进行了分析研究，资料翔实，见解深刻，颇具启发意义。从其纵向论述看，在法律概念的历史沿革中，尽管各个时期名家的主张不尽相同，但都围绕法律是公平正义的道德观念或是法律是国家强力制定的命令规则这一核心问题展开，即在法律的"理"与"力"的关系上进行选择。"凡立法之时期都是法学思想停顿之时期。向来法律之发展都是透过正义、公道、理智各种观念始形成，而这观念能有运用之机会，盖凭藉法律之习惯成分。至现在，则法学思想业已偏重命令……就法律史看来，命令主义与停顿时期有关系，法律之发展盖在'理'与自然法之时期。"②到了现代，社会哲学派运用法律的命令成分，同时趋向于以"理"为法律基础的主张是"可喜"的、"法律思想上一个最好的现象"。以德国法学家珂拉（Kohler）等为代表的学者主张，法律不能有定义，应以"法律秩序"作为代替。因为有秩序才有法律，有秩序法律才能存在。这种法律秩序即是社会关系的整定。有许多方法可供以保证社会关系的秩序化，法律却是保证社会关系整定的主要方法之一。因有人的社会活动，才需要用强制力而为之整定。这种法律秩序调整的方法是允许变动的——可以依命令与禁压，也可以依情理与公道。诉诸法律秩序这个概念，以法律秩序为目的而以法律为达此目的的手段，是社会哲学派法学家指示法学思想前进的指南针③。

在横向的、关于各法学流派观点的阐述中，分别介绍评判了分析法学派、历史学派、哲学派、社会学派的关于法律概念的主张。以英国法学家奥斯丁（Austin）为代表人物的分析法学派认为，法律是主权者对于属民的命令，是由一定机关制

---

① 〔英〕哈特：《法律的概念》，张文显等译，中国大百科全书出版社 1996 年版，第 1 页。
② 燕树棠：《公道、自由与法》，清华大学出版社 2006 年版，第 25 页。
③ 参见燕树棠：《公道、自由与法》，清华大学出版社 2006 年版，第 25 页。

定的、普遍适用的规则，具有依赖于国家强制力实施的制裁性。其后的学者对其不断加以修正。"新起的分析学派法学家差不多均谓法律为法院所实施之规则。英国所谓法院即是普遍法院。但近二三十年来发生了类似欧陆行政法院之行政委员会。有些法学家顾到这一点，遂谓法律为国家司法机关与行政机关所承认与适用之规则与原则。"①历史派法学家关于法律制裁的理论与分析学派的主张完全不同，历史学派法学家另创一种制裁观念，用以概括初民法律、现代国家的实行法、国际法、宪政习惯。依其见解不同，有以大众的"不悦"为法律的制裁，有以法律的力量在于"服从的习惯"，有主张社会的舆论为法律的制裁，有认为法律的力量依据于"社会上的公平标准"。"历史学派各种制裁之说不足以说明现代之法律，犹如分析学派各种制裁之说不足以说明幼稚社会之法律，其病均在立论拘于一隅，欲求强同。"②哲学派的法学家中，对于法律的说明，不是客观的定义，而是主观的判断。有的人把法律看作正义观念的表现，有的人把法律看作人生利益保护的方法，有的人把法律看作人生利益区别的方法，有的人把法律看作人类文明的信条。他们对于法律的观点，与其说是研究法律的性质，不如说是研究法律的源流。社会学派的代表人物美国法学家庞特（Pound），把法学看作是一种"社会工程学"，所研究的是利用政治组织的社会的行动使人类关系秩序化的那一部分的社会现象。法学的新趋势是要研究"法律秩序"，并不在于争辩法律的性质。所谓法律秩序是动作的秩序，是秩序化的程序，是司法、行政、立法，以及法学各方的秩序化。凡司法、行政、立法及法学各种活动，只要是所以确立人生活动的界限，对人生关系的调整，对错综要求的折中，对人生利益的保障，以及可以以较少的牺牲满足较多的要求，这些活动统称为"法律秩序"。所以，法律秩序是社会统制程序的一方面，也可以说是社会工程的工作，即人生各种冲突的减除和荒废的避免。所谓法律，只是帮助这部分社会工程进行的经验和知识的全部而已。"若说法律是法规之全部，当然不足以尽法律之意义。"③社会学派的法律概念可概括为："法律是有组织的人类社会为区划和保障人生利益，所承认或设定之规则、原则和准则之全部。"④

　　法律的社会化发展，使法律的国家强制色彩逐渐淡化。从奥斯丁的法律是主权者的命令，到哈特的法律是自足的或自我调整的法律规则体系，法律的柔性特征日益显现，法律的概念和主要价值定位为满足人们对保持与增进社会利益的需求。这个新的开端就是哈特的"法律规则说"，即所谓第一性规则与第二性规则的结合。其中，第一性规则是设置义务的规则，即要求人们从事或不从事某种行为，

---

① 燕树棠：《公道、自由与法》，清华大学出版社 2006 年版，第 35 页。
② 燕树棠：《公道、自由与法》，清华大学出版社 2006 年版，第 43 页。
③ 燕树棠：《公道、自由与法》，清华大学出版社 2006 年版，第 49 页。
④ 燕树棠：《公道、自由与法》，清华大学出版社 2006 年版，第 50 页。

他们愿意与否在所不问。第二性规则规定人们可以通过做某种事情或表达某种意思，引入新的第一性规则，废除或修改旧规则，或者以各种方式决定它们的作用范围或控制它们的运作。第一性规则设定义务，第二性规则授予权力，公权力或私权力。法理学的关键，就在于这两类规则的结合。哈特认为，他的两种规则结合的理论和法律的两种观点的区分，是充分解释法律的最好方式。但是，他也承认，他的理论同样面临着许多需要解释的新问题。他甚至指出，法律制度本身就存在着一种自身的病状。他把这种现象归结为一种法律本身的空缺，这种空缺源自人类语言自身的空缺。例如，法律领域经常被划分为立法和判例两大部分，在任何一个部分，都存在着不确定性。判例和判例之间并不是完全吻合的，当成文法适用于具体案件时也可能存在不确定的情况。因此，语言留给法官自由裁量的空间是宽泛的，这实际上是一个"选择"的问题。由于这种空缺，不同的法律家对法律就有着不同的解释，因此两种对立的理论由此形成了。其中，一个是坚信规则的机械法学，即形式主义；另一个是拒绝规则的现实主义法学，特别是其中的规则怀疑主义。哈特的结论是：形式主义和规则主义是审判理论中的斯库拉与卡里布狄斯，他们虽极为夸张，但在互相校正方面却不无益处，真理就在两者之间。[1]事实上，所有的法律制度都以不同的方式协调两种社会需要：一是需要某种规则，这种规则能够由私人可靠地适用于他们自己，而不需要官员的即时指导或对社会问题的思考；二是对某些问题有待精明官员的选择来解决，这些问题只有在其出现于具体案件时才能适当地评价和解决。[2]

马克斯·韦伯（Max Weber）从社会行为的概念出发，将法律定义为一整套规则。在韦伯看来，如果一种规范的目的在于使人们的行为符合某种秩序制度，而且这种服从是以社会团体的特定官员来保障实施的，那么这种秩序就是法律。我们从这些描述性的有关法律的定义中可以看出，韦伯的法律概念具有如下特征：第一，韦伯的法律定义是一个具有操作性的术语，不隐含任何伦理判断和其他价值判断。第二，韦伯法律概念的出发点是社会行为的概念。在韦伯看来，所谓社会行为，是一种与他人行为相联系，且本身是为了与他人交往而实施的行为。社会行为可以受到存在于某些合法秩序的观念指导，反过来，这种秩序具有社会行为实际遵循的标准效力。当某一秩序在这种可能的（物理的和心理的）强制保障下，使某行为符合秩序，或在需要实行惩罚时，由特定人员实施暴力，这就是法律。第三，韦伯将法律定义为一整套规则，也就是某些人主观认可的规则。在韦伯看来，法律是一种秩序性的制度，即一定共同体成员在主观上认可的一整套观念。这种共同体影响着成员们的行为，共同体的官员致力于这种影响力的增强，

---

① 〔英〕哈特：《法律的概念》，张文显等译，中国大百科全书出版社 1996 年版，第 146 页。
② 〔英〕哈特：《法律的概念》，张文显等译，中国大百科全书出版社 1996 年版，第 130 页。

他们的目的是使自己的实施行为与法治相符合。韦伯没有将法律看作是主权者或其他什么人的命令。[1]第四，韦伯的法律概念强调了国家官员在实施法律或者保障法律实施中的地位和作用。在韦伯看来，法律与道德、宗教、习惯的区别在于法律的实施方式，更确切地说在于增加人们服从法律可能性的方式。如果服从保障是因为存在社会团体的实施官员，那么这种秩序就是法律。如果实施官员是国家代理人，那么这种秩序就是国家的法律，而不考虑法律规则是如何制定及由谁制定的。在韦伯看来，法律是一整套应该由社会团体的官员实施的规范性观念。韦伯将法律定义为"一整套规则，即某些人主观认可的规则，并以某种方式影响他们的行为"[2]。

法律多元的理论表明法律并不只限于传统的权威立法机关制定的官方法律文件，而且包括由不同主体制定的规则或被人们共同遵守的某种习惯。具有国际影响力的法律人类学学者千叶正士先生，在其关于法律多元的理论体系中，先后提出"法律的三层结构"和"多元法律的三重二分法"理论。他主张，一个国家的法律是由不同类型的官方法和非官方法组成的，其中关于非官方法的讨论，与本书所阐述的行政规定在性质及作用上极为相似。对非官方法的含义和功能，其具体阐述为："非官方法是指非由官方权威正式认可、而是由某个圈子的人们（无论是一个国家的人们，还是一个国家之内的人们，或是超越一个国家包括他国的人们）在实践中通过普遍的一致同意所认可的法律体系。这种普遍的一致同意可以通过成文的意见来表达，或者通过特定的行为模式来表达。但是由普遍同意所支持的这些非官方的惯行并不必然包括在非官方法之中。在此非官方法局限于这样一些惯行，它们对官方法的有效性有某种明显的影响，换句话说，它们具有这样一些功能：明显地补充、反对、修正甚至破坏官方法，尤其是国家法。这样的例子包括法律社会学和法律人类学中所争论的各种各样习惯法，尽管在标准法理学看来，它们是否具有法律的性质可能有疑问的。"[3] 关于法的概念，千叶正士阐述道："我深知法有无数定义，并非简单的一句话可以概括，但这里作为附论只在最小限度内提及其描述性定义，即，将法定义为不限于国家的、'出自一个社会的正统权威的社会规范'。在操作性定义上，法是由无数权利义务和特殊的制度，以及特有的价值理念的整体构成的一种组织性的制度，由特定的社会组织创立并维持……一个典型的法是作为'一个个法规的体系性集合'的法律体系而实存的……

---

[1] 参见〔德〕马克斯·韦伯：《论经济与社会中的法律》，张乃根译，中国大百科全书出版社1998年版，"导论"第7页、第37—38页。

[2]〔德〕马克斯·韦伯：《论经济与社会中的法律》，张乃根译，中国大百科全书出版社1998年版，"导论"第40页。

[3]〔日〕千叶正士：《法律多元：从日本法律文化迈向一般理论》，强世功、王宇洁、范愉，等译，中国政法大学出版社1997年版，第150页。

是与多种非官方法相互交错，与作为官方法的自治体法和国家法重复存在、发挥着各自的作用，因此不是一元的而是多元的。"①

现代行政的发展，使得立法的方式随之发生变化，行政在立法活动中扮演着不可或缺的角色，法的表现形式也不再只局限于国家权威立法机关制定的国家法。正如英国行政法学者韦德所述："只要我们从实务的方面看一看，马上就会明白了，行政机关进行大量的一般性立法是必须的。"②有德国学者主张，尽管对法律概念的认识不一致，导致对是否将行政规则作为法律规范纳入法律渊源存在争议，但在将法律渊源理解为一切法律规则的前提下，并且将行政规则视为外部法的范围内，行政规则当属行政法的渊源之一。③在行政权力由以往只是单纯扮演维护社会和谐、限制人民自由的角色，转变为一个持续膨胀的工具，在提供给国民许多指导性与服务性的作为中，为满足行政的需要，便产生了新的法律形式——措施性法律，"在以往自由主义时代的法治国家理念，认为法律是经由国会辩论之程序而产生一种假设性、且具有持续效力的'理性'规定；但在现在的时代，法律却被当作一个能妥善有效且短期性质规范民主工业社会发展的技术规定而已；同时也是反映社会所参与者利益的一种妥协性质产物"④。可以说，正是现代行政的性质和作用，对法的生成产生重要的影响。"仅是立法行为，还不能作法，通常情形，宁是以立法行为和行政行为或裁判行为相结合，法始作成。"⑤

我国法概念的修正与发展，也反映出法概念具有发展和变化的特性。在我国基于传统的主流马克思主义法学学说，强调法的阶级性和强制性，即"法是由一定物质生活条件决定的统治阶级意志的体现，它是由国家制定或认可并由国家强制力保证实施的规范体系，它通过对人们的权利和义务的规定，确认、保护和发展有利于统治阶级的社会关系和社会秩序"⑥。这种传统的阶级论的法本质观念，经过不断的探讨研究，已得到完善和发展。对法的形式也基于其本质特征形成应有的看法，研究法的本质不能只限于阐释立法机关制定的法律文件内容的性质，而不考虑它的运行（立法、执法、司法和守法）的形式特征，否则那只是说明了法本质的部分内容，还应归纳出法的本质形式所包括的结构要素：①法是调整社会关系的普遍适用的行为规范；②法的权威性，即法和法律的存立基础；③法的

---

① 〔日〕千叶正士：《法律多元：从日本法律文化迈向一般理论》，强世功、王宇洁、范愉，等译，中国政法大学出版社1997年版，第240—242页。

② 〔英〕威廉·韦德：《行政法》，徐炳等译，中国大百科全书出版社1997年版，第559页。

③ 参见〔德〕哈特穆特·毛雷尔：《行政法学总论》，高家伟译，法律出版社2000年版，第591—592页。

④ 陈新民：《公法学札记》，中国政法大学出版社2001年版，第95页。

⑤ 〔日〕矶谷幸次郎、美浓部达吉：《〈法学通论〉与〈法之本质〉》，王国维、林纪东译，中国政法大学出版社2005年版，第170页。

⑥ 孙国华主编：《法学基础理论》，法律出版社1982年版，第59页。

可诉性。[①]我国学者近年来提出的"软法"概念，进一步拓展了法概念的内容和加深了对其的认识。他们认为，法的概念不是绝对的、永恒的，在现代社会，随着经济全球化、信息化、市场化与民主化的发展，非国家制定和非由国家强制力保障实施的超国家法（国际法）和次国家法（社会公权力组织，如行业协会等制定的规则）越来越多。在这种情境下，对法的认识仍固守传统的观点就显得有些不合时宜了。特别是在公法领域，在行政法领域，作为软法的规则大量存在。[②]对法律的概念和形式在当今社会中已有一些新的发展变化，如哈耶克指出，"所谓的法律，绝大多数，毋宁说是国家向自己的公务员发布的有关他们应如何指导政府机构以及他们掌握何种手段的指示"[③]。

三、行政规定可诉性的演进

"法必须是可诉的。因为如同没有救济的权利不是权利一样，不受司法检验的法律，也不能称为真正的法律……凡不能在诉讼中适用的规范文件，就不能算是法。"[④]可诉性是现代国家法律的一个重要特征。德国法学家赫尔曼·坎特洛维奇在《法律的定义》中认为，法律必须是"被视为可诉的"，它是规制人们的外部行为并可以被法院适用于具体程序的社会规则的总和。[⑤]

根据《中华人民共和国行政诉讼法》在经 2014 年 11 月 1 日第十二届全国人民代表大会常务委员会第十一次会议修订前的规定，以及之前大多数教科书的阐述，行政规定既不能成为司法审查的对象，也不能作为诉讼的依据，不具有法律约束力，亦即不具有可诉性。针对长期形成的行政规定不可诉的主张，早有学者指出其存在的缺陷："由于我们无形中将行政级别等同于规范性文件的效力等级，分别赋予行政机关制定的规范性文件在行政诉讼中的依据、参照、不予考虑三种不同的地位，导致行政性法规所存在的问题被硬性的法律规定掩盖起来，也给行政案件的审理带来种种困难。"[⑥]那么，即使是在 2014 年 11 月《中华人民共和国行政诉讼法》修订前的审判实践中，是否确实不能对行政规定进行司法检验呢？最高人民法院法官总结的司法实际做法及主张表明并非如此。在司法实务中，各地法院对行政规定的可诉性采取三种方式[⑦]：一是法院认为被告依据的行政规定是

---

① 参见郭道晖：《法理学精义》，湖南人民出版社 2005 年版，第 64—69 页。

② 罗豪才等：《软法与公共治理》，北京大学出版社 2006 年版，第 87 页。

③〔英〕弗雷德里希·奥古斯特·哈耶克：《自由宪章》，杨玉生等译，中国社会科学出版社 1999 年版，第 327—329 页。

④ 郭道晖：《法理学精义》，湖南人民出版社 2005 年版，第 69 页。

⑤〔德〕赫尔曼：《为法学而斗争：法的定义》，黄磊译，中国法制出版社 2011 年版，第 180 页。

⑥ 张树义：《变革与重构：改革背景下的中国行政法理念》，中国政法大学出版社 2002 年版，第 180—181 页。

⑦ 参见甘文：《对抽象行政行为的司法审查》，《人民司法》2002 年第 4 期，第 52 页。

合法的, 在判决书中直接确认其合法; 二是法院认为被告所依据的行政规定违法, 在判决书中作出一定的评价, 并指出被告应当适用合法有效的法律规范; 三是在司法实践中, 大多数法院在裁判文书中回避了这个问题, 即不对行政规定的合法性进行认定, 而直接适用高层阶的法律规范。本书认为, 行政规定的可诉性, 早已存在于我国现实的法律活动中, 行政规定已成为行政执法行为和司法审判活动不可缺少的重要依据。

行政机关依法对国家的经济、社会、文化和其他事务行使行政管理职权, 在各自分工的管理领域从事行政执法。行政机关实施行政管理, 应当依照法律、法规、规章的规定进行。这是依法行政的理想要求, 但立法具有原则性、滞后性等, 必然导致"另一方面, 行政机关的执法又要遵循和依据大量的上级下发或者本机关制定的其他规范性文件, 如规定、决定、命令, 甚至是通知和座谈会纪要等等"①。因为"发布规范性文件即作出抽象行政行为是宪法赋予行政机关的一项职权, 而抽象行政行为对于不特定的对象能够反复适用, 具有立法的性质, 如果该规范性文件是合法有效的, 则行政机关应当甚至必须作为执法的规范依据, 这对法院的行政审判有着同样的拘束力"②。这种现实的要求已被司法解释赋予法律效力,《最高人民法院关于执行〈中华人民共和国行政诉讼法〉若干问题的解释》(法释〔2000〕8号) 第六十二条第二款规定, 人民法院审理行政案件, 可以在裁判文书中引用合法有效的规章及其他规范性文件。除了《最高人民法院关于执行〈中华人民共和国行政诉讼法〉若干问题的解释》对行政规定的效力作出承认外, 最高人民法院 2004 年 5 月出台的《关于审理行政案件适用法律规范问题的座谈会纪要》, 也对此提出了类似的指导意见。《最高人民法院关于执行〈中华人民共和国行政诉讼法〉若干问题的解释》和《关于审理行政案件适用法律规范问题的座谈会纪要》对行政规定均作了有条件承认其效力的规定, 虽然两者在承认的层级上是有所区别的。《最高人民法院关于执行〈中华人民共和国行政诉讼法〉若干问题的解释》表述为: 可以在裁判文书中引用合法有效的其他规范性文件, 这里的其他规范性文件没有区分层级, 应当理解为包括乡镇人民政府制定的规范性文件在内的所有规范性文件, "法院经过审查认为被诉具体行政行为所依据的规范性文件合法有效, 无论是何等级, 没有必要不在裁判文书中引用"③。《关于审理行政案件适用法律规范问题的座谈会纪要》表述的规范性文件, 在其列举中, 最低层级是指县级以上人民政府及其主管部门制定发布

---

① 李杰:《其他规范性文件与司法审查探析》,《行政执法与行政审判》(总第 12 集), 法律出版社 2005 年版, 第 65 页。

② 最高人民法院行政审判庭编:《〈关于执行中华人民共和国行政诉讼法若干问题的解释〉释义》, 中国城市出版社 2000 年版, 第 132 页。

③ 甘文:《行政诉讼法司法解释之评论——理由、观点与问题》, 中国法制出版社 2000 年版, 第 176 页。

的具有普遍约束力的决定、命令或其他规范性文件。考虑到《关于审理行政案件适用法律规范问题的座谈会纪要》参照执行的效力,其在法律效力上要低于《若干解释》,因而在我国的司法实践中,行政规定对行政审判具有约束力。"从《若干解释》规定的精神来看,不管何种法律渊源和规范性文件,只要其合法有效就应当成为人民法院审理行政案件的依据,人民法院就无权或不应当拒绝适用。"[①]

对于我国行政规定的法律效力及司法拘束力,我国台湾地区学者评价道,"所谓的行政规范性文件,是指行政机关为了执行法律或其它法规,本于管理的职权,所制定的法规。大致上这是另一个职权立法的翻版,而且是任何行政机关都可以就其执掌的事项,订定单行的规范,而有对外的拘束力。所以是一种具体而微的行政立法"[②]。行政行为和司法行为,在一定意义上制定法律规则、补充完善法律体系,已成为国家法治建设发展过程中实实在在的活动。

2015 年 5 月 1 日起实施修订后的《中华人民共和国行政诉讼法》确立了法院对规范性文件附带审查的制度。该法第五十三条规定,公民、法人或者其他组织认为行政行为所依据的国务院部门和地方人民政府及其部门制定的规范性文件不合法,在对行政行为提起诉讼时,可以一并请求对该规范性文件进行审查。第六十四条规定,人民法院在审理行政案件中,经审查认为本法第五十三条规定的规范性文件不合法的,不作为认定行政行为合法的依据,并向制定机关提出处理建议。因此,现行的《中华人民共和国行政诉讼法》已明确行政规定具有可诉性,即行政规定既是行政行为作出的依据,同时也是法院审查行政行为时的依据,只要它与上位法不冲突,就应承认其效力,并在裁判文书中引用。对此问题,国外的理论主张更为鲜明,"尽管有时法律对此并无任何明文规定,但还是必须承认,法院所予以适用的规则只能是真正的立法"[③]。

四、行政规定性质及种类的实证分析

笔者收集了居住地某市[④]自 2011 年至 2016 年,由市政府办公室和市政府法制办公室共同主办的履行政府公报职能的政务刊物《淮安公报》,每年度印发 6 期共印发 36 期,从目录上分为法律法规、国办文件、省政府办公厅文件、市委文件、市人大文件、市政府文件、市委办公室文件、市政府办公室文件、市政府部门文件、人事任免。就实际刊登的文件而言,主要包括市委文件、市政府文件、市委

---

① 江必新:《中国行政诉讼制度之发展——行政诉讼司法解释解读》,金城出版社 2001 年版,第 230 页。
② 陈新民:《中国行政法学原理》,中国政法大学出版社 2002 年版,第 128 页。
③ 〔英〕威廉·韦德:《行政法》,徐炳等译,中国大百科全书出版社 1997 年版,第 572 页。
④ 该市为江苏省省辖市淮安,为一般地级市,非属国务院批准的较大的市,下辖 8 个县区,面积 10 072 平方公里,2016 年末户籍人口 567.55 万人。

办公室文件、市政府办公室文件、市政府部门文件、人事任免、行政执法证件遗失声明、地方性法规、政府规章，其中市委文件、市委办公室文件均是与市政府、市政府办公室联合制定的，考虑到目前党政分工的现实状况，亦将其视为行政规定的一种形式。人事任免，是针对特定人的职务任免，不具有行政规定的性质，不纳入研究的范围。遗失声明和地方性法规、政府规章（主要是设区的市基于《中华人民共和国立法法》的规定，自 2016 年起行使立法权的表现），因不属于行政规定亦不作为研究对象。按此统计方法，共有 265 项行政规定，为表述简洁，在此不再逐一列举，选取其中具有代表性的行政规定加以阐释，以求管窥之效。

（1）执行性行政规定

执行性行政规定，是指行政主体为了公正统一的理解和执行法律、法规、规章与上位行政规定，而进行的进一步具体化、细化的解释形成的行政规定，并没有在上位法和规定的基础上创设新的权利与义务，而仅仅是将现有的上位法和规定予以具体化。这类行政规定数量众多，就执行的内容而言，大致可分为以下几个方面。①执行上位法律规范。例如，《淮安市市区户外广告设置管理办法》（淮政发〔2013〕170 号），在制定的依据和宗旨中就明确规定，是为了执行上位法《中华人民共和国城乡规划法》《中华人民共和国广告法》《城市市容和环境卫生管理条例》《江苏省广告条例》《江苏省城市市容和环境卫生管理条例》等有关法律、法规。类似的如《淮安市烟草制品零售点布局管理办法》（淮政规〔2016〕1 号），是为了执行上位法《中华人民共和国烟草专卖法》《中华人民共和国烟草专卖法实施条例》《烟草专卖许可证管理办法》等法律、法规、规章。②执行上位行政规定及权力机关的决定。例如，《淮安市城乡居民大病保险实施办法》（淮政办发〔2013〕104 号）制定的目的和依据是，为进一步完善城乡居民医疗保障制度，建立健全多层次医疗保障体系，有效提高重特大疾病保障水平，根据国家发展和改革委员会等六部委印发的《关于开展城乡居民大病保险工作的指导意见》（发改社会〔2012〕2605 号）、《江苏省关于开展城乡居民大病保险工作的实施意见》（苏发改社改发〔2013〕134 号）精神，结合本市实际，制定本实施办法。《淮安市市级财政专项资金管理办法》（淮政规〔2013〕3 号），则是依据和执行《中华人民共和国预算法》、《江苏省省级财政专项资金管理办法》（2010 年省政府第 63 号令）和《淮安市人大常委会关于加强市级预算审查监督的决定》等有关规定，以提升财政扶持政策的针对性和有效性，规范市级财政专项资金管理，进一步提高资金使用效益。③对上位规范中某项制度的具体细化与执行。例如，《淮安市行政处罚全程说理规定》（淮府法〔2016〕13 号），制定的目的和依据，是为进一步规范行政处罚行为，大力推行行政处罚全程说理，根据《中华人民共和国行政处罚法》《江苏省行政程序规定》等法律法规，结合淮安市实际，制定本规定。

在执行性规定中，亦含有创制性内容，有的是设定符合某种授益行为的条件，有的是设定应当履行的义务或对权利行使的限制。例如，《淮安市政府办公室关于扩大市区住房保障范围的通知》（淮政办发〔2011〕170号）设定了廉租房租赁补贴，即对拥有市区城市户口2年以上人均住房建筑面积低于16平方米的最低生活保障家庭和人均月收入低于740元家庭，给予廉租住房租赁补贴，实行应保尽保。申请住房保障对象必须以家庭为基本申请单位，每个申请者家庭原则上以户主作为申请人，其他家庭成员作为共同申请人。共同申请人之间必须具有法定的赡养、扶养或者抚养关系。《淮安市区交通秩序集中整治实施方案》（淮政办发〔2011〕134号）确定1.5吨以上大货车禁行区域。对市场配货车辆通过发放通行证，控制在中午12：20至13：20和晚间8：30至次日凌晨6：00进行，根据城市物流配送的实际需要，经市交通运输管理部门（市物流办）审核后，由市公安交巡警部门及时办理城区通行证。《淮安市全国共有产权住房试点工作实施方案》（淮政发〔2014〕132号）规定，将新就业人员和进城务工人员纳入共有产权保障范围，并规定符合认定为新就业人员和进城务工人员具体的条件。淮安市政府办公室出台的《关于进一步完善城乡居民基本养老保险制度的意见》（淮政办发〔2015〕109号）规定，将参加城乡居民基本养老保险人员（以下简称参保人员）个人缴费标准，划分设定为最低每年100元至最高3500元的14个档次。

（2）指导性与规划性行政规定

从行政法学的概念上讲，"行政指导，是指行政主体在其职责、任务或其所管辖的事物范围内，为适应复杂多变的经济和社会生活的需要，基于国家的法律原则和政策，在行政相对方的同意或协助下，适时灵活地采取非强制手段，以有效地实现一定的行政目的，不直接产生法律效果的行为"[①]。行政规划也称为行政计划，"行政计划，在静态上是指为处理行政事务、实施行政事业或制定行政政策而由行政机关确定的行政指导性目标；在动态上是指行政机关在实施公共事业及其他活动之前综合地提示有关行政目标和制定出规划蓝图以具体明确行政目标，并进一步制定出为实现行政目标所必须的各项政策性大纲的活动过程"[②]。指导性与规划性行政规定，是指行政主体对不特定相对人实施行政指导或规划时形成的行政规定。它不具有强制性的法律效果，并不为相对人创设强制性权利和义务。它在内容和形式上主要表现为导向性行政政策、倡导、号召、劝告、建议、宣传与激励等。例如，淮安市政府出台的《关于开展质量强市活动的实施意见》（淮政发〔2012〕71号），是为贯彻落实国务院印发的《质量发展纲要（2011—2020年）》，推进质量发展战略，巩固质量兴市工作成果，

---

① 罗豪才主编：《行政法学》，北京大学出版社2001年版，第192页。
② 应松年主编：《行政法与行政诉讼法学》，法律出版社2005年版，第327—328页。

就开展质量强市活动提出较长时期内质量工作的实施意见。淮安市政府出台的《关于进一步加大财政教育投入的实施意见》（淮政发〔2012〕88号），为贯彻落实《国家中长期教育改革和发展规划纲要（2010—2020年）》《国务院关于进一步加大财政教育投入的意见》（国发〔2011〕22号）和《江苏省政府关于进一步加大财政教育投入的实施意见》（苏政发〔2011〕171号），建立健全教育经费保障机制，加快全市教育事业发展，全面实现教育现代化，就进一步加大全市财政教育投入提出具体指导意见。《关于推进全市重大项目资金保障工作的意见》（淮政办发〔2015〕65号）关于引导鼓励社会资本参与重大项目建设的倡导中，鼓励社会资本通过参控股、并购重组、公私合作经营（public-private partnership, PPP）等多种方式参与重大项目建设。《淮安市区控源截污实施方案》（淮政办发〔2016〕10号），为加强中心城市生态环境建设，在现状污水收集处理系统框架基础上，分两个阶段开展控源截污相关工作：第一阶段为近期阶段（2016—2020年），第二阶段为远期阶段（2020—2025年）。

在指导与规划性行政规定中，也有设定权利和义务的内容规范。淮安市政府出台的《关于加快发展养老服务业的实施意见》（淮政发〔2014〕181号）规定，对取得国家养老护理员技师、高级工、中级工、初级工职业资格证书后，在养老机构护理岗位连续从业2年以上的人员，分别给予每人3000元、2000元、1000元、500元一次性补贴。到2020年，50%的城市社区和有条件的农村社区要设立适合老年人的康复场所。《关于实施脱贫致富奔小康工程的决定》（淮发〔2016〕10号）就"十三五"时期组织实施脱贫致富奔小康工程作出规划，其中关于强化金融扶贫方面，完善扶贫小额贷款贴息奖励政策，将农户单笔贷款额度由1万元提高到2万元，以满足低收入农户发展生产经营需要。

（3）创制性行政规定

创制性行政规定，是指行政主体为不特定相对人创设权利和义务的行政规定。创制性行政规定，具有类似于立法性文件的法律效果，对行政主体和相对人都具有一定的强制性与约束力。可分为设定权利与义务两个层面：首先，创设（赋予）权利方面。就征收补偿的有淮安市政府出台的《关于调整征地补偿标准的通知》（淮政发〔2011〕104号）中，在上位法并无明确标准和范围的授权情况下，对征地补偿标准的范围中包括的土地补偿费、安置补助费、地上附着物及青苗补偿费提高的具体数额标准，作了详尽可操作的细化规定。涉及行政给付方面有：淮安市政府印发的《关于扩大市区住房保障范围的通知》（淮政办发〔2011〕170号）规定，廉租住房保障范围由现在的低于人均月收入660元的住房困难家庭扩大到低于人均月收入740元的住房困难家庭；淮安市政府出台的《关于做好单亲特困母亲帮扶工作的实施意见》（淮政发〔2012〕146号），在生活、医疗、就业创业、子女教育、权益维护等方面明确帮扶与救助的形式与标准，如《关于提高城乡低保农村五保供养标准的通知》（淮政办发〔2014〕20 号）、《关于提高城乡低保和特困人员供养标准的通知》（淮政办发〔2015〕21 号）、《关于提高城乡低保和特困人员供养标准的通知》（淮政办发〔2016〕35 号）等。另外，行政给付的取得，也源自对应义务的履行。例如，《关于调整城镇居民基本医疗保险筹资标准的通知》（淮政办发〔2013〕81 号）规定，2013 年度全市城镇居民基本医疗保险筹资标准调整为每人每年 420 元，其中城镇一般居民个人每人每年缴费 100 元，财政补助每人每年 320 元。对此类行政规定的出台缘由，理论上已有阐述，"我国行政给付领域的立法尚不完善，提供物质帮助的急迫性，使一些现有立法尚未关注的行政给付，只能依据有关行政规范实施。这是我国现实条件下的特殊要求"①。

其次，设定义务方面。《淮安市城乡低保家庭免费收看有线电视实施方案》（淮政办发〔2013〕68 号）规定，全市各有线电视运营机构对城乡低保家庭安装数字电视的，统一按照优惠价 200 元/户收取，同时免费赠送一台机顶盒。《淮安市城乡居民社会养老保险制度实施办法》（淮政发〔2011〕231 号）规定，个人缴费标准目前设定为每人每年 100 元、200 元、300 元、400 元、500 元、600 元、700 元、800 元、900 元、1000 元、1100 元、1200 元 12 个档次，县（区）政府可以根据实际情况增设缴费档次。参保人自主选择档次缴费，多缴多得。同时，可根据国家和省级政府要求以及经济发展和城乡居民人均可支配收入增长等情况适时调整缴费档次。

（4）内部管理性行政规定

内部管理性行政规定，是指行政主体基于行政组织的隶属关系，在内部行政管理活动中，对行政组织内部及其工作人员作出的行政规定。它的理论基础建立在特别权力关系理论上，主要涉及对行政机关及其工作人员的工作制度规范、奖惩、任免、考核、调动、待遇等，如《关于加强市级机关服务跨越发展实绩考核的意见》（淮发〔2013〕18 号）。《淮安市公务车辆节假日封存管理规定》（淮办发〔2014〕69 号）规定的适用范围为全市各级党的机关、人大机关、政府机关、政协机关、司法机关、民主党派、群众团体、事业单位、国有及国有控股企业。《淮安市市级党政机关办公用房管理暂行办法》（淮办发〔2016〕30 号）适用于市级党的机关、人大机关、行政机关、政协机关、审判机关、检察机关，以及工会、共青团、妇联等人民团体和参照公务员法管理的事业单位。《市政府办公室关于进一步健全土地执法监管共同责任机制的通知》（淮政办发〔2015〕148 号）就进一步健全国土资源执法监管共同责任机制的有关事项，从全面落实土地执法监管共同责任、进一步健全土地执法监管长效制度、严格兑现土地执法监管考核奖惩三个方面作出了规范管理。

---

① 应松年主编：《行政法与行政诉讼法学》，法律出版社 2005 年版，第 200—201 页。

基于上述分类,对全部265项行政规定按年度统计的性质分类情况如表1-1所示。

表 1-1 行政规定按年度统计的性质分类情况表

项目	执行性/项	指导与规划性/项	创制性/项	内部管理/项
2011 年	23	13	6	4
2012 年	22	14	2	6
2013 年	25	17	1	4
2014 年	25	15	4	1
2015 年	21	15	6	1
2016 年	27	5	2	6
合计/件	143	79	21	22
占比/%	54.0%	29.8%	7.9%	8.3%

从上述统计中可以看出,创制性行政规定虽数量不大,但直接涉及公民的权利和义务,对相对人的利益影响较大;指导与规划性行政规定及内部管理的行政规定,也占有一定比例,是行政主体实现行政目的,以及规范内部管理秩序常采用的行为方式;行政规定中占比最大的当属执行性行政规定,虽主要是对上位法的具体化与细化的解释,但有时也会涉及权利和义务的创设内容,它是规范和调整行政主体与相对人之间形成行政法律关系的重要依据。

第四节　行政规定的法治逻辑

一、行政规定存在的问题剖析

(一)行政规定在行政活动中存在的问题

尽管行政规定在我国的行政管理中发挥着重要的作用,但也存在一些问题,理论界对此早有评述,"这些行政规定在我国当前行政法制中问题非常突出,受到批评也最强烈。行政规定的制定缺乏程序保障,往往是领导个人意志的产物,大量的内部文件规定了影响公民权利的内容。还有相当多的行政规定超越指定机关的权限,抵触法律、法规的规定,或者规定很不合理"[1]。随着行政规定制

---

① 应松年主编:《当代中国行政法》(上卷),中国方正出版社 2005 年版,第 46 页。

度化建设的不断深入，其存在的问题虽有所改观，但是"经过10多年的治理整顿，'红头文件'乱象虽有所遏制，但并未根治"①，存在的问题主要表现在以下几个方面。

第一，制定主体庞杂。目前，我国制定行政规定的主体非常多，上至国务院，下至乡、镇人民政府，以及各级人民政府的职能部门均可成为行政规定的制定主体。除此以外，转变了行政职能的组织、社会团体（如工会、妇女联合会等）、党委部门等也出台一些规定，这无疑增加了对这类规范性质认定的难度。

第二，制定程序粗疏。近年来，尽管随着行政规定制度建设的不断强化，尤其是对制定程序基本形成规范化约束，不少地区和行业也大都出台了制定行政规定的成文规范，但很多程序规定往往较为原则化，相互仿照，实际执行的效果并不理想。其"制定流程往往天差地别，有的规范，有的只是经过主要负责领导的圈阅，还有的甚至是一把手'拍脑袋'的决定"②。

第三，越权制定行政规定的情况时有发生。越权无效是行政法的一个基本原则，在行政管理实践中，具体行政行为的越权可以通过行政诉讼得到纠正，而越权制定行政规定则较隐蔽，加之在我国抽象行政行为长期被排除在司法审查之外，2015年11月修订后的《中华人民共和国行政诉讼法》确立的是附带审查制度，对其不能直接提起诉讼。所以，越权制定行政规定的行为由于得不到及时的纠正，给社会造成的损失严重。

第四，利用行政规定做掩护，强化和扩大行政权力，加重行政相对人的义务。许多行政规定的出台，表面上是出于加强行政管理的需要，实际上制定行政规定从实用主义观点出发，不管这种需要是为了局部利益，还是为了少数人的个人利益，只要行政机关认为有用就制定。因此，行政规定泛滥成灾，也加重了行政相对人的义务，但并没有真正起到加强行政管理、增进人民福祉的作用。

第五，行政规定违法，使得法律、法规被架空。在我国一些地区和部门，从部门利益、地区利益出发，通过制定行政规定的途径来炮制出应对法律、法规、规章和上级命令的所谓对策，行政机关依据行政规定执法，使得"依法行政"变成了"依令行政"，行政规定架空了法律。这不仅对我国依法行政、国家法制统一是极大的破坏，而且对违法行政规定的执行者和国家造成的后果也非常严重。"近年来，全国对'红头文件'开展了多次清理。然而，'出格文''掐架文''创收文'仍然屡禁不止，'黑头（法律）不如红头，红头不如笔头（领导批示）'，行政意志与法律'较劲'的情况时有发生。"③

---

① 彭波：《"红头文件"，何时不再错位》，《人民日报》2015年11月11日第17版。
② 彭波：《"红头文件"，何时不再错位》，《人民日报》2015年11月11日第17版。
③ 徐隽：《用法治规范红头文件》，《人民日报》2014年11月19日第18版。

（二）行政规定在法律制度管理上存在的缺陷

我国目前涉及行政规定的立法较多，但在这些相关立法中也存在一些问题，亟待在今后的有关立法中加以完善解决。

第一，对行政规定缺乏统一立法。我国目前对行政规定在立法上还没有一部统一的法律对其进行规范。在实践中由此导致诸多问题，如行政规定违法，相互之间存在冲突，甚至行政规定冲突法律的现象也频频出现。"由于'红头文件'并不属法律法规，目前也没有统一的法律对此进行调整规范，所以其违法的概率比法规、规章要高得多。"①在理论上，关于它的许多问题目前尚在争议中，如行政规定和具体行政行为如何区分目前尚无准确的判断标准，在我国行政管理实践中经常会出现行政机关以行政规定的形式来实施具体行政行为以逃避司法直接审查，这都与我国目前缺乏行政规定的统一立法有关。

第二，现行立法对行政规定的效力、位阶、适用规则未做规定。行政规定法律效力和法律位阶，在《中华人民共和国立法法》中并没有作出规定。对行政规定的法律效力的规定，原《国家机关公文处理办法》第二条规定，行政机关的公文，是行政机关在行政管理过程中所形成的具有法定效力和规范体式的文书，是依法行政和进行公务活动的重要工具。现行《党政机关公文处理工作条例》第三条规定，党政机关公文是党政机关实施领导、履行职能、处理公务的具有特定效力和规范体式的文书，是传达贯彻党和国家的方针政策，公布法规和规章，指导、布置和商洽工作，请示和答复问题，报告、通报和交流情况等的重要工具。《最高人民法院关于适用〈中华人民共和国行政诉讼法〉的解释》（法释〔2018〕1号）第一百四十九条第一款规定，人民法院经审查认为行政行为所依据的规范性文件合法的，应当作为认定行政行为合法的依据；经审查认为规范性文件不合法的，不作为人民法院认定行政行为合法的依据，并在裁判理由中予以阐明。作出生效裁判的人民法院应当向规范性文件的制定机关提出处理建议，并可以抄送制定机关的同级人民政府、上一级行政机关、监察机关以及规范性文件的备案机关。法院依据什么标准来确定其他规范性文件的效力等级并未作规定。修订后的《中华人民共和国立法法》第八十条规定，国务院各部、委员会、中国人民银行、审计署和具有行政管理职能的直属机构，可以根据法律和国务院的行政法规、决定、命令，在本部门的权限范围内，制定规章。部门规章规定的事项应当属于执行法律或者国务院的行政法规、决定、命令的事项。没有法律或者国务院的行政法规、决定、命令的依据，部门规章不得设定减损公民、法人和其他组织权利或者增加其义务的规范，不得增加本部门的权力或者减少本部门的法定职责。在该条规定

①彭波：《"红头文件"，何时不再错位》，《人民日报》2015年11月11日第17版。

中的国务院的决定和命令属于行政规定，是未启动立法程序制定的，而规章的制定则需要启动立法程序才能制定，也就是说，规章的制定（行政立法）要依据行政规定（国务院的决定和命令）。立法法和其他相关的法律并未对行政规定的在法律体系中的位阶作出统一的规定，国务院未经启动立法程序制定的行政规定与行政机关启动立法程序制定的规章哪个效力更高？行政规定能否作为行政立法的依据？这些都需要在制度上予以明确。

第三，行政规定的监督处于虚置状态。《中华人民共和国宪法》《中华人民共和国组织法》明确规定，全国人民代表大会常务委员会有权撤销国务院制定的同宪法、法律相抵触的决定和命令；国务院有权改变或者撤销各部、委员会的不适当的命令、指示和规章，以及地方各级国家行政机关不适当的决定和命令；县级以上的地方各级人民代表大会及其常务委员会有权撤销本级人民政府的不适当的决定和命令；县级以上的地方各级人民政府有权改变或者撤销所属各工作部门的不适当的命令、指示和下级人民政府不适当的决定、命令；乡镇一级的人民代表大会有权撤销乡镇人民政府的不适当的决定和命令。目前，我国已经基本形成省、市、县、乡（镇）"四级政府、三级备案"的体制框架，实现了县级以上地方各级政府对其所属工作部门和下级政府的规范性文件进行监督。但在实际工作中，这些规定基本处于虚置状态。"由于备案审查的文件多、人手少，与'红头文件'无切身利益关系，缺乏'抠问题'的积极性，发现问题几率较小，纠错力度打折扣等原因，导致备案审查制度并未能发挥出应有的作用，'红头文件'乱象虽有所遏制，但并未根除。"① 监督手段的虚置使已经违反法律的行政规定得不到纠正，从而间接放纵了行政规定对法律的恣意冲突。加之，在我国对抽象行政行为不能直接提起行政诉讼，所以对行政规定的监督基本上处于虚置状态。

二、作为法治逻辑内核的合法性界说

"合法性议题深入现代性的每一个角落。"②合法性概念在中西方语境下有很大的差异。"在西方，合法性表明某一事物具有被承认、被认可、被接受的基础，可以理解为民众发自内心的对于政治秩序、权威、权力、国家、政府和社会团体等的信任、支持和认同；在中国，大多数学者认为，合法性是指某一对象合乎国家现行的法律规范，凡是合乎宪法和实在法律规定的，就是合法的，具有合法性。"③合法性概念是一个复杂而合混的概念，不同学科范畴的理解各不相同。

---

① 彭波：《"红头文件"，何时不再错位》，《人民日报》2015年11月11日第17版。

② 〔美〕威廉·康诺利：《合法性与现代性导论》，程洁译，高鸿钧主编《清华法治论衡》（第二辑），清华大学出版社2002年1月版，第73页。

③ 梁家峰：《法治的合法性追问》，《北京行政学院学报》2004年第4期，第65页。

法律专家关注的是权力纠纷的解决，只要权力的取得和实施与已制定的法律一致，就是合法的，合法性就等同于法律有效性（legal validity）。对哲学家而言，权力关系中的正义原则、权利原则与社会效用原则等，是权力关系的正当性不可或缺的内容，"合法的"意味着具有道德正当性或正确性，合法性决定了权力关系必须具有道德正当性（moral justifiability）。而社会科学家关注的是权力关系的特征、权力关系的不同组织形式，以及掌权者实际能在多大程度上获得被统治者的顺从或支持，合法性会产生什么样的现实后果（empirical consequences），关注实际的社会关系和特定历史社会中、特定语境下的合法性。大卫·边沁（David Beetham）深刻洞察了不同学科的学者对合法性的研究角度和理解的差异，但是他的总结也不尽完美，如法学家关注的并不仅仅是法律的有效性，自然法学派就强调法的道德正当性，社会法学派关注法的社会效果、社会条件等。在法学领域研究法律现象，应当运用法学自己的专业术语、专业思维方法，对行政规定的合法性进行研究，重点在其价值、形成、程序、监督控制等方面。总结法学学科的研究，同时借鉴汲取其他学科思想成果，我们可以发现，对合法性的认识，经历了一个漫长的演进过程。

西方学者对合法性概念的研究，较早的见之于卢梭，他将合法性概念引入政治领域，并且从理论上明确提出了以公共利益和大众同意为原则的合法性思想。他提出了关于政权合法性的问题，他说："即使是最强者也决不会强得足以永远做主人，除非他把自己的强力转化为权利，把服从转化为义务。""强力并不构成权利，而人们只是对合法的权力才有服从的义务。"①卢梭把合法性理解为被统治者的同意，即便在统治者不以强制力做后盾时，被统治者仍然服从其统治，较早地揭示了政权合法性的真谛。继卢梭把合法性概念引入政治领域之后，合法性概念的界定在不同研究者的争论中得到了深化、丰富和发展。其中，最为主要的研究者是马克斯·韦伯、约翰·罗尔斯（John Rawls）、于尔根·哈贝马斯（Jürgen Habermas）等。根据他们对合法性概念及其理论的研究，可将其划分为经验主义的研究范式、规范主义的研究范式和程序主义的研究范式，以及哈贝马斯在研究法律合法性问题时作出的三种分类：自由主义范式、福利国家范式、程序主义范式。

"'自由主义范式'（liberal paradigm）强调一个经由私法而制度化了的经济型社会，在此社会，一切经由财产所有权和契约自由而联为一体，一切因而委诸市场的自发作用。"②这实质是一种形式法治的态样，即强调法律面前人人平等，法律为所有人提供同等的机会去追求自己的生活目标，实现自己的人生价值。然而，

---

① 〔法〕卢梭：《社会契约论》，何兆武译，商务印书馆 2003 年版，第 9—10 页。

② 〔德〕哈贝马斯：《法的合法性——〈事实与规则〉要义》，许章润译，郑永流主编《法哲学与法社会学论丛》（三），中国政法大学出版社 2000 年版，第 9 页。

自由主义法律范式过于强调形式平等则导致了事实上的不平等。因为"事实平等的衡量标准是法律规定对于相关人们的可观察社会效果，而法律平等则涉及他们在法律框架内根据自己偏好来作出决定的能力。法律自由的原则造成事实不平等，因为它不仅允许而且促进不同主体对同样权利的不同运用；它因此而满足自主地实行私人生活规划所需要的主观权利前提。就此而言，法律平等与事实平等是不能合而为一的。但是，那些歧视特定个人或特定群体的事实不平等，是同法律上平等对待的要求相抵触的，因为它们事实上影响了对平等分配的主观行动自由的利用机会"①。

随着经济权力、物质财产和社会状况的不平等现象日益增多，出现了对自由资本主义进行改良的努力和尝试，福利国家和福利国家法律范式应运而生。因为"如果私人占有、取得和转让财产的权利能力有利于保障社会公正，则每个人均应平等享有有效利用此种平等分配之权能的机会。可因为资本主义社会一般并未满足此种要求，所以，'福利国家范式'（welfare—state paradigm）的拥护者们仍声称应对日益增长的经济、财产、收入和生活条件诸项之不平等作出补偿；应将私法充分地具体化，引入社会权利（social rights）范畴"②。当西方社会由自由主义法治国家转向社会福利国家的时候，现代法律也生成了一种新的法律范式——福利国家实质法范式，它与资产阶级形式法范式一起，共同成为现代法历史中两个最成功的、至今仍然相互竞争的法律范式。社会福利国家法律范式的本质在一定意义上可以理解为法律的实质化。福利国家的法律范式的主要特征为③：①不仅强调依法治理国家，而且主张以实在法以外的标准衡量和检测法律，防止恶法；②重视法律平等即形式平等，但不满足于形式平等或是机会平等，而是试图从制度安排上对形式平等的缺陷予以弥补；③主张基本权利不可剥夺，个人自由不可通约；④不满足于法律的形式合法性，注重对法律实质合法性的追求；⑤虽然重视程序，但主张为了获得公正的结果，可以超越国家的程序规则，追求实质正义。然而，福利国家的法律范式所具有的那些特征，如法律与道德的融合，法律体系的开放性，法律语言的模糊性，实体规范和程序规范的融合，立法、行政、司法权的某种融合，强制力的弱化等，都是形式法自身予以否定的那些方面，也是在形式法治实现过程中作为"被限定的""特别的"东西而存在的。④因此，

① 〔德〕哈贝马斯：《在事实与规范之间》，童世骏译，生活·读书·新知三联书店2003年版，第515—516页。

② 〔德〕哈贝马斯：《法的合法性——〈事实与规则〉要义》，许章润译，郑永流主编《法哲学与法社会学论丛》（三），中国政法大学出版社2000年版，第9页。

③ 参见王明文：《程序主义法律范式：哈贝马斯解决法律合法性问题的一个尝试》，《法制与社会发展》2005年第6期，第130页。

④ 参见〔英〕约瑟夫·莱兹：《法治及其德性》，郑强译，夏勇主编《公法》（第2卷），法律出版社2000年版，第93—101页。

福利法范式存在自身不可克服的缺陷。

为摆脱这一困境，哈贝马斯从类型学意义上提出的"程序主义法律范式"探索了一条走出此种困境之途。"哈贝马斯程序主义法律范式的核心观点，可以表述为：人民之所以受到法律的约束（即法律具有效力），法之所以具有合法性，既不是因为法律的内容符合自然法、理性法或道德的标准，也不是单纯因为事实上的强制力或社会系统功能，而是因为法律是通过这种运用理性商谈的立法与用法过程而内在的具有了合法性，是可接受的。"①程序主义法律范式对解决行政规定的合法性问题具有理论上的启发性，主要是基于以下理由："一种法律秩序之为合法的程度，确实取决于它在多大程度上确保其公民的私人自主和政治公民自主这两种同源的地位；但与此同时，它之所以具有合法性，也是归功于交往的形式——只有通过这种形式，这两种自主才得以表达和捍卫。这是一种程序主义法律观的关键。"②哈贝马斯特别强调，合法性概念与合法律性概念之间存在差别。在现代政治运作中，合法性离不开合法律性，但是合法性不等同于合法律性。合法律性只有从具有道德内容的程序合理性出发才能取得它的合法性。

英国学者边沁对合法性概念所作的阐述对我们理解合法性的内涵同样颇具启发，他认为，"合法性"在本质上是一个多维度的概念，它包括三个不同的层面③：第一层面是规则层面，即如果权力的取得和行使与已确立的规则一致，则权力是合法的，而规则可能是不成文的，以非规范惯例的形式存在，也可能以法典或判例的规范形式存在。第二层面是赖以取得与行使权力的规则本身具有正当性，即第一层面中的规则可以被统治者与附属者所认同的信仰证明是正当的。对于正当性到底如何才算得上一种必要的或充分的正当性，争议颇多，不存在解决的终极权威，但是特定社会的逻辑与信仰已对该社会中何为可能的或可靠的正当性作出了明确的限制。第三层面涉及附属者对他们卷入的特定权力关系的明示同意。附属者与强势一方缔结合约，宣誓效忠，或参加选举，从而为参加该关系的各方创造出一种规范性义务和表现出一种公开的象征力或宣示效力，展示其合法性得到了确认。

由此可以看出，关于合法性应当包括哪些基本要素，在现代西方社会的现代化和理性化过程中，人们对它的认识经历了一个由浅入深、由片面到全面的转变过程。对合法性的理解形成了比较一致的认识，即合法性可分为形式合法性与实质合法性。"实质合法性"与"形式合法性"对应于英文的 legitimacy 和 legality，

---

① 王明文：《程序主义法律范式：哈贝马斯解决法律合法性问题的一个尝试》，《法制与社会发展》2005年第6期，第133页。

② 〔德〕哈贝马斯：《在事实与规范之间》，童世骏译，生活·读书·新知三联书店2003年版，第508页。

③ 参见〔英〕大卫·边沁：《通往社会科学的合法性概念》，傅建奇译，高鸿钧主编《清华法治论衡》（第二辑），清华大学出版社2002年版，第106—109页。

也对应于中文的"合理性"与"合法性"，或"道统"与"法统"，以及"正当性"与"合法性"，或"合法性"与"合法律性"，前者主要强调实质意义上的正当、合理及其道义基础，后者则表明实在法意义上对于形式与程序的遵守；前者多诉诸自然法或道德法，后者则依准乎俗世的实在法。[1] 就行政法规范调整的公共行政领域而言，"合法性"是比"合法律性"更为广泛的概念。Legitimacy 一词不仅包含了事实认定上经验主义的"合乎法律"即"合法律性"，也涵盖了价值导向上规范主义的正当与认同，即"正当性"，同时也包括"有效性""合理性""合道德性"等意涵在内。[2]

由于程序在实现公平正义中特有的价值，程序的意义和重要性，在现代思想家的阐述中，被愈发摆到了独立和突出的位置。程序正义的理论和主张，逐渐深入人心并融入具体的法律制度中。程序在现代社会中的重要功能之一，就是赋予决定或结果的权威性。新程序主义主张[3]，实质正义的反对概念是形式正义，而程序并不等同于形式。程序的基础是过程，其实质是反思理性。程序是相对于实体结果而言的，但程序合成物也包括实体的内容。程序在使实体内容兼具实质正义和形式正义的层次上获得一种新的内涵。"就这样，程序在一定程度上已经成为当前西方各种法学理论的最大公约数，成为寻求共识的最突出的收敛区了。可以推而论之，同样的现象也没有理由不会在我国的社会变革过程中出现。"[4] 因此，在认识实质合法性和形式合法性的基础上，将程序视作合法性构成的又一要素，是对合法性内涵全面完整的把握。

三、行政规定法治逻辑的内涵和要求

针对行政规定存在的问题，如何遵循法治逻辑，保证和提高行政规定的合法性，已成为制度建设中不容忽视的重要方面，这也因此成为法治政府建构的重要内容。自《全面推进依法行政实施纲要》明确提出建设法治政府的目标，并将制定行政法规、规章、规范性文件等制度建设符合宪法和法律规定的权限和程序，充分反映客观规律和最广大人民的根本利益，为社会主义物质文明、政治文明和精神文明协调发展提供制度保障作为法治政府的重要标志之一。之后，在党中央和国家层面上，对此项工作不断强化推进。《国务院关于加强市县政府依法行政的决定》（国发〔2008〕17 号）、《国务院关于加强法治政府建设的意见》（国发〔2010〕33 号）、2013 年 11 月 12 日中国共产党的第十八届中央委员会第三次

---

[1] 参见〔德〕哈贝马斯：《法的合法性——〈事实与规则〉要义》，许章润译，郑永流主编《法哲学与法社会学论丛》（三），中国政法大学出版社 2000 年版，第 3 页。
[2] 赵瑛：《公共行政合法性研究述评》，《公共行政评论》2015 年第 4 期，第 154 页。
[3] 季卫东：《程序比较论》，《比较法研究》1993 年第 1 期，第 40 页。
[4] 季卫东：《程序比较论》，《比较法研究》1993 年第 1 期，第 41 页。

全体会议通过的《中共中央关于全面深化改革若干重大问题的决定》、2014 年 10 月 23 日中国共产党第十八届中央委员会第四次全体会议通过的《中共中央关于全面推进依法治国若干重大问题的决定》、2015 年 12 月中共中央和国务院印发的《法治政府建设实施纲要（2015—2020 年）》，均对行政规定的制度建设从多方面提出了明确的目标和要求。2015 年 5 月 1 日起实施的修订后《中华人民共和国行政诉讼法》确立了法院对规范性文件附带审查的制度，该法规定，公民、法人或者其他组织认为行政行为所依据的国务院部门和地方人民政府及其部门制定的规范性文件不合法，在对行政行为提起诉讼时，可以一并请求对该规范性文件进行审查。可见，规范性文件的制度建设对于构建法治政府、建设社会主义法治国家有着重要的现实意义。

行政合法性原则是法治原则的基础。各国虽由于法律传统、政治制度和社会发展的状况不同，对行政法中的合法性原则在文字表述上有所不同。例如，英国行政法中形成的自然公正和越权无效两大原则、美国行政法中的实体上的基本权利原则和正当程序原则、法国的行政法治原则、德国的依法行政原则（法律保留与法律优先）和比例原则、日本的法治行政原则（法律保留、法律优先和司法救济原则），但在这些差异的背后所蕴含的行政法基本理念却是相同或相似的。行政权力的有限性、法定性，行为的程序性、正当性，责任追究、权利救济等，这些共性的东西成为行政行为合法性的基本价值内涵，成为行政行为遵循的准则和司法监督中判断识别其合法性的依据。

行政规定的法治逻辑是以合法性为出发点和落脚点的，而合法性问题本质上是其道德正当性或价值判断问题，行政规定只有获得道义上的正当性，符合人们的价值观念，与社会上的基本价值取向相一致，才可能得到民众的认同和服从。但是，行政规定的实质内容的合法性的判断和评价很难形成具体化的标准，且要依赖于一定的形式和程序才能得以保证与实现，而形式要件和程序要件则可形成一套容易掌握的标准，因此在评判某一行政规定是否具有合法性时，首先要考虑其是否具备合法的形式及正当的制定程序。罗尔斯认为，法律或制度的正义包括形式正义、实质正义和程序正义。[①]我国学者也认为，应从形式、程序、实质三个方面考察规范的合法性，"法的合法性至少有三种含义，一是指形式上的合乎已有实在法的规定，特别是符合已有制定法的规定，而不问这些规定是否合乎时宜或合理。如用高位阶的法评价低位价的法，低位价的法必须与高位价的法相一致，如果不一致则不合法。二是指程序上的正当性。即制定法的形式上的合法性，如法律的制定是应由人民的代表所组织的议会进行，并且要经过法定多数代表通过，这样就把法律是否来自议会作为判断其合法性的标准之一。三是指符合应然法或

---

① 〔美〕约翰·罗尔斯：《正义论》，何怀宏等译，中国社会科学出版社 1988 年版，第 54—60 页、84—90 页。

理想法，即是否合乎所在社会的价值观念和社会理想，即内容不悖于公理、理想或所在社会占主导地位的意识形态观念。如自然法占主导地位的人民主权观念、人权观念、契约自由观念"①。

因此，行政规定的法治逻辑内涵并不仅限于形式、程序或实质的某一方面，它应当是三者的统一体。"上述三个要素共同推动了合法性之实现，尽管它们在特定环境下的实现程度是有差异的。合法性并非是那种要么全有要么全无的事物……合法性可能遭到侵蚀、反对或是不完整的；对合法性的判断通常是一种程度的判断，而不是简单地要么全有要么全无的判断。"②从形式上看，它要由具有政治权威的主体制定并保证实施；从程序上看，它要体现出过程中的交涉性；就实质合法而言，则必须与公民的道德良知相符合，符合一个社会占主导地位的价值、道德观念和政治社会理想，为人民所接受、认可。因此，本书将行政规定的法治逻辑内容和要求分为形式合法性、程序合法性与实质合法性三个方面，并分别加以探讨，同时对合法性的最有效监督救济途径——司法审查，一并加以研究。

---

① 周世中：《法的合理性研究》，山东人民出版社 2004 年，第 37 页。
②〔英〕大卫·边沁：《通往社会科学的合法性概念》，傅建奇译，高鸿钧校，高鸿钧主编《清华法治论衡》（第二辑），清华大学出版社 2002 年版，第 110 页。

第二章

行政规定的形式合法性

　　本章探讨的问题借鉴了韦伯关于法律形式理性的有关阐述，法的形式理性是韦伯在划分法律思想类型时提出的概念。韦伯是 19 世纪末 20 世纪初德国一位伟大的社会学家，是继马克思、恩格斯之后德国又一位才华横溢的思想家，他被称为"现代社会学领域里个人影响最大的一位学者"[①]。韦伯认为，法律的发展经历了不同的阶段，具有不同的表现形式，而形式化、理性化则是现代资本主义法律的根本特征，并且只有这种坚持形式理性的法律才能适应并促进市场经济的发展。韦伯认为，形式理性是指一种排除道德、宗教、政治等价值，形式的、客观的理性，表现为整体、内在的逻辑关系及目的上的可计算性。实质理性则是从理想信念（如道德、宗教、政治等）出发，由终极价值系统演绎出来的活动规则，表现为强调目的和结果符合基本价值原则。实质理性是前资本主义文明和社会秩序的本质特征，而形式理性是现代法律关系和行政管理的本质特征。[②]因为形式理性的法律思想代表了高度逻辑的普遍性思维，是一种体现"制度化"的思维模式。这种制度化思维在立法上试图制定逻辑清晰、前后一致、可以适用于任何实际情况的完美规则体系。"只有采用逻辑解释的抽象方法才有可能完成特别的制度化任务，即通过逻辑手段来进行汇集和理性化，使得具有法律效力的一些规则成为内在一致的抽象法律命题。"[③]由于对法律确定性、可预测性的形式要素被韦伯摆放在了一个突出重要的位置，法律的形式性成了形式理性法的一个最重要的特征。这种形式性在法律中主要表现为两个方面：首先，法律应以有形的、可以感觉到的、具有外部性的方式表现出来，无论是以一定的词语、签字的仪式，还是实施

　　[①] 江必新：《论法律的统治及其条件——评马克斯·韦伯的法律统治学说》，《行政法学研究》2000 年第 2 期，第 10 页。

　　[②] 参见〔德〕马克斯·韦伯：《论经济与社会中的法律》，张乃根译，中国大百科全书出版社 1998 年版，第 23—25 页。

　　[③]〔德〕马克斯·韦伯：《论经济与社会中的法律》，张乃根译，中国大百科全书出版社 1998 年版，第 62 页。

具有包含特定意义的行为，法律都具有程式化、外部化的特征。其次，组成法律的是一些可能远离具体事物和行为的高度抽象的法律概念与命题，法律的适用有赖于对抽象法律概念和规则的逻辑分析，以及从规则到具体判决的形式逻辑推理。这样由法律程序保障和形式主义适用要求的形式性才能得以贯穿立法与司法的始终。

从韦伯的论述中，我们可以得到一些启示，下文从两个层面加以分析：第一个层面，法律既要具备形式上的合理性，又要具备实质上的合理性。所谓形式上的合理性，是指作为一种法律规范，必须是普遍的、不溯及既往的，必须是统一的，必须在内部保持统一与和谐，形成一个协调的秩序制度等。所谓实质上的合理性，是指法律规范必须符合人类生存和发展的条件，必须符合理性、正义、公平原则，符合社会所公认的价值标准。第二个层面，法律的合理性要求其制定过程也必须是合理的，因为合理的法律只能从合理的程序中产生。通过合理的程序来确保各利益集团在立法过程或者在法律规范的形成过程中，能够充分地表达其意愿，并能确保其合理的意愿和利益为法的规范所吸收与认可。①本章讨论行政规定的形式合法性，主要是围绕第一个层面中的形式要求，至于实质上的合法性和第二个层面中的程序合法性后文将分别阐述。

形式合法性主要指形式上合乎已有实在法的规定，特别是要符合已有制定法的规定，这里所说的形式合法性是狭义的合法性，即"合法律性"，这里的法是指实在法，即宪法和法律。对于行政规定来说要符合宪法和法律，不得与宪法和法律相抵触。形式合法性主要关注行政规定的制定权力是如何有效获得的，可以在什么范围内行使权力，具体的行政规定是如何制定、修改和实施的，权力的取得和实施与已制定的法律的一致性等问题。

第一节　行政规定制定权的合法来源

行政机关可以制定行政规定，已为各国法制所肯定认可。不过，为何行政机关可以作出行政规定，行政规定作出后除在具体个案中要受法院的审查，立法权可否对行政规定发挥影响作用？这些问题均涉及一个根本性的问题，即行政规定作为抽象规范的一种，而制定抽象规范的权限究竟属于哪一种国家权力所拥有？这是由立法权独占的？或是可将此权力交由其他权力主体行使？或此权限并非为立法权所独占？为了回答这些问题，必须从国家权力分立中如何分配抽象规范制定权限的角度探讨，但如果要根本性地处理这些问题，则必须对权力

---

① 江必新：《论法律的统治及其条件——评马克斯·韦伯的法律统治学说》，《行政法学研究》2000年第2期，第12页。

分立制度，以及权力分立争议问题的解决方法，在综合理解之后，再以此为基础回答上述问题。

一、权力分立的起源与演进

从洛克到孟德斯鸠所建立起来的政治基本哲学认为，权力使人腐化，绝对权力，绝对腐化。因此，"分权"与"制衡"在国家组织的制度理性中，已成为人类经验上达成的最大共识。权力分立的哲学基础是希望借由权力分立而制衡将"国家权力应纳入轨范"，故权力分立原则是现代民主法治国家组织上的最基本的原则之一。①一般认为，权力分立原则的目的有两个：一是追求效率，二是避免专权暴政，保障人民自由。不容讳言地，"追求效率"与"避免专权"两目的之间存有相当程度的冲突或紧张关系，而其内涵可分从"形式"与"实质"两方面加以说明。从形式上观察，权力分立原则表现在"垂直"与"水平"两个面向上，垂直面向的权力分立为中央政府与地方政府间的权限划分，而水平面向的权力分立则分为中央政府内与地方政府内各部门间的权限划分。

权力分立原则的精义在于"分权"及"制衡"，亦即权限分配的同时也附随着权力的限制及监督，"分权"是将国家权力分属中央与地方，再将分属于中央与地方的权力分配给各部门，以避免出现专权，危害人民自由。不过，欲避免专权，保障人民自由，仅"分权"尚嫌不足，因为分权之后，如无适当制衡机制确保权力的分立，日久恐终不免复合而为一（集权）。在民主法治国家里，要检讨的问题，不是"有无分权"，而是"如何制衡"的问题，但"如何制衡"并不是目的，而只是一种手段，其目的在于使国家权力不会过度集中，以间接实现国家的功能。原则上，只要各权力部门彼此权能重叠的程度尚不至于达到百分之百，某权力部门不致完全被另一权力部门所取代，各种制衡机制理论上均有存在的空间和可能。

权力分立的思想自古希腊时起，亚里士多德认为每一个政体都有三个要素，政府权力包括讨论、执行、司法三要素，并尝试性地将政府官员分为审议官、执政官和司法官。但亚里士多德的分权更多的只是一种描述，且亚里士多德所提及的政治共同体，实际上指的是城邦。亚里士多德把城邦理解为在政治上的"合伙"，故与现代所认为的理论并不相同。在其理论中，权力分立的目的是以将任务分工的方式，使国家任务可以更有效率且迅速地完成，即目的在于提升工作效率。②亚里士多德虽为权力分立的滥觞，但实际上将此发展为政治理论者为孟德斯鸠，其是受英国哲学家洛克的启发，认为自由是法律许可下的一切行为，但自由只有在

①李惠宗：《宪法要义》，元照出版有限公司 2001 年版，第 403 页。

②参见〔古希腊〕亚里士多德：《政治学》，颜一、秦典华译，中国人民大学出版社 2003 年版，第 145—157 页、第 242—245 页。

有所限制的政府中才有可能产生，而所谓有节制的政府，即为没有滥用权力的政府，如要政府不滥用权力，其方法就是以权力牵制其他权力。孟德斯鸠与亚里士多德相同，都将国家权力分为三权，即行政、立法与司法，但洛克与他们不同，其认为三种权力应分别行使且分属给不同机关，其并不认同权力分立的目的在于合作而提升工作效率，相反地，其认为权力集中会造成滥用权力，导致无法保障自由，故权力分立的设计系为互相制衡，以求达成保障人民自由的目的。①孟德斯鸠的理论，对于日后美国的权力分立产生了很大的影响，如其不仅主张各个国家权力间应互相制衡，纵使单一权力内，亦应有所制衡才不致滥权，典型例子即为国会由二院组成，分别由贵族与平民代表。其次，虽然其理论认为各个国家权力应互相制衡，然而为保障国家的运行，各权力间要互相协调、一同行动。孟德斯鸠将权力分立理论，尤其是二权分立的想法集人成后，该想法对日后许多国家产生了深远影响，以下将主要介绍德国、美国与法国权力分立的理论，尤其是立法权与行政权的互动分析，并以此为基础探讨立法权与抽象行政规范制定权分立的设计。

二、权力分立的域外法制实践——以立法与行政对于抽象规范制定权的争议为主

（一）德国的权力分立

德国在 19 世纪起发展了所谓法治国（rechtsstaat）思想，所谓法治国，顾名思义，即以立法为主，认为国会是保障人民自由及权利，抵抗国家的侵害，从而建立法律保留原则与法律优位原则，加之君主政体转变为共和政体后，人民对于民主的需求更为迫切，国会因一方面体现保护人民自由权利的意旨，另一方面又存有民主的制度基础，故其在此种环境下，其地位自然更加巩固。②

在第一次世界大战期间，德国尚处于魏玛共和，其中虽然《魏玛宪法》以共和政体及议会制度代替君主，但在设计上总统享有相当的实权，如解散国会权、任命总理及阁员权，并拥有广泛的紧急命令权，总统及其所指挥下的行政权在国家权力间占有优势。但《魏玛宪法》与魏玛共和在希特勒和授权法的侵袭下消亡。第二次世界大战后，1949 年制定的德国基本法即汲取此教训，其亦采用权力分立原则，并于《基本法》第 20 条第 2 项规定所有国家权力来自人民。国家权力由人民以选举及公民投票方式，并由彼此分立的立法、行政及司法机关行使。在法治国思想的影响下，立法权却明显地较其他权力占有优势，而有类似于以其为中心

---

① 参见〔法〕孟德斯鸠：《论法的精神》（上），张雁深译，商务印书馆 1963 年版，第 184—197 页。
② 黄舒芃：《行政命令》，三民书局股份有限公司 2011 年版，第 14 页。

的地位。从《基本法》第 20 条第 3 项规定立法权应受宪法的限制，而行政权与司法权应受立法权与法律的限制可知，立法权虽受宪法的限制，但其他的国家权力则另受立法权所制定法律的拘束，即依法行政原则与依法审判原则的体现。

德国的立法权由于受法治国思想的影响，除被认为是为保护个人自由权利、有助实现民主之外，更因先前造成的惨痛经验，使其地位可以远远高于国家权力中的行政权，自德国法学方法论中将两者区分为"法制定"（rechtsetzung）与"法适用"（rechtsanwendung），也是相呼应的，并提供更加理解与巩固立法权居于优势地位的基础，而此概念的演进，可以使法律保留的空间日渐拓展，不仅是当初保护个人自由时所要求的侵害保留，此时即有学者基于此立场，认为应采取所谓的全面保留，即任何事项均应有法律的依据，而行政仅成为最单纯的执行法律。此看法虽从未成为德国的通说，但却促成了日后国会保留及不以特定事项而改采用抽象描述的重要性理论在学术界与实务界的发展。[①]行政权虽在部分领域被认为有一定的自主空间，在传统上认为不受法律的拘束，但实际上，此空间可能是立法权所赋予的，如裁量权亦为立法者于个别法律中所赋予，且行政权此时不仅拥有裁量的权限，而且因为其自身作为法适用者，而在具体个案中负有必须合法裁量的义务[②]，即仍以法律的存在及立法权的授权为其前提，行政权方有其空间可言，在抽象法规范制定的概念也是如此。德国的行政机关在制定行政命令时，虽拥有一定的权限，但此权限也可能受到立法权的监督与控制，表现为该命令的权限来源与其内容范围，可能均来自法律的授权与要求，即使该命令仅是规范行政权内部的，立法权仍有相当介入的空间，甚至可以其意志即法律取代之。例如，其内容是对外产生法律效果的，则更是如此。因此，在行政权发布行政命令时，虽其仍拥有一定的自主权限，但实际上却仍受到法适用概念的影响，立法权对其仍有相当的影响力。

德国的《基本法》第 80 条第 1 项的规定是为避免重蹈过去覆辙，因而对授权的要件加以严格要求，此应有两层意义。第一层意义是为保障人民的权利。因人民对于法规须有可预测性，其方可以了解何者当为、何者不可以为，而立法者所制定的法律，由于程序较为透明且制定机关单一，人民较易可以知有此规范的产生；但行政机关所制定的命令，大多程序并不公开，且各个行政机关均有作成行政命令的可能，人民往往无从可以知有此行政命令，对该规范的可预见性较弱，故以法律授权行政机关发布行政命令时，人民即可以自该法律中，可以知行政命令可能的内容与范围且亦可能可以知其是由何行政机关所制定。第二层意义为监

---

① 黄舒芃：《行政命令》，三民书局股份有限公司 2011 年版，第 18—19 页。
② 李建良：《行政法：第十一讲——行政裁量与判断余地》，《月旦法学教室》2010 年第 98 期，第 34—49 页。

督与保障行政机关的权限运作。首先，在监督的层次，由于制定抽象法规范的权力，在德国因认为是传统法制定的领域，自然为立法权所享有，而立法既将该权限授予行政权行使，则其也负有义务对行政机关所发布的命令加以监督，否则立法可能将其权限授出后即逃避其应负的责任，并使行政权产生如同空白授权般的广泛权力。[①]其次，在保障的层次，由于行政权在制定行政规定时，虽如同法制定者的角色，但其仍系实质上的适用法律，是在法律的框架下执行其任务，如果法律的授权较为具体明确，则行政亦可知如何应对执行，则其所发布出的行政命令，即较可能符合立法者于授权时的需求。从《基本法》第 80 条第 1 项的规定中可再次确认，德国的立法权与行政权间有关权限划分，至少在对外生效的抽象规范制定权中，因受法制定及法适用理论的结果影响，均被认为是立法权的权限，行政权须待立法权以法律授权后，才取得可以在对外事务领域中可以为抽象规范的权限，故在德国行政权欲制定对外产生法律效果的抽象规范，无法以其自身的权限而为，而须取得立法权的授权后才可以制定。

（二）美国的权力分立

美国为世界上第一个将权力分立的理论落实于宪法的国家，而且是其当初制定宪法的目的之一。根据美国宪法第 1 条第 1 款的规定，有关于立法权，在文义上系专属于参议院与众议院所共同组成的美国国会，第 2 条第 1 款第一句则将行政权赋予总统[②]，第 3 条则将司法权交给联邦最高法院及其他各级联邦法院来行使。因此，虽然美国宪法并未出现权力分立字句，但前述条文却系权力分立的具体明文规定。由于美国宪法的明文规定，故针对立法权是否可以将其权限让与的问题，最早系以禁止授权原则为主流见解，禁止国会让渡立法权与行政，将立法与执行彻底分离。不过，在 1825 年，Marshall 大法官虽未扬弃前述的理论，但亦认为若为涉及法律细节的不重要事项，可由执行的人补充之。[③]而在 1928 年联邦最高法院确定了明确原则[④]，凡国会授权同时，必须符合有"可理解的原则"（an intelligible principle）可供行政机关遵守者，该授权即不违宪。自此法院经过数十载运作均无依据禁止授权原则而宣告法律违宪。不过，在 2001 年，联邦上诉法院则以禁止授权原则宣告环境保护署订立的标准违宪，但其宣告的标的并非授权

---

① 黄舒芃：《行政命令》，三民书局股份有限公司 2011 年版，第 26 页。

②《美利坚合众国宪法》第 1 条第 1 款：本宪法授予的全部立法权，属于参议院和众议院组成的合众国国会。第 2 条第 1 款第一句：行政权属于美利坚合众国总统。

③ Wayman v. Southard, 10 Wheat（U.S.）1, 42（1825），转引自黄维幸：《回归基本：从真调会条例宪法解释案论行政与立法关系和权力分立》，《法令月刊》2005 年第 2 期，第 6 页。

④ J.W. Hampton, Jr. and Co. v. U.S., 276 U.S. 394（1928），转引自雷文玫：《授权明确性原则的迷思与挑战：美国立法授权合宪界限之讨论对释字五二四号解释与全民健保的启示》，《政大法学评论》2004 年第 79 期，第 72 页。

的法律，而是行政据此订立的标准，且要求行政依据明确性原则重新订立合法的命令。①而此案经联邦最高法院 Scalia 大法官主笔而撤销前判决的部分，其虽要求国会授权应明确，但亦认为判决的标的毫无疑问地合宪。而同案中 Thomas 大法官的协同意见书则回归宪法本文，认为应适用禁止授权原则而非明确原则；Stevens 大法官则认为宪法并未禁止国会授权与行政，故仅须授权明确而无须将禁止授权原则借由明确原则修正。由上可知，在美国联邦最高法院中，有关立法与行政的权限争议，存有两派见解，一派主张禁止授权理论，另一派主张明确原则，实际上此亦为美国联邦最高法院在处理有关权力分立的争议中，有所分歧的两种解释方法，即形式论取向（formalism approach）与功能论取向（functionalism approach）下的产物，禁止授权原则为形式论取向下的产物，在宪法规定的架构内立法权应由国会行使，美国宪法所建立的规定不应予以变动；而明确原则则为功能论取向下的产物，以实用的观点阐释权力分立，不拘泥于宪法的文本而着重于权力分立原则背后的目的与功能。②就行政机关制定规则的权力来源而言，"行政机关拥有发布解释性规则、政策声明、程序性规则以实施其所负责执行的法律的固有权力。但是，行政机关只能通过发布立法性规则以创设具有法律拘束力的实体规则。行政机关只有也仅在国会已经赋予其该权力的限度内拥有发布立法性规则的权力"③。

美国学界针对该类问题亦多有探讨，有学者支持前述适用古典禁止授权原则的见解，不过，多数学者认为自宪法第 1 条规定中并无从证明禁止授权原则的存在，亦难支持法院有权要求国会的立法须明确，且授权界限难以明确规定，同样代表法院审查类似问题亦相当困难。通过前述美国联邦最高法院数十年均未运用禁止授权原则宣告违宪即可看出，法院无法有效指摘国会行为违宪，而此结果可能导致国会授权行政泛滥。然而，前述反对禁止授权原则的学者，当然并非支持立法授权可恣意为之，反之，其要求有更明确的标准确立立法授权的界限④，而非仅以空洞的文字要求。当今即使支持禁止授权理论者，亦不像最初严守的态度，而承认不可能完全禁止立法权的授权行为。从学者的看法可知，现今美国联邦最高法院在权力分立案件中所采取的明确原则，其要件实际上过于模糊，而使法院可以恣意专断或规避其应负审查的责任。另有学者为解决行

---

① Whitman v. American Trucking Association, 531 U.S. 457（2001），转引自雷文玫：《授权明确性原则的迷思与挑战：美国立法授权合宪界限之讨论对释字五二四号解释与全民健保的启示》，《政大法学评论》2004 年第 79 期，第 75—76 页。

② 林子仪：《宪政体制与机关争议之释宪方法论宪政体制问题释宪方法之应用——美国联邦最高法院审理权力分立案件之解释方法》，《新世纪经济法制之建构与挑战》，元照出版有限公司 2002 年版，第 47—49 页。

③〔美〕理查德·J. 皮尔斯：《行政法》，苏苗罕译，中国人民大学出版社 2016 年版，第 321 页。

④ Cass Sunstein, Nondelegation Canons, 67 U. CHI. L. REV. 315, 330-335（2000），转引自雷文玫：《授权明确性原则的迷思与挑战：美国立法授权合宪界限之讨论对释字五二四号解释与全民健保的启示》，《政大法学评论》2004 年第 79 期，第 79—80 页。

政权从事立法行为的正当基础，提出如传送带理论、专家理论及行政立法过程的民众参与[①]，还有学者倾向参与理论中的公民共和理论等见解，不过，仍须解决谁可以参与及要参与到何种程度等问题。由上可知，美国学者关于立法权与行政权间的权限争议问题，虽仍有支持古典禁止授权理论者，但多数则较为支持行政权可部分行使立法的权限，其认为美国联邦最高法院目前面临的问题并非可否授权，而是法院所采用的明确原则不够具体明确，进而产生许多学说来解决行政的正当性基础问题。

（三）法国的权力分立

法国在起初并无权力分立的概念，其后因受孟德斯鸠权力分立学说的影响，以及美国在独立后将其实践的示例，法国在 1789 年的《人权宣言》第 16 条中宣示，凡权利无保障和分权未确立的社会，就没有宪法，明确强调了权力分立的重要性。在 1791 年制定的宪法亦规定，部会首长不可以直接从议员中选出，可谓权力分立的初步实践；另于 1793 年的宪法也再次强调，权力分立与制衡若不确立、社会即无保障，但当时的法国政府尚不稳定，立法权与行政权互相消长而各自主导发展。而自第三共和起，法国国家权力的重心便向国会倾斜。1954 年起，法国为争取阿尔及利亚独立的"民族解放阵线"开始武装反抗，其国内面临内战危机，军方更对当时政府不满而发动政变，且当时的法国处于第四共和阶段，政党林立，加上议会相当强势，使法国第四共和政府施政不易，常常更换总理，因而法国只好请戴高乐（de Gaulle）重出政坛，并在其要求下建立了与过去迥异的法国第五共和。第五共和宪法不同于第四共和宪法以国民议会为中心，而是"为巩固行政权而制定含有内阁制精神的宪法"[②]，但此种设计与一般内阁制并不全然相同，因第五共和宪法内具有许多强化行政权的设计，而在此之下国会的权力相较一般内阁制国家则遭到大幅减弱。在法国第五共和宪法中，立法与行政互动关系最特殊的规定，当属第 34 条与第 37 条，法国第五共和宪法在第 34 条列举十七项法律可以规定的事项，将行政机关可以发布的命令与立法可以制定的法律，用宪法将两者领域划分，并于宪法第 37 条规定，在法律范畴以外，一切其它事项，均属于命令性质。凡法规有关于命令性质的事项者，于征求中央行政法院的意见后，可以以命令修改的……第 38 条规定，政府为执行其施政计划，可以要求国会授权，在一定期间的内，以条例的方式，采取原属于法律范畴内的措施。另外，行政权如发现国会议员所提出或制定的法律，并不在前述宪法列举的范围内时，可予以反

[①] 所谓传送带理论，是指行政机关获得立法授权时，立法机关所拥有的民主正当性也随之传送给行政机关；所谓专家理论是指，行政机关比立法机关更具备实现公益的专业知识。

[②] 徐正戎：《法国第五共和总统权限之剖析及其演变》，《法学丛刊》1995 年第 158 期，第 104 页。

对并交由法国宪法委员会裁定，即使是属前述由立法制定的事项，行政权仍可以在得到国会的授权后，发布条例而加以规范。即使法律并无授权，为了执行立法所制定的法律，行政权仍可以发布必要的命令，即所谓的传来命令。法国于宪法中以列举的方式规定何种事项应由法律规定，并规定立法事项以外者，均为行政可以以命令规定的事项，且纵使应为法律规定的事项，如经立法授权，则也可以命令的方式为之。

在以上有关德国、美国及法国的权力分立概述中，有关行政权与立法权在抽象规范制定权上的互动，各国均有所不同。在各国宪法的本文中，有关行政权与立法权的规定，存在着明显的差异。德国由于受法制定、法适用二分法的影响，加上从 19 世纪以来法治国思想根深蒂固于德国的法制上，立法的地位具有相当的优势，制定对外产生效力的抽象规范权限由立法权所独有，行政权要想取得可以制定对外生效的抽象规范的权限，在德国《基本法》的规定下，必须得到立法的明确授权方可实施。而根据美国宪法的规定，由于传统认为立法、行政的权限应严格区分，而采取禁止授权理论，不允许立法将其权限授予行政权行使，但此理论并未于现今成为通说，学说多将重心放置于行政权制定命令的正当性为何，以及其界限为何的问题上。相较于德国、美国两国，法国则由于宪法的规定，行政的权限相当大，且立法权所拥有的权限，除限于宪法所列举的范围，行政权更可能取得原属立法权的权限。至于在行政权内部运作所需的抽象规范制定权上，法国因第五共和宪法制度的设计，将立法权的权限采用列举方式，其余的抽象规范制定权限均属于行政权。不过，无论是德国还是美国，该国的宪法即使没有如同法国的此类似规定，学说上仍认为行政权基于其固有权限，拥有自主制定规范其内部运作的抽象规范权限，而无须再由立法权的授权。

由上述国家的差异可知，首先各国的宪法规定在均不完全相同的情形下，各国对此问题即有着不同的思维与结论。而在探究行政、立法两项权力之间的关系时，该国宪法的相关规定则为决定性的关键。但应如何解释权限间的争议，笔者认为，则仍应视所选择的宪法解释方法而定，如前文所述的美国宪法的相关规定，如果采取形式论或功能论两种不同的解释方法，即可能使立法与行政两项权力之间对于谁拥有规范的权限，产生截然不同的差别。但上述国家的权力分立规定，似可归纳出另一特点，即行政权限如果在能否制定抽象规范的问题中，其宪法上的正当性多是依附于立法权，则行政权的空间缩减与自主的能力下降；反之，如果行政权在宪法上能够找寻到该行为本身的正当性，则行政权即可能享有更多自主决定的空间，立法对其的规范与监督亦应有所节制，甚至不应介入，行政权与立法权之间的这种关系，或许可作为我们探究行政、立法间权限争议时的借鉴。

三、行政保留的理论视角及运用

相较于行政法学中诸多耳熟能详的概念而言，行政保留则显得较为陌生。根据吴庚的见解，行政保留的理论源自德国。在代议民主政体下，采取权力分立的机制，立法权至上，司法监督行政，使得行政权处于劣势地位。尤其是第二次世界大战以后，曾经饱受极权主义支配的德国，对行政权的行使存有戒心，因而导致立法权的高度扩张，出现国会过度规范的现象，甚至对行政范围的琐碎事项也由法律加以规定。这种情形引发了学者们的反思，他们认为行政权自主地位的丧失，不仅与权力分立的精神相违背，与国家职能运作的实际情形也不相符，而且真正落实基本权利保障的方法，主要依赖行政部门的具体措施，而非立法或司法部门。于是倡导行政保留，作为平衡立法部门的过分干涉，以维护行政权必要的自主地位。[1]那么，何谓行政保留？通说认为，行政保留是指宪法所保障的特定范围的国家和社会事务由行政机关自主决定，换言之，指行政不受其他国家机构过度干涉的自主空间。[2]

对于行政保留的范围，则存在多种理论与主张[3]，主要有以下几种。①特别权限说，主张在行政与立法两权的关系上，按照事务性质有不同程度关联性，如外交权、防卫权，因其运作具有特殊性，只在有限范围内受立法的拘束。此外，对于在决策层次上可能更具有自主性的行政权活动，诸如机关的组织权限、计划权限，以及政治上的领导或可称为政府权等均属行政保留的范围。②个别事件说，主张从所谓实质的公平及正义出发，在行政机关将法律规范具体化时，如涉及公共利益的判断，应属行政保留。③核心范围说，试图主张建立一项不受侵犯的行政保留范围，但核心范围的界限为何众说纷纭，莫衷一是，除了德国联邦宪法法院已有判例确定的行政自行行使权限（如联邦总理决定政策方针、寻求信任投票或解散国会、紧急立法状态及主要对外政策等）外，其他的主张还有：与人民的自由及平等权无关的事项；事件的处理须依据法规，而立法尚未出台，行政机关应设想法律可能规范的原则；属于政府的人事任用权及政策上创设范围的事项。

学者以公法中规范主义向功能主义的范式转换视角，阐述了行政保留的理论价值和意义。从理念的本原和历史出发，规范主义的形成主要基于对行政权的极度不信任，重在以严密的立法为行政权划定边界，从而防范行政权对公民权利的侵犯，旨在通过确保行政权扮演"守夜人"的角色，拓展公民权利的自由空间。相反，作为功能主义的立场，则对政府的职能持积极态度。它希望政府能充分有效履行职能，能够提供越多越好的公共服务，行政合法性就得到越好的实现。相

---

① 参见吴庚：《行政法之理论与实用》，三民书局股份有限公司 2013 年版，第 135 页。
② 门中敬：《规范行政保留的宪法依据》，《国家检察官学院学报》2017 年第 1 期，第 92 页。
③ 参见吴庚：《行政法之理论与实用》，三民书局股份有限公司 2013 年版，第 137—138 页。

较于规范主义强调立法至上、追求形式法治不同，功能主义关注的是实质法治，更加注重对行政权本身的关怀。它不在于关注立法为行政权划设的不得侵犯公民权利的界限，而在于如何更好地保障公民的权利，追求的是实质正义。"正是功能主义所具有的从行政权内部出发，主张政府积极行政、注重行政权效能的品格，为行政保留的存立提供了思想和理念上的磐石。在功能主义的视角下，行政保留不再是立法权从外部控制行政权下的异数，而是行政权自身功能的一种展现。"①同时，归纳行政保留的范围主要体现为：职权立法、不确定法律概念、行政组织权、特别权力关系，以及行政终局裁决、国防、宣战等对外的政治行为也可以纳入行政保留的范围之内，因为这些都体现了行政权的"独立性"。

行政保留与法律保留的概念近似但有明显区别，二者并非对立冲突，它们的存在共同构成了国家的法律秩序体系。法律保留所追求的是立法对行政的控制，而行政保留所追求的是其他国家机关对行政过度干涉的排斥。在传统法治国精神的影响下，为了确保人民的自由与财产，行政权力的行使和运用，必须受到立法者所制定的国会法律的制衡，政府侵犯人民需有国会所制定的法律作为依据，国会扮演着帮助人民抵抗政府无限度入侵的最重要角色。因而，确立了拘束行政权力、保障个人最起码自由的法律优先与法律保留的法治国基本原则。法律优先原则是指行政行为或其他一切行政活动，均不得与法律相抵触。该原则一方面涵盖规范位阶的意义，即行政命令及行政处分等各类行政行为，在规范位阶上均低于法律，即法律的效力高于此等行政行为；另一方面法律优先原则并不要求一切行政活动必须有法律的明文依据，只需消极的不违背法律的规定即可，故该原则被称为消极的依法行政。法律保留原则，是指没有法律授权行政机关即不能合法地作成行政行为，因宪法已将某些事项保留给立法机关，须由立法机关以法律加以规定。因而，在法律保留原则之下，行政行为不能以消极的不抵触法律为满足，还需有法律的明文依据，故又被称为积极的依法行政。②

法律保留原则的理论发源于德国，有全面保留、侵害保留、折中说、重要性理论、机关功能说等多种主张，其中"重要性理论"颇具影响力。其认为，事务的重要性，是决定法律保留范围的一般性判断标准，并在事务的"不重要""重要""更重要"之间做进一步区分，以分别决定哪些事务属于行政固有权限，不须法律授权，行政机关即可自行以命令决定（不重要，不适用法律保留）；哪些事务虽不属于行政固有权限，但准许在有法律授权的前提下，由行政权以命令决定（重要，适用相对保留）；以及哪些事务属于不可转移的、专属的国会权限，必须由立法者亲自以法律决定（更重要，适用绝对保留）。由于事务复杂多样，不同的基本权利

---

① 刘春：《行政保留的法治逻辑及其规范构成》，《中南大学学报（社会科学版）》2018年第1期，第66页。
② 参见吴庚：《行政法之理论与实用》，三民书局股份有限公司2013年版，第83—86页。

间存在高度差异，"不重要""重要""更重要"之间判断标准的主观性较强，进而主张采用消极衡量标准，即从功能结构的角度出发，将不需要议会以法律形式规定的事务进行分类，予以扣除后再反过来界定法律保留的范围。因此，从事务重要性的程度上，可界分出行政保留与法律保留的各自范围，亦即对于"不重要"的事务，属于行政保留的范围，行政可自主作出，无须法律的授权或存在侵蚀法律绝对保留领域的担忧。"行政权的自主性在'非属重要'之事务领域，即可获得更高度的发挥。从而，只要是不属于重要性理论保留给立法者决定的事务范畴，都足以造就行政规则进场的空间。"①

就行政权自主制定抽象规范的权力空间而言，国外的法律制度虽不尽相同，但都拥有或多或少的自主空间，并且这种自主性主要有三种类型②：第一种是纯度最高的自主性规范，主要出现在行政权内部的抽象规范，如机关内部的组织、管理与作业程序规范等，这也被视为行政权的专属领域。第二种是来自国会宽泛授权而产生的自主性。这在形式上表现为授权或委任命令，是一种衍生性与附属性的抽象规范，由于宽泛授权，行政权在制定规范时，拥有相当程度的自主空间，这种情形在美国和英国特别常见。第三种是自主空间最为狭隘的解释性规范，它本身受限于法律条文结构与法律用语或是法律概念的精密程度，但无论法律结构与概念用语如何精密，行政权在执行法律时，仍拥有一定的解释空间。第一种及第三种自主性普遍存在于各国，而第二种自主性在德国法中则受到特别的限缩，这主要是因为德国对于法律保留与国会授权明确的要求最为严格。

从上述理论分析和制度实践可以看出，现代行政法治的发展，已不再是单纯强调行政对立法的服从，而是更多地关注行政必须受到立法完整的监督。依法行政原则中的法律优先和法律保留，并不排斥行政权自主行使的地位和空间，而是要确保行政的结果，不至于违反或侵犯立法者的意志。就抽象规范的制定而言，"承认行政部门享有一定程度的规范制定权的自主空间，乃是实现国家作用和提高行政效率的内在要求，符合现代行政管理的现实需要和诉求"③。因此，立基于行政保留理论，承认行政机关享有行政规定的制定权并予以监督控制，这符合现代行政法治发展的现实需求。

四、我国行政规定的制定权

我国行政规定制定权的来源主要有：一是基于宪法和法律赋予的固有职权；二是基于法律、法规、规章和上位阶行政规定的授权。

① 黄舒芃：《行政命令》，三民书局股份有限公司 2011 年版，第 47 页。
② 陈敦文：《行政保留之比较研究》，《中研院法学期刊》2012 年第 10 期，第 21 页。
③ 门中敬：《规范行政保留的宪法依据》，《国家检察官学院学报》2017 年第 1 期，第 99 页。

所谓"固有"的职权，是指法定的行政机关依据宪法和法律规定而被赋予的制定行政规定的职权。那么，各行政机关"固有"的职权是什么？依据其"固有"的职权可以对哪些事项制定行政规定？按照《中华人民共和国宪法》第八十九条、第一百零七条和第一百零八条的规定，以及《中华人民共和国地方各级人民代表大会和地方各级人民政府政府组织法》第五十九条和第六十一条的规定，国务院拥有规定行政措施，发布决定、命令，以及改变各部、各委员会发布的不适当的命令、指示和改变地方各级国家行政机关的不适当的决定和命令的职权；县级以上地方各级人民政府拥有规定行政措施，发布决定和命令，改变或撤销所属各工作部门的不适当的命令、指示和下级人民政府的不适当的决定、命令的职权；乡镇人民政府拥有发布决定和命令的职权。宪法和组织法这一规定的本身，是一种权力分工的划分，行政机关的权限由宪法和组织法赋予后，就应当转化为各行政机关"固有"的职权。首先，这种制定行政规定的固有职权是同法律的确定性、安定性密切相关的。在宪法和组织法改变该规定前，这些行政机关一经成立就享有这种职权，并可以根据行政管理的需要，经常地、反复地运用这种职权。由此可见，宪法和组织法赋予的行政机关规定行政措施，发布决定和命令的权力，是为各行政机关"固有"的职权。其次，这种制定行政规定的固有职权是由行政机关的性质决定的。行政职权也是行政机关"固有"的职权。因为行政职权是行政上的职责与权限的结合体，没有职责的行政机关是不能存在的，没有权限的行政机关也是不可思议的。行政机关是行政职权的载体，两者不可分离。行政机关一经依法设立，就理应享有一定的行政职权，无论其行政职权是由宪法和组织法规定的，或者是由其他法律和法规规定的，行政机关都可以以自己的名义，按照法律的规定行使其行政职权。最后，在其行政职权范围内制定行政规定，是指上述行政机关对其行政职权范围内的事项进行规范，并要根据法律和其他上位法的规定精神，制定具体性或补充性的规定，这种规定一般属于执行性规范。制定这类规定，不必依据授权，可以依据各行政机关"固有"的职权。因为行政机关对其职权范围内的事项，原本就有根据法律和其他上位法的规定精神制定行政规定的权力，这是行政机关行使行政职权的基本方式之一。当享有规定制定权的行政机关要对其行政职权范围内的事项制定执行性的行政规定时，当然可以依据其"规定行政措施，发布决定和命令"的权力，将该职权的行使以行政规定的形式表现出来。

法律和行政立法虽具有宪法性依据与民主正当性，这是行政权行使的重要依据，但并非唯一的依据，由于其自身存在难以克服的弊端，如原则性、滞后性、程序烦琐等，必须借助行政规定的专业性、技术性、细节性，以及因地制宜、争取时效等优势的发挥，才能充分有效地控制和保障行政权的运行。立法者和行政主体基于权力分工、制衡，以及职权的领导、制约，可将固有权力以授权的方式赋予其他行政主体，在授权的内容、目的与范围内，制定具体、细化的执行性或创设性的规定，以规范和调整具体的行政法律关系。笔者以前文实证资料中的一些行政规定为样本，将授权制定行政规定的情形加以阐释（为表述简洁各选取其中一例作为代表）。

1）国务院行政法规的授权。2011年1月21日起施行的《国有土地上房屋征收与补偿条例》（国务院令第590号）第二十三条规定，对因征收房屋造成停产停业损失的补偿，根据房屋被征收前的效益、停产停业期限等因素确定。具体办法由省、自治区、直辖市制定。《江苏省贯彻实施〈国有土地上房屋征收与补偿条例〉若干问题的规定》（苏政发〔2011〕91号）在第十三条、第十五条关于房屋被征收前的效益计算和停产停业损失补偿计算比例的规定为，具体计算方法由设区的市、县（市、区）人民政府规定。具体比例由设区的市、县（市、区）人民政府结合本地实际确定。据此，淮安市人民政府公布了自2011年4月1日起施行《淮安市国有土地上房屋征收与补偿暂行办法》（淮政规〔2011〕5号）第十七条规定，装潢附属物补偿、搬迁补偿、临时安置补偿、停产停业损失补偿、奖励的标准，由市、县房屋征收部门另行制定。淮安市的住房和城乡建设局制定了《关于淮安市区国有土地上房屋征收补偿补助标准的通知》（淮住建发〔2011〕67号，自2011年4月1日起施行），该行政规定共包含四个附件，对被征收房屋生活配套设施拆装费补助标准；装潢补偿标准；附属物补偿标准；花草、苗木、树木的补偿标准等四项补偿补助标准作了详尽可操作的规定。

2）地方性法规的授权。江苏省第十一届人民代表大会常务委员会第十七次会议于2010年9月29日通过、自2011年1月1日起施行的《江苏省散装水泥促进条例》第五条规定，县级以上地方人民政府应当将发展散装水泥纳入国民经济和社会发展规划，制定促进散装水泥发展的目标和政策措施，并组织实施。第二十四条规定，设区的市建成区内的工程建设项目，禁止使用袋装水泥、现场搅拌混凝土和砂浆，但有本条例规定的特殊情形除外。乡镇、村工程建设项目，应当逐步使用散装水泥、预拌混凝土和预拌砂浆。禁止现场搅拌混凝土和砂浆的具体范围和时限，由设区的市、县（市）人民政府确定并公布。在第二十八条中对可以现场搅拌混凝土、砂浆的六种情形作了具体列举。为节约资源，保护和改善生态环境，提高建设工程质量，促进文明施工，淮安市政府根据《江苏省散装水泥促进条例》的有关规定，作出自2012年5月1日起施行的《关于市区禁止现场搅拌砂浆的通告》（淮政发〔2012〕30号），就市区禁止现场搅拌砂浆的有关事项予以通告，对可以现场搅拌砂浆的五种情形作了具体规定，取消了《江苏省散装水泥促进条例》第二十八条第三项"混凝土累计使用总量在二百立方米以下或者一次性使用量在八立方米以下的"规定情形。

3）地方政府规章的授权。2013年12月1日起施行的《江苏省征地补偿和被征地农民社会保障办法》（江苏省人民政府第93号令），对征地补偿和被征地农民社会保障安置工作作了规定，该办法第十四条规定，土地补偿费、安置补助费、地上附着物和青苗补偿费的具体标准，由市、县（市）人民政府制定并公布，报省人民政府备案。淮安市政府于2013年11月30日制定的《淮安市征地补偿和被征地农民社会保障实施细则》（淮政规〔2013〕4号），对相关补偿条件、标准、计算方法等作了具体细致的规定，并对其中涉及的一些具体办法又授权下级政府和有关部门另行制定，如第五条规定，被征地农民应当从征地前在拥有该土地的农村集体经济组织内享有土地承包经营权、承担农业义务的成员中产生，原土地承包经营权人享有优先权。具体办法由县（区）人民政府制定。第二十三条中关于被征地农民社会保障资金的筹集标准规定为"具体标准由县（区）人民政府确定，并报市人民政府备案"。

4）上一位阶行政规定的授权。为完善城乡居民医疗保障制度，建立健全多层次医疗保障体系，提高重特大疾病保障水平，根据国家发展和改革委员会、卫生部、财政部、人力资源和社会保障部、民政部、中国银行保险监督管理委员会等六部委《关于开展城乡居民大病保险工作的指导意见》（发改社会〔2012〕2605号）、省发展和改革委员会等六部门《关于开展城乡居民大病保险工作的实施意见》（苏发改社改发〔2013〕134号）精神，淮安市发展和改革委员会、市卫生局、市财政局、市人力资源和社会保障局、市民政局、市保险行业协会制订的自2013年7月1日起施行《淮安市城乡居民大病保险实施办法》（淮政办发〔2013〕104号），对大病患者发生的高额医疗费用给予进一步保障作出制度性安排。

第二节 法律优先原则的遵从

一、法律优先原则的理论溯源

依法行政是法治条件下对行政行为的最基本要求，是一切行政行为必须遵循的首要原则，制定行政规定的行为亦概莫能外，而法律优先和法律保留则又是依法行政原则的两个最为重要的子原则，这一点已经为许多国家和地区所确认。"依法行政原则向来区分为法律优越及法律保留二项次原则。法律优越原则又称为消极的依法行政，法律保留原则又称为积极的依法行政。"[1]

所谓法律优先，又称法律优越或法律优位，简单地讲就是指一切行政行为均不得与法律相抵触。法律优先原则的理论基础，源于以人民主权、权力分工为原则的宪政理念，行政权通常被界定为执行权，是执行立法机关意志的国家公权力，

---

[1] 吴庚：《行政法之理论与实用》，三民书局股份有限公司2013年版，第83页。

而反映最高权力机关意志的法律，享有崇高性，具有优越地位，对其他机关及公民均具有拘束力。此原则被认为是依法行政原则的一项重要子原则，是由德国行政法学鼻祖奥托·迈耶（Otto Mayer）在 1895 年出版的《德国行政法》一书中首次阐述依法行政原则时提出的。他认为，依权力分立的原则，国家应依法律而治。依法律而治，是指国家的司法及行政均受法律的拘束。就行政与法律的关系而言，有三项重点内容：①法律的规范创造力原则；②法律优越原则；③法律保留原则。法律的规范创造力原则，是指行政权力在执行法律时，该法律能够产生法规范创设效果，如同法律能对司法机关在个案审判时产生的拘束力一样。对该原则学界认为是理所当然的原则。①依照目前通说，依法行政原则主要包括法律优先原则和法律保留原则两项内容。法律优先原则一方面涵盖规范位阶的意义，即行政命令及行政处分等各类行政行为，在规范位阶上均低于法律，即法律的效力高于此等行政行为；另一方面法律优越原则并不要求一切行政活动必须有法律的明文依据，只需消极的不违背法律的规定即可，故该原则被称为消极的依法行政。

对于法律优先原则存在的法理基础，学界认为，与社会发展、立宪国家体制、法律的性质有着密切关系。首先，在近代法治发轫之初，为反对国家专横权力可能对人民权益造成的侵害，奉行绝对法治的主张，强调议会的形式法律至上。正如奥托·迈耶所言，"法律为国家意思中法律效力最强者，以法律形式表示之国家意思，优先于任何其他国家意思表示"②。其次，在现代宪政体制下，行政权通常被界定为执行权，就是执行立法机关制定的法律，立法机关制定的法律，原则上处于优越地位。最后，行政法律秩序为统一的整体。由于法律规范有不同的来源，依据法源位阶理论，上位法优于下位法，代表民意的立法机关制定的法律，自然应优于行政机关的行政行为。

二、法律优先原则的内涵与要求

法律优先原则作为从德国行政法学理论中引入的概念，因其蕴含着行政法治的权力制约思想，而被有着大陆法系传统的国家和地区广为接受与运用。当然，也有学者认为从现代法治运行机制中立法权的实际优势地位确立与否，不宜贸然采行或否定法律优先原则，并认为"在我国这样一个议会制传统薄弱而行政权力一直超强的国度，而且又是处于转型期的，现实的制度设计与完善应该靠向以强有力的行政权力为中心"③。这种见解从权力运行的实际现状而言不无道理，但法

---

① 参见陈新民：《行政法学总论》，三民书局股份有限公司 2005 年版，第 75—76 页。
② 陈敏：《行政法总论》，新学林出版股份有限公司 2013 年版，第 156 页。
③ 涂四益：《宪政视野下的法律优先和法律保留——凭什么优先？而且保留？》，《甘肃行政学院学报》2008年第 2 期，第 82 页。

治建设发展的努力方向应当是从实然状态走向应然状态，实现制度设计所应达成的目标。依据《中华人民共和国宪法》的规定，全国人民代表大会是最高国家权力机关，中华人民共和国国务院，即中央人民政府，是最高国家权力机关的执行机关。地方各级人民代表大会是地方国家权力机关，地方各级人民政府是地方各级国家权力机关的执行机关。行政权相对于立法权是一种执行权，即执行权力机关制定的法律及作出的决议、决定等。无论是西方的议会民主制，还是我国的人民代表大会制度，都具有代议制的根本特征，即议会因其具有更直接的民主正当性，而使其拥有更优越于行政的地位与权力。"这种大陆法的法律优位思想与普通法上的'越权无效'原则有着异曲同工之妙，都是要求行政必须服从法律。"[1]对法律优先原则的实质含义，在理解和认识上虽无根本的分歧与差异，但具体的内涵和要求亦可谓仁者见仁。

较为一致的看法是，有关法律优越原则的具体内容如下所述。①行政应受宪法的直接拘束。行政机关依据法规所为的行为，应同时受到宪法的拘束，不得抵触宪法。行政不仅应维护形成宪法的基本决定，如主权在民的基本价值理念，而且行政也应保障基本人权。②行政应受一般法律原则的拘束。行政除受宪法规定拘束外，也应遵守宪法上及行政法上的一般法律原则，如平等原则、比例原则及诚实信用原则等。③行政应受法律的拘束。行政机关不仅应受法律所赋予职务的限制，不得逾越组织权限，而且应受执行特定职务的拘束，亦即负有公正地执行其职务的义务。④有无违反法律优越原则的审查。行政法规有无违反法律优越原则的审查，一般而言，是由司法机关为之的。其审查方式有：法律的违宪审查；命令的违宪（违法）审查；判例决议的违宪审查；行政处分及判决的违宪审查。在此基础上，学者进一步将法律优先的含义概括为[2]：第一，在已有法律规定的情况下，任何其他法律规范，包括行政法规、地方性法规和规章，都不得与法律相抵触，凡有抵触，都以法律为准。法律优于任何其他法律规范。同样，凡是上一位阶的法律规范已经对某一事项作出规定，下一位阶的法律规范不得与之相抵触。第二，在法律尚无规定，其他法律规范作了规定时，一旦法律就此事项作出规定，法律优先，其他法律规范都必须服从法律。同样，在上位阶法律规范尚无规定，下位阶法律规范作了规定时，一旦上位阶规范就此事项作出规定，下位阶规范必须服从上位阶规范。因此，法律优先的本来含义是行政应服从和执行宪法、法律，法律的效力高于行政制定的规范，并且有针对行政规范进行合法性审查和纠错的机制。该原则发展至今，已经引申为各种法律规范之间存在高低有序的位阶，上一位阶法律规范的效力高于下一位阶的法律规范，各层次的法律规范之间保持和

---

[1] 应松年主编：《行政法与行政诉讼法学》，法律出版社 2005 年版，第 33 页。
[2] 应松年主编：《行政法学新论》，中国方正出版社 1998 年版，第 44—45 页。

谐统一。

根据《中华人民共和国立法法》第八十七条至九十一条的规定，各层次法律规范的效力由高到低的排列顺序依次是：宪法、法律、行政法规、地方性法规、地方政府规章；省、自治区的人民政府制定的规章的效力高于本行政区域内的设区的市、自治州的人民政府制定的规章。此外，《中华人民共和国立法法》第九十条还作了两种例外性的规定：第一，自治条例和单行条例依法对法律、行政法规、地方性法规作变通规定的，在本自治地方适用自治条例和单行条例的规定。第二，经济特区法规根据授权对法律、行政法规、地方性法规作变通规定的，在本经济特区适用经济特区法规的规定。在这两种特殊的情况下，自治条例、单行条例和经济特区法规优先于法律而适用，但这并不违反法律优越原则。

对于法律优先原则中最为关键的要素，即行政所应遵循的"法律"的范围，一般认为，并不以制定法为限，而是包括一切有效的成文及不成文法源。行政权的行使，如违反任何现行有效的法源，即构成违法。法律优先原则发源于德国，其《基本法》第 20 条第 3 项，亦明文规定，执行权受法律及法的拘束。在我国行政法治的实践中，亦将行政所应遵循的法律，视为广义上的法。国务院发布的《全面推进依法行政实施纲要》关于依法行政中的合法行政首先要求，"行政机关实施行政管理，应当依照法律、法规、规章的规定进行"。既然法律优先原则要求行政必须遵循法律，不得违背法律的规定，那么违背或违反法律规定的行政行为，势必将会遭到合法性的质疑，行政规定亦概莫能外。

三、违反法律优先原则的情形判断

现代行政负有实现国家目的的使命，必须追求国家的利益和公共福祉，维护公共利益，严格遵循依法行政的原则，遵从法律优先原则，确保国家法秩序的统一有序。法律优先原则的具体内容就规范的效力可以有狭义和广义两种理解[①]：从狭义上说，法律在效力上高于任何其他法律规范。从广义上说，上一层级的法律规范效力高于下一层级的法律规范，各个层级的法律规范必须保持其内部的统一与和谐，这样国家的法制才能保持统一。"法律优先原则表明，除宪法外，法律在效力上高于任何其他法律规范，法律的位阶属于其他任何法律规范之上。法律优先原则无限制和无条件地适用于一切行政领域，不论是干预行政还是给付行政，也无论是行政合同还是行政指导。"[②]法律优先主要强调行政机关不能采取与法律相抵触的任何措施，法律与任何行政行为相比都处于最高位阶，体现行政机关对立法机关决议的服从，确立行政行为在消极层面上的义务，即只需要不违背现有

---

① 应松年主编：《行政法学新论》，中国方正出版社 1998 年版，第 45 页。
② 曾祥华：《法律优先与法律保留》，《政治与法律》2005 年第 4 期，第 35 页。

法律规定即可，并不要求所有行政行为都必须有明确的法律依据，所以法律优先原则又被称为消极依法行政原则。我国的宪法和法律已确立了该项原则。《中华人民共和国宪法》第八十五条规定，中华人民共和国国务院，即中央人民政府，是最高国家权力机关的执行机关，是最高国家行政机关。第五条规定，一切法律、行政法规和地方性法规都不得同宪法相抵触。一切国家机关和武装力量、各政党和各社会团体、各企业事业组织都必须遵守宪法和法律。一切违反宪法和法律的行为，必须予以追究。任何组织或者个人都不得有超越宪法和法律的特权。《中华人民共和国立法法》第八十八条规定，法律的效力高于行政法规、地方性法规、规章。行政法规的效力高于地方性法规、规章。就行政规定而言，应当首先满足该原则的要求。

如何判断行政规定违反法律优越原则，借鉴最高人民法院发布的《关于审理行政案件适用法律规范问题的座谈会纪要》（法〔2004〕96 号）中，对下位法不符合上位法情形的审判实践归纳，行政规定违反上位法规定、违背法律优先原则的情形可归纳为：①缩小或扩大权利主体范围；②限制或者剥夺权利，或者扩大权利范围；③扩大行政主体或其职权范围；④延长履行法定职责期限；⑤扩大或者限缩义务或者义务主体的范围、性质或者条件；⑥增设或者限缩适用条件；⑦扩大或者限缩给予行政处罚的行为、种类和幅度的范围；⑧改变已规定的违法行为的性质；⑨超出规定的强制措施的适用范围、种类和方式，以及增设或者限缩其适用条件；⑩设定不符合规定的行政许可，或者增设行政许可条件；⑪其他相抵触的情形。此种"与上位法不一致""与上位法相抵触"判断标准的法理基础可进一步溯源自"法律秩序的等级结构理论"。[①]该理论认为，法律秩序并非同位规范的体系，而是不同位阶法律规范的等级秩序。在此理论的指导下，行政规范作为整体法律秩序中的一种规范类型，其之所以合法，首先是因为它由构成整体法律秩序的另一高位阶规范所创设、并在内容和程序上符合其具体要求，而这一高位阶规范又由更高层级的规范所创设或授权，规范之间的层层创设最终可追溯至位于规范层级顶端的宪法，进而形成了整体意义上的法律秩序的统一性。

除了上述归纳的抵触冲突情形外，行政规定的形式不合法，还有可能表现为对行政法原则的违背，因为所谓违法，不是仅指违反明文规定的条文，同时也不能违反行政法上的一般原则。这些原则包括①平等原则；②禁止专断的原则；③诚信原则；④权力不得滥用原则；⑤信赖保护原则；⑥比例原则。

[①] 参见〔奥〕凯尔森：《纯粹法理论》，张书友译，中国法制出版社 2008 年版，第 88—91 页。

第三章
行政规定的程序合法性

第一节　程序合法性原则和制度要求

一、行政规定的程序意义

　　程序,从法律学的角度来看,主要是指按照一定的顺序、方式、步骤和时限作出法律决定的过程。在现代法治社会中,行政程序备受关注,这主要是因为正义的观念逐渐由实质正义向程序正义渗透,程序独具的价值,已在保证行政权正确、有效行使,抑制行政专横与恣意方面发挥着重要作用。"程序一方面可以限制行政官吏的裁量权、维持法的稳定性和自我完结性,另一方面却容许选择的自由,使法律系统具有更大的可塑性和适应能力。换言之,程序具有开放的结构和紧缩的过程……因此,如果我们要实现有节度的自由、有组织的民主、有保障的人权、有制约的权威、有进取的保守这样一种社会状态的话,那么,程序可以作为其制度化的最重要的基石。"①制定行政规定必然涉及行政程序,而行政程序作为现代法律制度中一项重要内容,必须符合最低限度的程序正义要求,才有可能有效保障行政规定的合法性。本章探讨的程序合法性,主要是指行政规定作出的过程应当符合必要的正当程序要求。

　　正当程序观念发源于英国,英国 1215 年的《自由大宪章》第 39 条规定,凡自由民,如未经其同级贵族之依法裁判,或经国法判决,皆不得被逮捕、监禁、没收财产、剥夺法律保护权、放逐或被加以任何其他方式侵害,我们不得违反这些规定而为之。1354 年的《自由令》亦规定,未经法律的正当程序进行答辩,对任何财产和身份拥有者一律不得剥夺其土地或住所,不得逮捕或监禁,不得剥夺

---

① 季卫东:《程序比较论》,《比较法研究》1993 年第 1 期,第 5 页。

其继承权和生命。此后，程序正当便作为一项法治原则得以确立。在英国它被称作"自然公正"为美国法所继承，并因美国宪法第 5 条、第 14 条修正案被冠以"正当程序"条款而名扬天下。美国宪法 1791 年的修正案第 5 条针对美国联邦政府，1868 年的宪法修正案第 14 条针对州政府，分别以同样的用语规定，非经正当法律程序，不得剥夺任何人的生命、自由或财产。

此后，正当程序原则受到各国承认，包括《世界人权宣言》及联合国两个国际人权公约的承认。通常认为，正当程序原则包括如下内容。①第一，程序中立，即"任何人不得做自己案件的法官"，它要求法官与当事人一方不存在值得怀疑的利害关系。程序中立的要求不仅针对审判程序的裁判主体，它已扩展到任何具有判断性的程序中。在行政程序中，即要求行政行为的作出主体与行政相对人没有利害关系，否则就应当回避。第二，公正对待程序参与者的主体性。既要保障程序参与者的参与权，即保障他们在相同条件下从程序主持者获得相关信息并有相同的机会向程序主持者陈述自己的看法，又要尊重参与者的自治性，即程序参与者有选择是否进入程序的权利，如不得投票强制，听证不必须参加等。第三，程序公开。表现在程序本身的可参与性上，可参与度越高，其公正性就越值得期待。此外，正当程序原则还应当体现在程序及时方面，即对程序法律行为完成的时间应当有明确规定、通过法律程序产生的结果不能被任意推翻，对该结果的修正必须通过启动另一个法律程序才能进行等。我国对程序法治的关注开始于 20 世纪 90 年代，季卫东发表于 1993 年的《程序比较论》（后收录于其所著的《法治秩序的建构》一书），被认为是开创了中国法学界研究程序法的法治意义的先河。在该篇文章中，季卫东对程序的概念、特征、结构、功能等做了突破性的阐述。他认为，程序，从法律学的角度看，主要体现为按照一定的顺序、方式和手续来作出决定的相互关系。其普遍形态是：按照某种标准和条件整理争论点，公平地听取各方意见，在使当事人可以理解或认可的情况下作出决定。程序是交涉过程的制度化。"现代程序的基本特征是：处于平等地位的个人参加决定过程，发挥各自的角色作用，具有充分而对等的自由发言的机会，从而使决定更加集思广益、更容易获得人们的共鸣和支持。"②在借鉴该定义的基础上，有学者进一步将程序定义为"程序是人与人之间协调过程的规则"，以体现出程序中人的主体性、利益相关性、协调性、过程性和规则性的特征。③"程序正义既吸纳了民主和人权价值，通过程序构建社会共识；又吸纳了权力制约和法治价值，通过程序促进政治稳定与

① 参见高鸿钧等：《法治：理念与制度》，中国政法大学出版社 2002 年版，第 229—231 页。
② 季卫东：《法治秩序的建构》，中国政法大学出版社 1999 年版，第 80—81 页。
③ 肖凤城：《行政程序与行政程序法》，见应松年主编《当代中国行政法》，中国方正出版社 2005 年版，第 1227—1229 页。

连续，将权威奠基在合法性的基础之上，而实体法并不具备这一功能。"[1]

对我国行政程序的发展历程、趋势及价值作用，罗豪才进行过精当的评价分析，他指出，重实体、轻程序是我国行政法制的一种传统，行政程序被看成是行政实体的附属品，甚至被视作行政机关的权力性规范和公民的义务性规范，否认行政程序的独立价值。如果只强调行政实体法价值而忽视行政程序法价值非常片面，将导致行政法治建设的畸形发展。必须尽快树立起行政程序意识，重视行政程序法的独立价值。当然主张行政程序的独立价值，并不是主张"法即程序"，而是强调实体和程序并重，重实体、轻程序或重程序、轻实体的主张都不可取，在程序与实体发生冲突时以程序优先为宜。现代行政程序法的价值不仅体现在它具有控制行政权的功能上，而且体现在政府与公民之间可以形成一种互动的机制，可以形成一种和谐、合作的新型行政关系。[2]这对我们确立行政规定的程序理念、指导行政规定的程序设计，颇具启发意义。

二、行政规定程序合法性原则的界定

行政规定的作出行为是行政行为的重要组成部分，是行政程序法中必不可少的规范内容，贯穿于行政程序法始终的基本原则，理应是该行为遵循的根本准则。因此，确立行政程序法的基本原则，就成为判定行政规定程序中应包括哪些基本原则的前提。美国行政法学家盖尔霍恩在谈行政程序时，提出一个比较全面的观点，认为行政程序必须满足四个目的和要求。[3]一是公平。要求公平是英美法律制度中最主要的精神。行政法必须要求行政机关作决定的程序符合公平原则。美国宪法中的正当法律程序条款是行政法的重要原则。根据这个原则，当行政机关的决定可能对当事人的权利和利益产生不利影响时，必须事先通知当事人，听取当事人的意见。二是正确。行政程序必须尽量减少行政机关做出错误的决定，正确地实现法律所规定的政策和目的。三是效率。行政机关所采取的程序和政策，能够避免不必要的牺牲，以获得最大的效益。四是对公民负责。要求行政机关工作人员对公民负责，如通过规定公民的参与程序，加强民选官员或选民的代表对专业人员的监督等。由于目前我国正式的行政程序法典尚未出台，在立法上就行政程序法的基本原则尚无法形成共识，学界更多的是从理论方面讨论其基本原则的内容。由于角度不同，各种观点数量众多，因此归纳有繁有简，有差异也有重合。笔者认为，以民主原则、公正原则和效率原则作为基本原则的主张，概括比较恰当、简洁，较好地体现出行政程序法价值取向、基本原则与具体制度之间的内在

---

① 徐亚文：《程序正义论》，山东人民出版社 2004 年版，第 261 页。
② 参见罗豪才主编：《现代行政法制的发展趋势》，法律出版社 2004 年版，第 15 页。
③ 参见王名扬：《美国行政法》，中国法制出版社 2005 年版，第 44—45 页。

逻辑联系，其理由包括以下几个方面。一是在表述上具有行政程序法部门法的特点，即为行政程序法所特有的原则。二是宪法原则在行政程序法部门法中得到具体体现。"宪法是静态的行政法，行政法是动态的宪法。""宪法是行政法的基础，而行政法则是宪法的实施。行政法是宪法的一部分，并且是宪法的动态部分。没有行政法，宪法每每是一些空洞、僵死的纲领和一般原则，而至少不能全部地见诸实践。反之，没有宪法作为基础，则行政法无从产生，或至多不过是一大堆零乱的细则，而缺乏指导思想。"①宪法与行政法之间有着特殊的密切关系，决定了我们在建构具体的行政法律制度时，不能忽视宪法的原则和要求，而要将宪法的原则和精神有机地融入行政法中去，只有正确反映出宪法与行政法良性互动关系的制度设计，才能符合法治的规律和要求。

行政程序民主原则是指行政程序的设计和进行应当确保公民的有效参与，应当处处反映公民的意见和呼声。在宪法学说中，对国家权力进行限制，保障公民权利是其核心问题。强调权力控制、保持权力制约模式，一直是宪法理论研究和实践探索的主旋律。建设社会主义法治国家，需要将宪法确立的基本理念、原则和精神，具体化为完善可行的制度设计，在宪法的框架内，构建起完整而有效的法律体系。从近现代最具影响力的国家理论之一的社会契约学说，到马克思主义政治理论，所主张的人民主权观念已深入人心。它认为国家的最高权力属于人民，公权力源于人民的同意，权力源于权利，权利决定权力。公民有权参与公权力行使运作的过程，尤其是涉及其切身利益时，应当充分保障其信息获得和意见表达的机会，且对法律结果的形成发挥应有的作用。《中华人民共和国宪法》第二条、第二十七条、第四十一条分别规定了公民参与国家事务管理、对国家机关和国家机关工作人员监督的权利，规定了国家机关及其工作人员接受监督的义务，同时规定了公民进行监督的方式方法。

程序公正原则指公民在行政程序中应当受到平等的对待。《中华人民共和国宪法》第三十三条第二款规定，中华人民共和国公民在法律面前一律平等。法律面前各主体一律平等是法治国家根本的宪法原则。没有平等对待就没有平等的价值标准，个人的权利和自由得不到有效保障。个人一旦丧失了独立性和自主性，则权力膨胀或权利受到过度限制，则这种结构的严重失衡既是经济发展与社会进步缺乏活力的原因，也是民主政治发展不充分的结果。因此，平等保护是由宪法的根本性所决定的。程序上的公正表现在不偏不倚的具体原则，要求相同情况相同对待，不同情况不同对待，法律关注和评价的重点是相对人的行为，不能因行为人的出身、职业背景、财产状况、社会地位、文化程度、性别等不同，而给予差别甚至是歧视性的对待。

---

① 龚祥瑞：《比较宪法与行政法》，法律出版社2003年版，第5页。

效率原则是指行政机关应当确保行政程序的进行，以尽可能少的投入，获得尽可能好的效果。《中华人民共和国宪法》第二十七条第一款规定，一切国家机关实行精简的原则，实行工作责任制，实行对工作人员的培训和考核制度，不断提高工作质量和工作效率，反对官僚主义。效率原则和权利保护的立法宗旨表面上看似矛盾，实际上是互相促进的关系，没有公正，效率则没有意义，而没有效率，公正就无法得到保障。"效率与正义从根本上讲不是相对立的价值。归根到底，正义的制度、人际关系的公平最能发挥人的积极性与创造性因而是最有效率的，非正义的制度、人际关系的不公平归根到底是低效率的。"[①] "制定行政程序法是符合经济学原理的一种行政制度安排……设计和实施了合理的法定行政程序后，约束了行政工作人员的主观随意性，堵住了徇私舞弊和腐败的渠道，看起来行政效率有所降低，实际上行政效率人人提高，因为在这种情况下所达到的行政行为的社会效益非常高。"[②] 就行政规定的作出程序而言，其效率原则的要求主要体现在以下几个方面：一是严格程序，严守时效，行政机关要按照法定的程序和期限履行制定行政规定的职责，否则违法；二是注重行政行为的成本。行政机关制定行政规定，要考虑客观规律，事前做必要的可行性研究和一定的成本效益分析，以使行政规定具有最大可能的合法性、合理性，尽可能给国家、社会和行政相对人带来益处，以及尽可能避免或减少对国家、社会、行政相对人的损害。

三、行政规定程序合法性的制度内容

上述关于合法程序的原则要求，带有普遍性的特征，具体到行政规定的制定程序，应当结合该行为的性质、特点和要求，在遵循程序基本原则和反映价值追求的前提下，建立和完善行政规定的程序制度。具体而言，应当必须考虑的基本内容包括以下几个方面。

（一）有效参与的制度内容和要求

以参与的民主性提升行政规定的合法性。"参与原则是指行政主体在实施行政行为的过程中，除法律另有规定的以外，相对人有权参与行政过程，并有权对行政行为发表意见，而且有权要求行政主体对所发表的意见予以重视。"[③]公民参与政治、参加公共事务决策过程的讨论是现代民主政治运作的条件和特征。参与原则是现代行政民主化的必然要求，这一原则的贯彻实施，使得行政相对人不再是行政活动中消极地处于被支配的对象，而成为积极主动的主体一方，其主体价值

① 周永坤：《法理学》，法律出版社 2004 年版，第 240 页。
② 肖凤城：《行政程序法的三个前提》，《行政法学研究》2005 年第 4 期，第 27 页。
③ 杨海坤、黄学贤：《中国行政程序法典化——从比较法角度研究》，法律出版社 1999 年版，第 122 页。

地位凸显。"这种公民的行政参与，实际上既是对行政权的事先监督，也在一定程度上对行政权予以补充，成了行政主体的助手。这是现代法治行政民主性的体制，也是对行政的支持。"①参与所体现的民主性保证行政规定对利益调整的公正性。首先，公民平等地、充分地参与，是实现利益平衡的前提条件。公众参与使行政相对人或利益各方能够充分表达自己的意见，行政机关在听取当事人各方意见和辩解的基础上，对各种主张和利益选择的利弊进行权衡，做出最适当的判断和制订最佳的决定方案，使得各种利益都能得到平等的保障。其次，有效参与，有利于保障公民权益、控制行政专横。行政规定作为调整各种利益冲突、分配社会资源的一种手段，理应做到公正、合理。其做出的过程虽然不排除行政机关起到的主导作用，但如果任由少数官员甚至行政首长擅自决定，忽视甚至拒绝公众参与，行政机关就不可能自觉、充分地表达民众的真实意愿。因此，公众参与行政规定的过程，不仅是程序中的一种利益表达和选择机制，会对行政规定的内容产生影响，而且公众的参与往往迫使行政机关不得不考虑各利益群体的意见，并让其参与到行政规定的制定过程之中，这在一定程度上可能避免出现的恣意专横和偏私现象。最后，公民的有效参与有利于强化对行政规定合法性的认同。公众参与使行政规定得以吸纳公众的意见，体现民众的意愿。这个提出意见、说理辩驳、协商对话的过程，能缓解命令强制型行政法律关系中主体双方常见的矛盾，避免双方当事人之间产生对立情绪。正因为获得了充分的民意基础，行政规定更加具备可接受性，增强了行政相对方对行政决定的服从感、认同感，行政相对人会更加自觉自愿地遵从，这样作出来的行政决定极大地降低了事后怀疑和抵触的可能性，行政规定显然更容易获得权威性、相对稳定性和合法性。

参与应当是平等的。行政规定必须保证利害关系人有平等的参与机会，行政机关对各种意见和主张应给予同等的尊重和关注，在作出行政决定时，对各种观点均应加以考虑，而不能仅凭决策者的主观偏好而任意取舍。否则，参与则流于形式。这种平等参与的政治正义，是一种正义宪法应有的制度安排。"宪法必须采取一些措施来提高社会所有成员的参与政治的平等权利的价值，宪法必须确保一种参与、影响政治过程的公平机会。""最重要的在于宪法应该确立介入公共事务的平等权利，应当采取措施维持这些自由的公平价值。"②罗尔斯认为，平等的参与原则是平等的自由原则在政治程序中的体现，是政治正义的要求，它比其他任何安排更可能建构出一种正义和有效的立法制度。行政主体把自己放在与行政相对人平等的位置上，尊重每个参与者，认真听取他们的意见或建议，与参与者进行平等协商，而不是居高临下、颐指气使，始终掌握"话语霸权"，若是后者，则

① 郭道晖：《法理学精义》，湖南人民出版社 2005 年版，第 319 页。

② 〔美〕约翰·罗尔斯：《正义论》，何怀宏等译，中国社会科学出版社 1988 年版，第 222、225 页。

参与的民主形式将会沦为单方专断意志表达的合法外衣，背离了民主法治的发展轨迹。

参与应当产生实效。公众参与是否对行政规定产生实质影响及影响的程度代表着参与的质量，也表明公众参与的效果。只有公众的意见得到行政机关的充分尊重和认真对待，对行政规定的提议、内容甚至效力产生实际影响，公众参与才是有效的参与，行政规定的制定才真正实现了民主化。首先，是否需要制定行政规定、制定什么样的行政规定不应当完全属于行政机关的职权，公民应当有制定的动议权。其次，公众的意见和建议在行政规定的内容中应该有所体现，行政机关应当认真听取各种意见，然后认真研究，进行采纳吸收，否则就是走过场、走形式。这主要是重视和发挥听证制度的作用、强化说明理由的要求、注重利益的协调，以及公众的监督救济，其中听证制度已成为有关国家行政程序中的重要环节。1991 年 11 月 15 日颁布，经 1996 年 1 月 31 日修改的《葡萄牙行政程序法》第 8 条明确规定了参与原则，即公共行政当局的机关，在形成与私人有关的决定时，尤其应借本法典所规定的有关听证，确保私人以及以维护自身利益为宗旨团体的参与。美国联邦行政程序法也规定了案卷排他性原则，经过正式听证的行政规则只能根据听证记录制定。在非正式规则制定程序中，行政机关主要按照"通知—评论—正式公布"的程序要求，虽然美国联邦行政程序法并未明文要求行政机关发表收到的公众评论的摘要和答复，但行政机关必须认真考虑公众的意见，详尽地研究颁布规则的理由，并以"关于根据和目的的概要性说明"附于其最后的规则公布，用以说明在非正式程序中讨论了哪些主要政策争议问题，以及行政机关对争议问题作出反应的原因，"所以，近年来，关于根据和目的的说明变得日益冗长"[1]。再次，同有关方面协商，这是行政规程制定过程中经常进行的一个步骤。即使法律没有明文规定，行政机关大抵也都要和有关方面进行磋商。最后，公众应当有权对已生效的法规、规章进行监督，要求有权机关审查、撤销。

（二）公正的要求及制度设计

公正，中文的词义是指公平正直，没有偏私。广义的公正，与公平、正义同义。自古以来，公正始终是法律内涵的基本价值之一，公正原则是行政行为遵循的一条根本准则，在西方国家的宪法和行政法中普遍存在。西方国家认为公正原则产生于正义观念，每一个人必须得到他所应当得到的东西，相同的情况必须给予相同的待遇，不同的情况必须给予不同的待遇。行政正直性（公正性）原则已

---

① 〔美〕欧内斯特·盖尔霍恩、罗纳德·M. 利文：《行政法和行政程序概要》，黄列译，中国社会科学出版社 1996 年版，第 197 页。

成为司法审查控制行政行为的重要原则之一。①英国普通法中"自然公正原则"以及美国宪法中"正当法律程序"的法律精神已为民主宪政体制下的法律制度设计所接受，在程序法律中影响尤为明显，同时它要求行政主体必须在公正心态支配下行使行政权。不考虑相关的因素或者考虑了不相关的因素，都是缺乏行政公正性的表现。

"公正原则主要是指行政主体在作出行政行为时，要平等地对待当事人各方，排除各种可能造成的不平等或偏见的因素。"②在行政程序法上，公正是所有原则和制度设置的宗旨，主要是指行政官员不能有偏私，不能与事情有牵连，不能歧视任何行政相对人，而必须采取公正立场，平等对待行政相对人，正确、适当地处理公共利益与相对人利益间的关系。它与司法程序中的中立性原则相近，排除了行政主体任何有碍公正处理问题的因素，要求客观上给人以无偏私的印象。贯彻该原则的具体原则或制度，包括回避制度、职能分离原则、决定者的资格认定和适当的人身保障等。③

在英国行政法中，适用最广的程序规则是自然的公正原则，自然公正原则是一个古老的原则，源于正义观念或自然法思想，这是普通法的原则之一。它要求政府行使权力对公民产生不利的影响时，必须遵守最低的公平标准。自然的公正原则适用于行政时，其核心内容是行政决定必须由无偏私的人作出；对当事人作出不利的决定时，必须首先听取当事人意见。法国1789年的《人权宣言》确立了法治的理念，《人权宣言》中规定的原则已成为法国现行的宪法原则。《人权宣言》第1条宣称，人们生而自由，享有平等的权利，而且永远如此。第6条规定，无论是实行保护或进行处罚，法律必须对所有人一样。这两项规定一般被称为法律面前人人平等原则和禁止歧视原则，属于法的一般原则范畴，并作为行政法的原则，广泛地适用于政治、经济、社会各个方面。其内容包括以下几个方面。①当事人对所利用的公务处于相同的情况。法律平等原则不是平均主义，只对情况相同的人给予同样的待遇。②一切区别待遇必须符合公共利益。区别不同的情况只能根据公共利益的需要，否则就是武断。这两项标准和美国的法律平等保护原则基本相同。④

在具体的法律制度中，有些国家和地区的行政程序法典将公正原则及平等原则予以明确宣示，重视公正在行政程序中的价值作用。《葡萄牙行政程序法》第6条规定了公正原则及不偏不倚原则，即公共行政当局从事其活动时，应以公正及不偏不倚方式，对待所有与其建立关系者。第5条规定了平等原则及适度原则，

① 参见龚祥瑞：《比较宪法与行政法》，法律出版社2003年版，第446—451页。

② 杨海坤、黄学贤：《中国行政程序法典化——从比较法角度研究》，法律出版社1999年版，第121页。

③ 陈贵民：《现代行政法的基本理念》，山东人民出版社2004年版，第197页。

④ 参见王名扬：《比较行政法》，北京大学出版社2006年版，第51—52页。

即与私人建立关系时，公共行政当局应遵循平等原则，不得因被管理者的血统、性别、种族、语言、原居地、宗教、政治信仰或意识形态信仰、教育、经济状况、社会地位，而使之享有特权、受惠、受损害，或者剥夺其任何权利或免除其任何义务；行政当局的决定与私人权利或受法律保护的利益有冲突对，仅可在对拟达成的目标系属适当及适度的情况下，损害这些权利或利益。受葡萄牙的影响，《澳门行政程序法》（1994 年）第 5 条规定了平等原则及适度原则和第 6 条规定了公正原则及公正无私原则，在内容上，与《葡萄牙行政程序法》几乎完全一致。《日本行政程序法》（1993 年）在第 1 条就开宗明义地宣示了公正的立法宗旨，其规定本法旨在对处分，行政指导及申报之相关程序作共通事项之规定，以确保行政运作之公正及提升其透明性，并据以保护国民权益为目的。

结合中外理论主张和法律制度，我们可以看出，在行政程序中，公正原则的基本要求应当包括平等对待、合理的利益衡量、裁判者的中立这三项内容，具体到制度的设计应当包括平等原则、比例原则、职能分离原则三项子原则。"在行政法治上，法的平等保护和行政公平意指行政权的行使，无论在实体上还是程序上，相同的事件应当相同的处理，非有合理正当理由，不得为差别待遇。"①

（三）效率的兼顾和体现

效率是现代行政的重要特征和生存基础，因而也是现代行政法的本质属性之一。行政行为受程序的控制和约束，但控制和约束行政权并不是最终目的。依法行政要求下的行政规定的价值追求是要通过权力的合法有序运作，维护社会公益，增进人民福祉。"行政程序的根本政策问题就是如何设计一种制约制度，既可最大限度地减少官僚武断和超越权限的危险，又可保持行政部门需要的有效采取行动的灵活性。"②效率原则是指在行政程序的各个环节上都应当规定时间上的限制，超过时限即推定一种法律后果的存在，以此来提高行政活动的效率。它能够避免在一定时期内权利和义务处于不确定的状态，进而可以维持秩序，提高效率。在行政法上能够促使行政主体及相对人及时行使职权和权利、履行职责和义务，防止无故拖延。效率原则要求行政机关必须在切实保障行政相对人的权益和公平行政的前提下，尽可能以较低的成本制定出高质量的行政规定。

行政规定中的效率问题，可以结合行政程序法的立法宗旨进行考察。从世界行政程序立法史看，行政程序法主要有三类。第一类是以提高行政效率为目的，即侧重于通过行政程序促使行政机关合理高效地进行行政管理活动，称为

---

① 皮纯协主编：《行政程序法比较研究》，中国人民公安大学出版社 2000 年版，第 81 页。
② 〔美〕欧内斯特·盖尔霍恩、罗纳德·M. 利文：《行政法和行政程序概要》，黄列译，中国社会科学出版社 1996 年版，第 2 页。

"效率模式"，如第二次世界大战前的欧洲一些国家的行政程序法。第二类是以保障公民程序性权利为目的，即通过一系列监控行政权行使的制度来防止和控制行政权的滥用，从而达到保障相对人合法权益的目的，称为"权利模式"（或称为公正模式），如美国的行政程序法。第三类是 20 世纪 50 年代以后有关国家或地区制定或修订的行政程序法，如奥地利、西班牙、德国和日本等国的行政程序立法都将两者结合起来，保护权利和提高效率并重，称为"权利效率并重模式"。我国行政程序法的立法宗旨，经过讨论，已获得广泛的认同，即采取"权利效率并重模式"。"在设计各种程序制度时做到两种立法目的的兼顾，既要有利于保障公民程序性权利，又要有利于提高行政效率。"[①]体现效率的基本制度主要有以下几种。

1）时效制度。行政程序不仅要求行为者在方式、步骤上按照一定的顺序，而且要求这种行为的实施，必须有一定的时间限制。一方面，行政主体的立案、调查、行政行为的作出及执行等，都要遵守一定的期限及一定的形式，如果行政主体在法定期限内不作为，待法定期限届满后即会产生相应的法律后果；另一方面，行政相对人提出意见、文书阅览、申请回避等也必须遵守一定的期限和形式，行政相对人在法定期限届满后即丧失权利，或承担相应的法律后果。例如，公民在行政规定草案公布后一定期限内不参加评论，不发表自己的意见，期限届满后便丧失这一权利，行政机关即可不受公告程序的限制而进行下一步制定阶段的工作。

2）非正式程序的运用。根据行政事务的性质，有针对性地采取繁简适度的程序模式，在既不损害相对方利益，又不违背公共利益的情况下可以实行简易程序、紧急处置程序等制度，其目的也是提高行政效率。德国、法国等大陆法系国家的行政程序法比较重视行政效率的提高，它们将公平行政、善良行政与效率行政进行融合，优于普通法系国家。从各国行政程序法的内容来看，其行政行为对正式程序的适用，远远少于对非正式行政程序的适用。这是行政效率原则的一个突出表现。

3）代理制度。在听证、协商等程序中，行政机关或行政相对人不能履行义务、行使权利时，可委托律师或其他公民代而为之。

第二节　程序制度的比较与启示

虽然各国行政法律制度存在差异，尤其是对与行政规定相关的行政行为，在

[①] 应松年：《〈行政程序法（试拟稿）〉评介》，《政法论坛》2004 年第 5 期，第 24 页。

性质、内容、表现形式及制定程序上，有着不同的理论主张和具体法律规定①，但找寻差异背后的共通之处，特别是能够反映正当法律程序要求的基本理念与制度，作为我们提升行政规定合法性的程序机制设计的借鉴，是应当采取的客观理性态度。

一、有关制定程序的比较研究

（一）美国

根据美国联邦行政程序法，行政机关规则制定程序可采取三种不同的程序形式：正式的、非正式的或完全排除在美国联邦行政程序法的程序要求之外。具体而言，随着法治实践的发展，逐渐形成五种程序类型：非正式规则制定程序（informal rulemaking）、正式规则制定程序（formal rulemaking）、混合型规则制定程序（hybrid rulemaking）、协商式规则制定程序（negotiated rulemaking）和电子规章制定程序（electronic rulemaking）②。

1. 非正式规则制定程序

美国联邦行政程序法第 553 条（节）规定的基本的规则制定程序一般被称为"非正式"或"通知和评论"规则制定。非正式规则制定程序简单灵活，只包括三个程序要求。

1）公告。首先，行政机关必须将所草拟的行政规则进行公告，通常是在《联邦登记》（Federal Register）上公布。公告的内容必须包括：拟定的规章条款或内容，或者所涉及的主题和问题的说明，以及关于公布规则的法定权限的根据和公众参与机会的信息。公告的目的，在于让广泛的利害关系人能够事先得知，而有充分的时间可以了解准备，以将来表达意见。实务中，行政机关为谨慎起见，往往双管齐下，将公告刊登在其他流通性更高的民间报纸或刊物上。如果行政机关没有遵照此项公告程序，或者公告的内容不足或不适当时，尤其是行政机关没有将行政命令制定所牵涉的基础事实资料、相关争议点或行政机关的立场等事项在公告中清楚说明时，往往会影响利害关系人后来评论的方向与效果，法院在进行司法审查时，即可以此为理由，撤销该行政命令或发回行政机关要求重新践

---

① 本部分在介绍有关国家和地区的法规制定程序时，为体现原有法律制度的规定，使用各自相应的称谓，如法规、规章、行政命令、行政规则、法命令等。这些不同概念的含义和形式，在本书第一章行政规定制度比较中已作阐述，尽管与行政规定不尽完全一致，但可类比和借鉴其中具有共性的制度和理论。

② 参见王名扬：《美国行政法》，中国法制出版社 2005 年版，第八章第二节"制定法规的程序"，第 355—371 页；〔美〕欧内斯特·盖尔霍恩、罗纳德·M. 利文：《行政法和行政程序概要》，黄列译，中国社会科学出版社 1996 年版，第九章第二部分"规则制定的程序"，第 195—208 页；〔美〕理查德·J. 皮尔斯：《行政法》，苏苗罕译，中国人民大学出版社 2016 年版，第七节"规则制定程序"，第 431—541 页。

行程序。

2）书面评论。行政机关在发表有关规则制定的公告后，须向利害关系人提供参与该规章制度制定的机会。参与期限一般不少于 30 天，对于较为复杂或争议较大的行政命令，实务上平均给予 60 天以上的评论期限。利害关系人参与的方式，主要是以书面方式提出观点或意见。非正式程序中，不要求行政机关举行口头听证，行政机关可以自由决定是否允许利害关系人向决策者提交证据或提出口头论点。由于行政命令的利害关系人原本极为广泛，书面的评论程序又无法限制利害关系人的资格，在实际上行政机关往往会收到非常庞大的评论资料，包括各种意见、学术论文、实验资料等，行政机关往往必须将整套资料委托顾问公司或律师事务所代为整理、消化。

3）正式公布。行政机关在考虑了公众的评论意见或资料后，必须于联邦公报正式公布定案的行政命令，且一并公布制定的根据和目的。这一程序的目的并非要求行政机关对于行政命令或相关考量做非常详尽、复杂的分析与说理，而是希望借此"说理"义务的课予，让民众对于行政命令制定的目的与理由有大致的了解。因此，这种说明的形式，类似立法前言或立法说明，通常包括行政机关制定的基本理由、对相关争议点的回答，以及将来的适用方式。

非正式规则制定程序简便有效，使得行政官员可获得信息并作出及时决定，但由于缺少正式听证程序，因而其公正性有所削弱。"倘若行政机关在收集和分析信息时不够严谨或不够自我约束的话，非正式规则制定就可能造成不准确或错误导向的决定。"[①]

2. 正式规则制定程序

美国联邦行政程序法第 553 条，对行政规则制定的通知和评论程序作出规定的同时，也规定了例外程序，即该条规定，如果行政命令的授权法律特别要求行政命令的制定必须基于行政机关听证会的记录，则行政机关必须遵循美国联邦行政程序法第 556 条和 557 条的正式听证程序。正式规则制定程序是非常严格的司法型程序，给予利害关系人类似诉讼程序的参与保障，民众参与的强度高于非正式规则制定程序，主要包括以下几个方面。

1）公告。行政机关首先要拟定行政命令的公告，这与前述非正式规则制定程序的要求完全相同。不过，在公告的内容中，行政机关必须说明其将要采取正式的听证程序，以便利害关系人及早提出参与的要求。

2）听证程序。依据美国联邦行政程序法第 556 条和第 557 条的规定，举行正式听证程序时，必须包括以下几点程序内容：听证程序的主持人，必须保持客观

① 〔美〕欧内斯特·盖尔霍恩、罗纳德·M.利文：《行政法和行政程序概要》，黄列译，中国社会科学出版社 1996 年版，第 198 页。

中立。虽然行政机关的首长、官员或行政法官，都可以主持正式听证，但实务上以行政法官主持为多。听证主持人必须以公平无私的态度来主持听证，如有任何不适任的情况，除主动回避外，利害关系人亦可提出回避的申请。听证程序的进行，利害关系人可以自己出席，也可以委托律师，针对相关事实，以口头或书面的方式提出各种声明或证据，并对他方的证据进行反驳，在所有资料公开的情况下，进行交叉辩论。听证程序进行完毕之后，由听证主持人作出初步决定，如果利害关系人并未针对初步决定提出上诉，行政机关也未主动要求审查，则初步决定即成为最终决定。

3）正式公布。行政机关公布最后决定的行政命令时，还必须写出书面的理由，内容必须包括重要的事实争点、做成决定的理由、听证记录中支持该决定的部分资料或意见。

由于正式规则制定程序非常烦琐、耗费成本很大，行政机关采用较少。"最重要和最有趣的程序是非正式规则制定程序。正式规则制定程序用得越来越少了。"[①]

3. 混合型规则制定程序

非正式规则制定程序简单且效率高，但给利害关系人极少的权利了解和辩驳的机会。正式规则制定提供了充足的参与和质疑行政机关提议的机会，但其昂贵烦琐的程序让行政机关付出了几乎是瘫痪的代价。20世纪六七十年代，随着规则制定日益成为行政决策的重要形式，美国联邦行政程序法规定的规则制定程序的不足之处越发明显，法院、评论家和立法者试图构建中间程序模式，以做到既准许有效的公众参与规则制定，同时又可避免过分烦琐低效的程序。这种妥协的程序一般被称为"混合型规则制定程序"。

混合型规则制定程序与非正式规则制定程序相似，只是将原先的书面评论，改为口头听证，或要求行政机关必须举行公开听证，给予利害关系人口头陈述意见的机会，或模仿正式听证，要求行政机关必须进行利害关系人的交叉辩论，至于其他程序要求仍与非正式程序相同。混合型规则听证程序的发展势头，在1976年Vermont Yankee一案被联邦最高法院所遏制。在该案判决中，联邦最高法院禁止下级法院再对行政机关要求践行法律所没有规定的行政程序。但在20世纪70年代国会通过的一些法律所规定的混合型规则制定程序，仍然被保留下来成为一种独立的程序类型。

4. 协商式规则制定程序

随着制定行政命令的数量日益增多，但无论是采用非正式程序，还是正式程序或混合型程序，行政程序都日趋对立化、争讼化，其结果不但使程序缺乏效率，

①〔美〕理查德·J.皮尔斯：《行政法》，苏苗罕译，中国人民大学出版社2016年版，第431页。

利害关系人不满行政决策，公益目的也无法有效达成。20 世纪 80 年代后，行政法学理论和实务倡导以管制协商为本位的"协商型规则制定程序"，让相关利害关系人自己协商出可以接受的实际方案，以替代传统那种行政机关与利害关系人直接对立的问题解决方式。在积累数年实践经验的基础上，1990 年国会制定了《协商式规则制定法》，正式确立协商型的行政命令制定程序。《协商式规则制定法》的立法前提之一，就是不变动既有行政程序法的相关程序。利害关系人并不是真的自己协商制定行政命令，只是协商制定行政命令的"草案"而已。换言之，整个协商程序的进行，是在行政程序法所定"公告评论程序"之前。

1）协商程序的评估。并非所有的行政命令都适合以协商的方式来制定。因为行政命令所涉及的议题是否清楚，是否可能在利害关系人之间达成共识，利害关系人是否特定，利害关系人与行政机关是否都有进行协商的客观条件与主观意愿等，都是影响协商程序能否成功的关键因素。因此，"协商式规则制定法"规定，行政命令的制定是否要采用协商程序，必须经过先行的可行性"评估"。这个评估可由行政机关自己决定，也可以聘请行政机关外的中立专家，帮助行政机关进行评估。在评估的过程中，由行政机关所聘请的召集人，可以主动与可能受影响的利害关系人进行商谈，以了解协商的可能性与具体的争议问题。

2）协商委员会的组成。经过上述评估之后，如果行政机关决定采用协商程序制定行政命令，就必须邀集利害关系人组成"规则制定协商委员会"，并予以公告。公告的内容必须包括所拟定行政命令的范围与议题，可能受到影响的利害关系人名单，参与协商的利害关系人代表，协商委员会的目标与议程等。对于协商的采用，仍必须给予评论及表达意见的机会。在公告中未被邀集参加协商委员会的重要利害关系人，仍可以主动申请或推荐其代表参加协商委员会。

行政机关在考量过上述评论及申请后，要决定是否成立协商委员会，进行协商式行政命令制定程序。如决定采用，行政机关即应依据"协商式规则制定法"及"联邦咨询委员会法"的规定，邀集利害关系人制定协商委员会章程，正式组成协商委员会。行政机关可以派数名代表参加此委员会，享有与其他利害关系人相同的权利和义务。行政机关也可以提名"协进人"（facilitator），以公正的立场主持协商会议，协助协商委员会整理议题、进行讨论，并整理会议记录。协商委员会会议必须对外公开，会议记录也必须送交行政机关，以备公众查询。

3）协商草案的提出。"协商委员会"必须要全体一致同意行政命令的草案内容，或虽未达成一致同意，但也必须达成一般性的共识。对协商同意的结果，行政机关以其内容作为行政命令草案，并公布于《联邦公报》，再遵循美国联邦行政程序法第 553 条所规定的公告评论程序，制定行政命令，由于草案内容系经过利害关系人参加的协商委员会所协议，行政机关在评论期间所收到的意见，不同于传统的批评意见，有许多都是声援支持的意见。最终行政命令公布之后，也较少出现提出司法审查的情形。

从表面上看，协商程序似乎比传统的非正式听证程序更加耗费程序成本、延滞程序进行。不过，一旦利害关系人组成的协商委员会达成协议，后续程序的效率将大幅提升，诉讼减少，执行成本降低，整个程序的效率反而大幅提升。"协商式规章制定的成功之处在于，由于其建立在对受影响各方更清晰的理解之上，因而能形成更好的、更具可接受性的规章。通过协商制定的规章可能会更容易被执行，在诉讼中受到挑战的可能性也会更小。"①对协商式程序使用的态度上，美国新近的几位总统也有所差异。克林顿总统曾通过行政命令和备忘录敦促行政部门多使用协商式规章制定手段，相比之下，小布什政府和奥巴马政府则态度一般，既未积极促进，也未强行阻止协商式规章制定的使用。近年来，行政部门主动使用协商式程序的趋势减弱，而国会却越来越多地在一些具体项目授权行政部门使用协商式规章制定。

5. 电子规章制定程序

20 世纪 90 年代以来，随着计算机数据库管理技术的兴起，"电子规章制定"（electronic rulemaking）开始逐渐变为现实。时至今日，随着联邦政府规章制定平台 www.regulations.gov 网站的建成，以及"联邦档案管理系统"（federal docket mangement system）的统一电子规章制定档案系统的完成，大多数规章制定都通过电子化完成。在电子规章制定过程中，"通知"得到进一步改进和更加广泛地传播。任何想获得通知的人，只要提出请求，通知便可自动生成发送。修订过的草案在发布时都带有明显的修改标记，可以通过关键字对其进行检索。相关研究结果、法定的规制分析草案及其他信息都可与通知链接，为公众查阅提供便利。在规章制定的最后阶段，也可以运用一些新型发布技术，对公众意见和行政部门回应进行分类等。电子规章制定的优点主要体现为②：促进信息传播，扩大公众参与，提高政府运行的透明度，使政府更加高效，增强公众对政府的信任度等。电子规章制定的应用不仅普遍提升了规章制定的效率，同时也提高了规章制定的质量。当然，规章制定者感受到新技术带来的内部管理和协调上的好处便利时，也流露出对黑客攻击，以及电子档案中某些信息在全球范围内进行不恰当披露等潜在问题的担忧。

在本章中，笔者对美国的规则制定程序用了较大的篇幅进行介绍，主要是考虑到美国联邦行政程序法本身的典范地位，其关于规则制定程序的规定，有着比较成熟而又全面的制度，而且这种制度具有很强的适用性，它随着实践的需要不

---

① 〔美〕杰弗里·吕贝尔斯：《美国规章制定导论》，江澎涛译，中国法制出版社 2016 年，第 129 页。

② 参见〔美〕杰弗里·吕贝尔斯：《美国规章制定导论》，江澎涛译，中国法制出版社 2016 年，第 135 页—149 页。

断试验、完善，国会和法院也鼓励行政机关广泛利用规则制定办法，并考虑到行政规则制定具有的众多便利之处，而赋予行政机关在制定程序上必要的自由裁量权。"在过去的 20 年里，行政法最重要的发展之一是行政机关日益依赖于规则制定——将其作为制定政策的一种手段。""在未来的岁月里，规则制定过程完全有可能仍是行政法最具生气的领域之一。"①

（二）英国

相对于议会的立法程序，行政机关委任立法的程序简单、灵活，且无严格规则。1946 年的《行政法规法》除规定了行政法规的公布和提交议会的时间外，对行政法规制定程序的其他方面未作规定。因而，从总体上说，英国没有一个关于委任立法程序的统一规定，其程序散见于各授权法的各种规定之中。综合各个授权法对委任立法程序的规定，其基本程序主要有以下几个步骤和环节②：①起草；②协商；③听证；④咨询；⑤会商；⑥提交议会；⑦公布。在这些程序中，听取反对意见和咨询是不可缺少的两个重要环节。

在规则和命令明显具有立法性质而不是行政性的情况下，权利受到影响的人就不能依据自然公正原则事前获得听证，但是如果规则和命令具有行政性质，则其制定应当事前进行公开调查程序，受自然公正原则的制约。虽然英国、美国都是注重程序法的国家，但是听证在英国的委任立法中并非像美国那样常见，除特殊情况以外，任何人都无权在条例制定以前要求举行听证。所谓特殊情况是指授权法有规定，如 1961 年《工厂法》和 1963 年的《铁路营业所和建筑罚》，这些法律规定，受其影响的人们提出书面异议部长必须考虑，倘若受到影响的人提出"普遍的异议"，那就应当就此进行一次公开调查。除上述特殊情况外，任何人都无权在条例制定之前要求进行一次听证。③

在英国，惯例比法律更重要，即使法律未做要求，在规则制定前进行咨询也仍然是政府部门的一项主要的日常工作。这种咨询的义务在任何意义上都是公认的。由于议会的严格监督，给予将要受到条例影响的人（或者其代理人）就条例草案发表意见的机会是一种明智的做法。但是，至于具体向何人咨询则是由政府部门决定的，通常比较重视官方的和利益代表团的意见而不是个人的看法。另一种是法定咨询，即特定的立法规定要求向特定的利害关系人进行的咨询。常见的做法是依照法律规定设立一个必须向其咨询的咨询委员会或者顾问团队。这种顾问团队通常由各方面利益的代表所组成并且独立于部长，不受其控制，也往往由

---

① 〔美〕欧内斯特·盖尔霍恩、罗纳德·M. 利文：《行政法和行政程序概要》，黄列译，中国社会科学出版社 1996 年版，第 188 页、190 页。

② 胡建淼：《比较行政法——20 国行政法评述》，法律出版社 1998 年版，第 90—91 页。

③ 〔英〕威廉·韦德：《行政法》，徐炳等译，中国大百科全书出版社 1997 年版，第 604—605 页。

这种咨询组织再去咨询其他利害关系人的意见。在法定咨询中，行政机关必须给予被咨询的人或者组织合理充足的材料和充分的机会以表明其观点。①

（三）德国

1976年的《联邦德国行政程序法》中没有涉及法规命令与行政规则的制定问题，其制定程序散见于具体的授权法之中。根据哈特穆特·毛雷尔的概括，有关的制定情况是：在制定的权力基础上，法规命令需要法律特别授权，而行政规则的根据是"业务领导权"以及由此派生的发布个别或者一般指令的权力。如果行政规则涉及下级行政机关之外的其他人，并且为其设定义务，在此范围内需要法律的特别授权。在制定程序上，法规命令与行政规则相同，制定程序简洁、迅速，原则上没有什么手续要求。通常的程序是需要其他机关（如联邦参议院）、机构（如职员大会）或者非国家组织（如工商业团体）的参与，参与的形式包括听证、咨询和同意等。对于法规命令，必须在法定刊物（如《法律公报》《公务报纸》）上正式公布之后，才能产生法律效力。行政规则原则上只需要通知相对的行政机关即可，但行政规则具有外部效果的，原则上要求应当公布。②

（四）法国

法国学术界过去对于行政程序问题不够重视，着重研究行政诉讼问题，因而尽管法国的现实法中要求行政行为必须采取合法的程序和形式，但法国却没有一部行政程序法典。法国行政行为的程序分散在法的一般原则和个别的法律与法规的条文中，主要程序有咨询程序、协商程序、调查程序、审批程序、对质程序，以及行政处理过程中相对人的防卫权利等。这些程序有的是强迫性的，有的是任意性的，根据法律条文的规定而定。就条例的制定程序，根据王名扬在其所著的《法国行政法》中阐述"行政法规和行政规章（条例）"一节中的归纳，有关条例制定的程序如下所述。③

执行条例，即总理为明确执行的方式和补充法律的规定而制定的条例。1980年以前，法国有所谓的公共行政条例，是执行条例的一种形式，这种条例是政府必须咨询最高行政法院全院大会意见而制定的执行条例。1980年，政府废除了公共行政条例，在咨询最高行政法院意见时，无须经过全院大会讨论，可由最高行政法院中有关的行政组提供意见，以便加快条例制定的过程。实际上，很多执行条例由行政机关制定，不用咨询最高行政法院的意见。总理制定条例的程序通常采取简单形式，只在法律有规定时才必须咨询最高行政法院意见。

---

① 〔英〕威廉·韦德：《行政法》，徐炳等译，中国大百科全书出版社1997年版，第606—607页。
② 〔德〕哈特穆特·毛雷尔：《行政法学总论》，高家伟译，法律出版社2000年版，第607—608页。
③ 参见王名扬：《法国行政法》，中国政法大学出版社1988年版，第143—151页。

　　法令条例，即根据宪法一般的规定属于法律范围内的事项，由议会授权或根据宪法的特别规定，由政府以条例规定。法令条例的制定程序包括部长会议的决议，咨询最高行政法院的意见和总统的签名公布。

　　条例的执行力只有在公布以后才能产生，公布的方式通常采取刊载于政府公报或新闻报纸上，或张贴于公共场所。

（五）日本

　　关于法规命令和行政规则的制定，统称为行政立法。"所谓行政立法，是指行政机关以法条款等形式制定一般性、抽象性规定的行为……除了具有法规范性质的法规命令外，通常还在包括不具有法规范性质的、作为行政内部法的行政规则的意义上来适用。"[①] "日本行政立法的范围，既大于英、美、德的委任立法，也宽于中国的行政立法。如果用中国的行政立法理论去考察，把日本行政机关制定法规命令看作是行政立法是可以接受的，但把行政机关制定行政规则的行为也看作是行政立法是难圆其说的。在中国，对于后一种行为充其量只能看作是抽象行政行为。"[②] 日本行政立法的程序没有统一的规定，"在现行法下，关于法规命令的制定程序，不存在一般的、统一的法律，个别授权法对程序作出规定也是罕见的"。"关于不遵守程序时的效力问题，也因作为问题的权益、程序的性质、规定的方法等，意见有分歧。"[③] 虽然，在制定行政程序法的过程中，曾在该法的草案中提出了类似美国行政法规的制定程序。具体内容是，制定行政法规的机关在制定、修改法规时，应将制定该法规的法律依据及该法规的草案或摘要公开刊登在官报上；利害关系人就这些法规草案可陈述意见；制定机关必须听取并斟酌利害关系人的意见；在制定单行法规应举行公听会的情况下，也适用该程序规定。但是 1993 年最终通过的日本《行政程序法》却没有规定行政程序立法问题。这不仅与其他先进国家的行政程序法相比，而且与其自身的草案相比，均是遗憾的缺陷。

（六）韩国

　　韩国 1996 年的《行政程序法》关于预告的规定，是其程序法规定中富有特色的制度。依据《行政程序法》第 41 条—47 条的第四章"行政上立法预告"和第五章"行政预告"的规定，预告的内容，分为立法预告和行政预告，立法预告，是指制定、修正或废止（以下称"立法"）与国民之权利、义务或日常生活有关之法令等时，制定该立法提案之行政机关应予以预告。立法有紧急性者，依立法内容之性质或其他事由认为预告必要或预告有困难者、单纯执行上位法令或预告显

---

①〔日〕南博方：《行政法》，杨建顺译，中国人民大学出版社 2009 年版，第 65 页。
② 胡建淼：《比较行政法——20 国行政法评述》，法律出版社 1998 年版，第 337 页。
③〔日〕室井力主编：《日本现代行政法》，吴微译，中国政法大学出版社 1995 年出版，第 69 页。

著阻碍公益时，可不为立法预告。法制处长接受要求审查未经立法预告之法案时，如认为仍以经立法预告为适当时，得劝告该行政机关予以行政预告或直接予以预告。关于立法预告的基准、程序等必要事项以总统令为之。行政预告，是指行政机关树立、试行或变更符合下列各款事项之政策、制度及计划时，应予以预告：①给国民生活带来较大影响之事项；②与众多国民之利害关系相冲之事项；③给众多国民带来不便或负担之事项；④其他需要广泛收集国民的意见之事项。但是，预告有显著阻碍公共安全或福利之虑或有其他不易预告之特别事由时，可不予以预告。

1）预告方法。行政机关应利用报纸、广播、计算机通信等方法将立法案之宗旨、主要内容或全文广泛告知国民。行政机关为立法预告时，得向认为有必要之团体通告预告事项。对预告立法案之全文有阅览或者复印之请求时，除有特别事由外，行政机关不得驳回。复印的费用可让复印者承担。

2）预告期间。立法之预告期间于预告时定之，除有特别事情外，应为 20 日以上。行政预告之期间应根据预告内容之性质而定，若无特别理由，定为 20 日以上。

3）意见提出及处理。所有国民对于预告之立法提案，得提出意见。行政机关应将意见接收机关、意见提出期间及其他必要事项，于预告该立法提案时一并公告。就该立法提案有意见提出时，行政机关除有特别事由外，应尊重其意见，酌情处理。行政机关应将意见之处理结果通知给提意见的人。关于提出意见的处理方法及结果的通知，以总统令为之。关于行政预告的方法、意见提出及处理、公听会，准用前述的规定。

4）召开公听会。行政机关就立法提案、行政预告，可召开公听会。公听会依照《行政程序法》第三十八条、第三十九条规定的程序进行。

从韩国《行政程序法》的内容看，对行政立法预告的规定，类似于美国联邦行政程序法中关于法规制定的非正式程序。预告有利于增强行政行为的公开性，提升公众的主体地位，促进行政主体和相对人之间有效的沟通与交流。但是，公听会是一种任意程序，是否召开公听会，完全由行政机关自由裁量，没有强制性规定。再者，预告的基准、程序，提出意见的处理方法及结果的告知等程序都没有明确规定，而是授权"以总统令为之"。因而，韩国行政程序法关于预告程序的规定还不够全面、具体，预告的法律性、权威性尚有不足。

二、主要启示

通过上述国家有关行政规定程序的法律制度及具体实践可以看出，就明确和系统的法律规范制度而言，关于程序的法律规定还不够全面，除美国、韩国在行政程序法典中加以明确规范，其他国家如英国、德国、法国、日本均无统一的规范，有关的程序规定散见于法的一般原则和个别的法律与法规的条文中。根据龚祥瑞的归纳总结均须践行的主要制定程序包括以下几个方面。[①]①起草。由主管委任立法的行政人员，将文件的要点告诉法律专员并指示他查清本机关的权限、制定立法文件的法律根据、应予遵循的合法程序，特别是授权的范围和意图。②协商。同有关方面协商，这是行政规程制定过程中经常遵行的一个步骤。即使法律没有明文规定，行政机关大抵也都要和有关方面进行磋商。③关照。预先关照制定规程的意图，向有关方面沟通。立法文件在制定生效之前有一段时期的建议期，在此期限内，任何公共机关都可以得到有关文件的副本，并向有关当局提出书面建议，而有关当局必须研究这些意见。除法律明文规定者外，预先关照不是强制性的步骤。④听证。举行听证是英国、美国等国家经常采用的方法，以便于有利害关系的当事人出席作证。⑤咨询。成立咨询机构，在制定规程时必须经该咨询机构审议，并将审议意见一并提交议会备案。⑥会商。包括部门之间和部门以外的会商，有的规程是经过部际委员会讨论的，这样做并非法律要求的，而是为了有效管理。⑦公布。公布是一项义务，为了让公众知道，法规必须正式公布、出版发行。

　　在上述程序中，尽管各个国家的具体法律规定不尽一致，但可以总结和概括出的共同理念和制度要求，主要包括以下几个方面。一是注重公民的有效参与。以事先公告或预告的方式，将拟定的内容和有关问题的说明，进行公告，其目的是听取意见，给予公民以口头或书面评论的机会表达意见，行政机关还要就是否采纳说明理由；或者向专门机构咨询意见，以正确决定；或进行充分协商，以达成一般性的共识；强化行政机关与民众的双向沟通，赋予公民制定提议权。二是以公民权利为基准，在公正与效率之间进行恰当平衡和选择。根据规定对公民权利直接影响的程度大小，使用严格有别的程序规则。凡对公民权利直接影响大的，适用较为严格齐全的程序；对公民权利影响小的，程序较为简便，对规范行政机关内部运作秩序的，甚至不需要参与程序，只需下达、受领即可。三是以公布为生效的形式要件，体现行政公开的基本要求。尤其是对具有外部法律效力的规定，非经公布程序，不得作为行政行为的依据。公布的方式广泛多样、便民公开，以文字出版如报纸等形式，以及广播、电视、计算机网络等信息媒介，广而告之，便于知悉查询。这些具体的制度设计及蕴涵的民主法治理念，对我们建立和完善行政规定的程序制度，极具启发和借鉴意义。

　　合法的行政规定，离不开正当的制定程序。通过一系列明确而又具有操作性的程序规则，正确看待行政相对人及利害关系人的主体价值地位，尽可能提供充分有效的程序权利，重视参加者角色互动、意见对话和利益的整合与协调，使参与、对话、论证、互动等现代法律程序的功能得以充分发挥，从而提升行政规定

---

① 参见龚祥瑞：《比较宪法与行政法》，法律出版社2003年版，第425—426页。

的合法性。程序在构建"行政法治"秩序方面所具有的重要意义，已形成了广泛的共识。英国学者韦德认为，"程序不是次要的事情。随着政府权力持续不断地急剧增长，只有依靠程序公正，权力才可能变得让人能容忍"[①]。美国学者施瓦茨也认为，"行政法更多的是关于程序和补救的法，而不是实体法"[②]。强调行政权力行使必须遵从的方式，也就是遵从法定程序规则，是行政法的主要内容之一。

第三节　行政规定程序合法性的构建

一、行政规定程序合法性建构现状及评析

行政规定程序合法性的构建与完善，是依法行政建设法治政府的重要内容。我国现有法律规范对行政规定的制定程序已做出了一些规定，如国务院颁布的《规章制定程序条例》和国务院办公厅出台的《国家行政机关公文处理办法》[③]。《规章制定程序条例》第三十六条规定，依法不具有规章制定权的县级以上地方人民政府制定、发布具有普遍约束力的决定、命令，参照本条例规定的程序执行。该规定中的"具有普遍约束力的决定、命令"正是指行政规定。该条规定对行政规定的制定程序提出了原则要求。《国家行政机关公文处理办法》对行政公文的制作程序作了粗略的规定，行政规定的制定也同样适用该程序。

作为我国构建法治政府行动指南的《全面推进依法行政实施纲要》明确提出，制定行政法规、规章、规范性文件等制度建设符合宪法和法律规定的权限和程序，充分反映客观规律和最广大人民的根本利益，为社会主义物质文明、政治文明和精神文明协调发展提供制度保障。《全面推进依法行政实施纲要》同时对行政规定制定的程序、内容、监督、评估等做出了明确要求。特别是《国务院关于加强市县政府依法行政的决定》（国发〔2008〕17号）以"建立健全规范性文件监督管理制度"为专项内容，对行政规定的制定权限、程序、备案、清理制度等作了明确具体、可操作性强的规定。其后的《国务院关于加强法治政府建设的意见》（国发〔2010〕33号）在"加强和改进制度建设"内容中，对行政规定的清理、制定程序和备案审查又作出了进一步的规定与要求。由此看出，行政规定的制度建设对法治政府的构建具有重要影响。重实体、轻程序曾是我国的一种行政法治传统，令人欣慰的是，随着法治建设的不断推进，行政

---

① 〔英〕威廉·韦德：《行政法》，徐炳等译，中国大百科全书出版社1997年版，第93页。

② 〔美〕伯纳德·施瓦茨：《行政法》，徐炳译，群众出版社1986年版，第3页。

③ 《国家行政机关公文处理办法》（国发〔2000〕23号，自2001年1月1日起施行。后于2012年4月16日被中共中央办公厅、国务院办公厅印发的《党政机关公文处理工作条例》（中办发〔2012〕14号）所替代。

程序的价值和机制已日益受到重视，就行政规定制定程序而言，相关制度正处在逐步建立和完善之中。

笔者随机在中国政府法制信息网站进行检索，在站内信息搜索中输入关键词"规范性文件制定程序"，共查找到 34 部有关省、自治区、国务院直属机构、较大的市和设区的市人民政府的规范性文件制定程序的规定。不同的文件名称虽有差异，但关于制定程序的规范内容均包含在其中，名称主要有"规范性文件制定办法""规范性文件制定与备案规定""规范性文件制定程序规定""规范性文件管理办法""规范性文件制定和备案审查办法""行政规范性文件管理规定"。其公布和施行的时间主要集中在 2003～2010 年，之后，又有部分制定主体在 2015～2017年进行了修订，并重新公布施行，如上海、河北、甘肃、河南、西藏、宁夏、重庆、兰州、郑州、徐州等地。这 34 部有关规范性文件制定程序的规定，从制定的机关看，涉及 11 个省、4 个自治区、3 个直辖市、8 个省会所在地市、2 个国务院的直属机构、5 个经国务院批准的较大市和 1 个设区的市的人民政府，涵盖层次较齐全，具有一定的代表性，通过这种随机抽样予以分析研究的方式，试图达到"窥一斑见全豹"之效，具体统计情况如表 3-1 所示。

表 3-1   有关地区和部门的制定程序规定   单位：部

项目	省级人民政府	省会市人民政府	较大市人民政府	其他部门和地区
主体名称	吉林、山西、上海、西藏、安徽、甘肃、广西、河北、河南、江苏、江西、内蒙古、宁夏、重庆、新疆、云南、天津、海南	成都、兰州、南昌、济南、南宁、郑州、西安、乌鲁木齐	汕头、苏州、徐州、淮南、洛阳	海关总署、国家知识产权局、淮安
数量	18	8	5	3

这些规定主要针对行政规定的立项、起草、审查、决定、公布、备案等环节作了较为详细的规定。这既有效地推动着行政规定的制度建设，也为我们深入研究和完善相关制度提供了现实素材。以上这些专门规范规定的具体内容虽不完全相同，但基本思路和原则及共通的程序颇为相似，笔者在仔细研读的基础上，对其相同及不同的制度内容进行归纳分析，试图从中总结经验，揭示出存在的问题，并通过理性思考，从理论高度深化认识，以进一步完善行政规定的制定程序。

1. 适用的效力存在差异性

在上述关于行政规定的制定程序规范中，在适用效力范围上存在着不一致的规定。有的统摄行政管辖范围内的全部行政主体，有的仅涵盖部分行政主体，具体可分以下几种情形。①适用的主体多元。将有权制定行政规定的主体界定为：各级人民政府及其派出机关、县级以上人民政府所属工作部门和法律、法规授权的具有管理公共事务职能的组织。大部分地区均作了类似的规定。此外，有的地方还在此基础上作了兜底式的规定，如吉林规定按照法定职责可以行使行政权力的其他机关；西藏规定其他依法履行政府职能的机构。②将授权性行政主体的依据扩展到规章的授权。例如，上海、重庆、天津、乌鲁木齐、成都、南宁、郑州、淮南等地的规定，法律、法规和规章授权具有公共事务管理职能的组织或行政机关的内设机构，也属于行政规定的制定主体。将授权性行政主体的依据扩展到规章的授权，这与《中华人民共和国行政诉讼法》的规定相衔接。2015 年 5 月 1 日起施行修订后的《中华人民共和国行政诉讼法》第二条第二款规定，前款所称行政行为，包括法律、法规、规章授权的组织作出的行政行为。这在立法上明确了法律、法规、规章授权的从事公共行政性质的组织可以成为行政主体，即可以以自己名义作出行政行为，独立承担法律责任和后果，可以成为行政诉讼的被告。至于规章以下的规范性文件授予某组织职权，则不能成为行政主体和行政诉讼的被告。在我国，除行政机关之外，承担着管理职能的组织，通过法律、法规、规章授权成为行政主体的类型主要有①：一是具有行政职能的事业单位，包括公办高等学校、证券交易所等；二是公共设施的管理和服务组织，如城市水电气公司；三是社会组织和群众自治组织，如行业协会、社会团体、村民自治组织等。③制定主体规定为各级人民政府和县级以上人民政府工作部门、直属机构，不包括授权性主体，如新疆维吾尔自治区。④制定主体规定为县级以上人民政府及其部门，如安徽。这就造成部分行政主体制定行政规定的行为，游离于该程序调整的范围之外。而这类行政主体往往层级较低且大量存在，有着更多的制定行政规定的动因和需求，在制定过程中缺失程序规范或只能以自行制定的效力位阶更低的程序规范性文件为依据，其合法性首先在程序依据上难以保障。

2. 公众参与事项的范围过于笼统

现有的程序规定都规定了公众参与的制度，如都有关于广泛征求和听取意见的要求，并参照《中华人民共和国立法法》的规定，要求广泛听取有关单位和个人的意见，并可采用座谈会、论证会、听证会和公开向社会征求意见等多种形式征求意见。此外，多地还根据行政规定的重要性及对公民、法人和组织权益影响的重要程度，要求必须公开征询社会公众意见或采取听证会的方式。例如，上海

---

① 江必新、邵长茂：《新行政诉讼法修改条文理解与适用》，中国法制出版社 2015 年版，第 32 页。

规定，有下列情形之一的，起草规范性文件时可以组织召开听证会：①直接涉及公民、法人或者其他组织切身利益，各利益相关方存在重大分歧意见的；②涉及重大公共利益，存在重大分歧意见的；③其他起草部门认为确有必要的情形。又如，江苏规定，对直接涉及公民、法人或者其他组织切身利益，或者存在重大意见分歧的规范性文件草案送审稿，制定机关的法制机构应当通过网络、报纸等媒体向社会公开征求意见，或者举行听证会。听证会的组织，参照国务院发布的《规章制定程序条例》第十五条的规定执行。关于征求意见的方式和期限，上海、甘肃、吉林、河北、南宁等地规定通过政府网站、部门网站或者其他便于公众知晓的方式公布规范性文件草案，广泛征求意见。同时，征询意见的期限自公告之日起一般不少于 30 日或 15 日。上述规定中的"直接涉及公民、法人或者其他组织切身利益""涉及重大公共利益""起草部门认为确有必要的情形"等概念，在行政法理论中被称为"不确定法律概念"。"不确定法律概念最简明之定义：含义有多种解释之可能，而法律本身不作界定之概念。"[1]这些不确定法律概念的存在，赋予了制定机关更多的自由裁量权和更大的弹性决策空间，如果其刻意不当解释这些概念时，则有可能规避应有的程序规范和制约。

虽然现有的程序规定都要求公众参与，但实践中没有也不可能全部做到。就行政规定的性质和种类而言，大体可分为创制性行政规定、执行性行政规定、指导与规划性行政规定、内部管理性行政规定等四类，所调整的事项范围十分广泛，涉及的法律关系复杂多样，对公共利益和公民权益的影响不尽相同，一概要求公众参与其全部的制定过程，既不利于对特殊利益的保护，也不符合经济效益的原则，应当对公众参与事项的范围作出明确界定。即使是在尤为推崇程序法治、强调公众参与的美国法律制度中，对公众参与事项的范围，也根据行为的性质和影响而有所区别。"美国对非立法性规则程序规制的探索，经历了从追求过度参与到理性参与的过程，也使得公众参与更加有效。可以借鉴的是，公众参与并非越多越好，要求过度参与的路径不利于参与有效性的实现。"[2]

美国联邦行政程序法规定的规则制定程序，其总体上有三种不同的程序要求：正式的、非正式的或完全排除在法定程序要求之外的例外程序。非正式程序和正式程序都强调民众的参与方式，只是正式程序的参与程度更高。例外程序，是指美国联邦行政程序法第 553 条规定的几种例外事项和情况，它对民众的参与没有作出法律要求，行政机关在制定法规时可以采取其认为适当的程序。这些事项和情况主要是因为涉及国家秘密、为了保持机关对内部管理的灵活性、不影响私人的权利和义务，因而没有公民参与的必要。例外程序的存在，使得大量规则没有

---

① 吴庚：《行政法之理论与实用》，三民书局股份有限公司 2013 年版，第 124 页。
② 刘磊：《美国非立法性规则之公众参与及其借镜》，《行政法学研究》2016 年第 6 期，第 119 页。

经过公众参与的通告和评论程序就得以制定。

3. 公众参与的有效性难以保证

参与原则是现代行政民主化的必然要求，参与所体现的民主性可以保证行政规定对利益调整的公正性。行政机关应当认真收集、听取和研究公众的意见与诉求，并在此基础上考量采纳吸收。在现有程序规定中，共有 23 部占分析样本的 67.6% 规定了对公众参与的方式及如何回应的要求，其中基本的规定和表述主要参照《中华人民共和国立法法》的相关规定，起草行政规定"应当深入调查研究，广泛听取有关单位和个人的意见。听取意见可以采取座谈会、论证会、听证会和公开向社会征求意见等多种形式"；对提出的意见"起草部门或者机构应当认真研究处理"等。尚有十余部规定对公众参与的问题没有涉及。针对公民、法人或者其他组织对规范性文件草案提出的意见和建议，规范性文件起草机构的具体做法有如下几种情形。①由规范性文件起草机构应当研究处理，将意见采纳情况反馈给提出意见或建议的公民、法人或者其他组织，并在起草说明中载明，如上海、天津、海南、乌鲁木齐、吉林、成都、苏州等地。②有关机关对规范性文件草案有重大分歧意见的，重大分歧意见的协调和处理情况，应当在起草说明中载明，如天津、新疆、河南等地。③在规范性文件草案报送制定机关审议时，在报送的材料中，提交征求意见的有关材料，如重庆、兰州、甘肃、江西、南昌等地。④起草部门应当予以研究处理，或以适当方式回应公众意见并公开公众意见采纳情况及理由，或对有法律依据或切实可行的意见和建议，应当予以采纳，如甘肃、汕头、淮南、宁夏等地。⑤行政规范性文件公布后，起草单位应当对公开征求意见采纳情况予以反馈，如南宁。

但在实践中，公众普遍缺乏参与的热情和现实行动，这主要是因为缺少明确具体的配套机制，即在如何使行政机关充分尊重和对待公众的意见，公众对行政规定的提议、内容甚至效力产生实际影响等互动环节上，尚未形成有效的规范制约，因此参与的实效大打折扣。"对中国法规范的实证检索表明，今天中国规范性文件公众参与简单地'抄袭''照搬'了《规章制定程序条例》（2002 年）中有关公众参与的要求。发现大部分地方法律规范对规范性文件的公众参与要求与规章趋同，参照的韵味发生了转变，大部分地方法律规范将参照理解为强制性规定。……看似美好的参与要求却潜藏了偏离提高公众参与有效性的陷阱。"[1]国外立法中的有关规定甚为完备，值得引介。

美国联邦行政程序法规定在规则制定程序中，公告、书面评论或听证是必经程序。公告的内容必须包括拟定的规则条款或内容，或者所涉及的主题和问题的说明，以及关于公布规则的法定权限的根据和公众参与机会的信息。公告通常是

---

① 刘磊：《美国非立法性规则之公众参与及其借镜》，《行政法学研究》2016 年第 6 期，第 118 页。

在《联邦登记》及其他流通性更高的民间报纸或刊物上公布。公告后，须向利害关系人提供一般不少于 30 日的评论期限，让利害关系人有充足的时间可以书面方式提供资料以及表达观点或意见。在实际上行政机关通常会收到大量的评论资料，包括各种意见、学术论文、实验资料等，行政机关往往必须将整套资料委托顾问公司或律师事务所代为整理、消化。如需听证，则必须遵循正式的听证程序。韩国《行政程序法》亦有类似的规定。其预告制度，可分为立法预告和行政预告。立法预告，要求行政机关应利用报纸、广播、计算机通信等方法将立法案之宗旨、主要内容或全文广泛告知国民。行政预告，要求行政机关在树立、试行或变更对国民生活带来较大影响、涉及国民利害关系、给众多国民带来不便或负担，以及其他需要广泛收集国民意见的事项时，应予以预告，预告期间应为 20 日以上。对国民提出的意见，该法第 44 条规定，行政机关除有特别理由外，应尊重其意见，酌情处理；行政机关应将意见之处理结果通知给提出意见人。可见上述规定，对于提升公众的主体地位，实现行政机关与公众之间有效的沟通和交流，提供了有效制度保障。

4. 专家咨询论证机制有待明确完善

专家咨询论证是对行政决定中遇到的重大、疑难问题，聘请相关专家在调查研究的基础上做出科学结论的活动。重大决定必须经过论证方可进入决定阶段。过去，我国许多行政决策其表现形式往往就是行政规定的方式，失误都与缺乏科学论证有关。《全面推进依法行政实施纲要》提出建立健全公众参与、专家论证和政府决定相结合的行政决策机制。实行依法决策、科学决策、民主决策。《法治政府建设实施纲要（2015—2020 年）》指出，加强中国特色新型智库建设，建立行政决策咨询论证专家库。对专业性、技术性较强的决策事项，应当组织专家、专业机构进行论证。选择论证专家要注重专业性、代表性、均衡性，支持其独立开展工作，逐步实行专家信息和论证意见公开。这些为我们探索和创建新的民主科学决策机制提出了明确要求。

上述各地的制定程序规定中，对论证基本都作了规定，但论证适用情形和要求差异较大。一类是仅作较为原则和概括的规定，主要表现在这几个程序环节上可采取论证的形式：在制定规范性文件的必要性和可行性方面；在规范性文件起草机构听取意见时；对规范性文件所要解决的问题、拟确立的主要制度或者拟规定的主要措施等内容进行调研时。另一类是对论证适用的情形作了较为明确的列举。共有 10 部规定，占分析样本的 43.5%，规定了专家论证的情形。通过归纳汇总，主要情形有：重要或重大问题；涉及公民、法人和其他组织切身利益的；涉及管理相对人重大切身利益的；涉及重大事项的；专业性较强的；情况复杂需要进一步论证的；争议较大、内容复杂或涉及其他重大复杂问题。其中，规定较为全面的如上海，要求对有下列情形之一的，起草规范性文件时可以组织有关专家或者社会团体召开论证会：①制定规范性文件的合法性、必要性需要进一步论证的；②涉及内容专业性、技术性较强的；③拟设定政策、措施或者制度的科学性、可操作性需要进一步论证的；④可能导致较大财政投入或者社会成本增加，需要进行成本效益分析的；⑤其他起草部门认为确有必要的情形。

由于尚有大部分程序规定对于在行政规定制定程序中遇到哪些情况应当经过论证程序，尚没有具体规定，加之论证专家如何产生、构成，论证结果的效力等问题普遍都缺乏具体规定，因此专家论证在实际应用中难以避免会出现规避论证、操纵论证或论证流于形式等现象。

5. 备案的功能尚未有效发挥

行政规定的备案，是要求行政规定的制定者将其制发的行政规定上报法定的机关，进行必要的审查和监督。经审查，对合法的行政规定予以承认，而对不合法的，则予以撤销或变更。备案的目的是加强对行政规定的监督管理，防止和消除行政规定之间与法律、法规、规章之间的冲突及抵触，保障法律体系的统一。从已有的程序规定看，均对备案作了较详细的要求，但备案的作用能否充分发挥，能否形成对行政规定的有效制约，仍值得考量。湖南省在实施《湖南省行政程序规定》（2008 年 10 月 1 日起施行）的过程中，各级部门全面开展了规范性文件的清理工作。经过 5 个多月的努力，全省共清理规范性文件 76 609 件，废止 10 698 件，宣布失效 24 932 件，废止和宣布失效的占总数的 46.5%。[①]废止、宣布失效的文件数量和比例之大，说明存有问题的行政规定不在少数，但现实中却又鲜见在常规的备案程序上予以及时纠正，而往往借助于专门的"运动式执法"方式达成目的。固然，行政规定常因时过境迁而易产生效力变化的情形，但如果一味地依赖于后期的集中式清理，则会导致备案审查功能的弱化和虚置。

二、建立和完善行政规定程序合法性的路径选择

"现代行政程序法必须体现公正、公开、公平、理性和参与等价值要求。"[②]具体到行政规定的作出程序，应当结合该行为的性质、特点和要求，在遵循程序基本要求和反映价值追求的前提下，建立和完善相应的程序制度。

（一）统一规范行政规定的制定程序，体现依法行政制度化要求

在国务院和党中央先后出台的《全面推进依法行政实施纲要》《国务院关于

---

① 应松年：《〈湖南省行政程序规定〉制定和实施情况的调查报告》，《国家行政学院学报》2009 年第 5 期，第 38 页。

② 罗豪才主编：《现代行政法制的发展趋势》，法律出版社 2004 年版，第 15 页。

加强市县政府依法行政的决定》《国务院关于加强法治政府建设的意见》《法治政府建设实施纲要（2015—2020 年）》中，均将行政规定的制度建设作为一项重要内容。因此，统一行政规定的制定程序，使各级行政主体在制定行政规定时均能有法可依，既是保障行政规定合法性的基本前提，也是依法行政制度建设的基础。

考虑到各地各部门大多已通过地方政府规章或规范性文件的形式，对行政规定的制定程序作出规范，并已实施数年且积累了一定的经验，应在此基础上，结合法治政府建设的要求，进一步予以修正完善。为提升规范制定的水平和层级效力，宜采用规章的制定方式，制定出台实施于本行政区划内或本部门所辖范围内的专门规范。应当将行政规定的适用范围、制定的启动、对提议的处理、与其他行政机关的协调、听取意见、审核、签发、公布、备案、撤销、变更、清理、公布等环节及制度内容包含其中，且要明确具体，具有可操作性。当条件成熟时，可考虑采用行政法规的形式，制定一部统一的《行政规定制定程序条例》或在以后出台的《行政程序法》中加以规范。

（二）合理界定公众参与事项的范围，实现行政公开与效率的有机统一

对公众参与行政规定的范围加以适当的限制，明确公众参与的范围是非常必要的。一方面，公众参与所有行政规定是不切实际的，这对行政机关和公众而言都是一种负担。另一方面，明确公众参与的范围，反而是对行政机关任意解释的限制，这有利于提高参与的质量，更有利于公众参与。美国在这方面已有较好的立法经验，值得我们借鉴。

根据美国联邦行政程序法，行政机关规则制定程序总体上可按照三种不同的程序要求：正式的、非正式的或完全排除在美国联邦行政程序法的程序要求之外的例外程序。非正式程序和正式程序都强调民众的参与方式，只是正式程序的参与程度更高，而例外程序则对民众的参与没有作出法律要求。例外程序，是指美国联邦行政程序法在第 553 条第 1 款、第 2 款和第 4 款规定几种例外事项与情况，行政机关在制定法规时可以免除非正式程序所要求的环节，采取行政机关认为适当的程序。例外程序的存在，使得大量法规没有经过通告和评论程序就已制定出来。这些例外事项和情况主要包括①合众国的军事和外交职能；②机关内部管理、人事、公共财产、信贷、补助金、福利和合作事务；③解释性法规、关于政策的一般声明、机关组织、办事程序和手续；④行政机关有正当理由认定通告和公众参与是不切实际的、没有必要的或违背公共利益的，但必须把这个认定简要说明理由，并载入所制定的法规。这些事项和情况主要是涉及国家秘密、为了保持机

关对内部管理的灵活性、不影响私人的权利和义务，因而没有公民参与的必要。[①]

借鉴这些经验做法，我国行政规定的制定程序可以对下列事项免除公众参与程序：①涉及军事和外交职能，需要保密的；②纯粹属于行政机关内部事务且对私人的权利和义务没有影响的；③为应对突发事件，保障国家独立主权、政治稳定及社会的繁荣与秩序，而行使行政紧急权力的；④行政机关有正当理由认定公众参与是不切实际的、没有必要的和违背公共利益的，但必须把这个认定简要说明理由，并载入所制定的行政规定。通过对公众参与事项的范围作出合理界定，有利于在公民权利保障、公共利益维护及行政效率的促进之间，达到和谐统一。

（三）拓展公众参与方式，保证民主参与的实效性

行政规定的公众参与，既是行政民主的要求，也是程序价值作用的体现。公众参与在任何情况下对于行政规定的合法性与合理性都是十分必要的。但是，在肯定公众参与原则的同时，必须对社会公众参与的方式进行深入研究，以保证公众参与取得实效。正如托马斯所说："管理者如果忽视了公众的影响力需求，特别是当他们过分重视参与而不太看重决策影响力的分享时，公民参与过程就会面临失败的危险。公众要么会感到缺乏激励机制而不愿参与，要么会按照管理者所愿积极参与，但不久就会因为自身的影响作用太有限而变得非常沮丧，并对参与不再抱什么幻想。以后，这些参与者将会对是否回应管理者发出的公众参与号召进行审慎的考虑。"[②]只有公众的意见得到行政机关的充分尊重和认真对待，对行政规定的提议、内容甚至效力产生实际影响，公众参与才是有效的参与，行政规定的制定才能真正实现民主化。

第一，推行预先公告制度。如前述的美国、韩国等国家都有关于该制度较为详尽的法律规定。借鉴他国的法律制度，行政机关必须将所草拟的行政规定进行预先公告，尤其是对涉及影响公民权利义务和社会公共利益的行政规定。公告的方式，应以便于公众普遍知晓为原则，一般应在政府公报、报纸、网站、广播电视、公告栏等载体平台上发布。公告的内容必须包括制定背景和意义的说明、拟定的规定条款全文或主要内容，以及公众参与机会的信息，包括意见接受机关、意见提出期限及其他必要事项。

第二，完善听证程序。行政规定如涉及公民、法人或组织重要权利和义务，以及公共利益等重大事项的，应当举行公开听证。在听证代表的选任上，要兼顾各方利益，真实反映利害关系人的利益诉求；听证程序的主持人，应由非行政规定草拟单位的工作人员担任或由政府法制机构工作人员担任，以保持客观中立；

[①] 参见王名扬：《美国行政法》，中国法制出版社 2005 年版，第 360—363 页。

[②]〔美〕约翰·克莱顿·托马斯：《公共决策中的公民参与》，孙柏瑛等译，中国人民大学出版社 2010 年版，第 27—28 页。

引入案卷排他性原则的规定，听证决定的作出，主要依据经听证过程中质证、辩驳形成的案卷材料作出。

第三，强化说明理由的要求。对于公众或利害关系人针对行政规定所提出的意见，行政机关应认真考虑并合理回应。对是否采纳的意见和理由，应加以充分说明。既可在听证会、座谈会等意见沟通交流中阐明，更须在行政规定正式公布时，采用类似立法草案说明的方式，一并加以说明，以形成公众的社会监督和自我制约。

第四，赋予公民提议权。以促进民众参与，强化行政机关与民间双向沟通。

（四）建立重大事项专家咨询论证制度，增强制定的科学性

专家论证是对行政决定中遇到的重大、疑难问题，聘请相关专家在调查研究的基础上得出科学结论的活动。对我国而言，专家咨询制度在实践中所呈现出的问题，"从根本上恰好反映出专家咨询制度存在保障专家独立性机制和抑制专家知识滥用的'双重缺位'"[①]。有鉴于此，对做好专家咨询论证，学者提出必须"选好专家、用好专家、待好专家"。"选好专家"，就是要健全专家遴选机制，遴选时应当注重专业性，兼顾代表性和均衡性，不得选择有直接利害关系或者可能影响客观公正论证的专家、专业机构。建立决策咨询论证专家库，健全专家库运行管理、诚信考核和退出机制。"用好专家"，就是要为论证提供必要的支持，使专家在充分了解政策背景、决策目标等信息的基础上开展论证工作。同时，建立专家论证公开制度，通过公开机制促使其客观、独立、科学、负责地提出论证意见。"待好专家"，就是要提供适当礼遇和合理报酬，给予适当激励；认真对待论证意见并反馈采纳情况，以示充分尊重。[②]

具体到行政规定制定过程中的专家咨询论证程序而言，凡行政规定调整的事项涉及人民群众切身利益的重大事项，如重大政策的调整、重大项目的安排，以及专业性、技术性较强的重要事项，必须经过专家咨询论证方可进入决定阶段。论证的内容包括：目标是否明确、内容是否合法、方案是否切实可行、执行的预期效果等；对涉及面广、实践性强的问题，在论证的基础上还须经过试验才能得出结论。在咨询论证中，首先，保持论证的独立性。保障专家认知和评估的客观中立，防止来自关系、压力等方面的非学术、非科学因素介入其中，避免出现行政首长先下结论，然后专家附和论证的不良现象。逐步推行专家咨询论证机构法人化，充分发挥专家论证中立性、科学性的效应。其次，构建多方参与咨询论证的格局。注重选聘有不同背景的咨询机构或专家参与；保障专家论证意见表达的公开性和平等性，对不同机构和专家提出的咨询意见，在权重取舍上应当一视同

---

① 王锡锌：《公众参与和行政过程》，中国民主法制出版社 2007 年版，第 314 页。
② 袁曙宏：《健全依法决策机制》，《行政管理改革》2014 年第 11 期，第 6 页。

仁；决策时应当有两种以上的方案可供选择，或者在一种方案之外还有替代方案；对一种咨询机构提出的意见方案应由其他的中介机构进行评估；以保证公正客观。最后，实行专家论证责任追究制。任何行为的作出必须附设责任于其后，否则就不能形成有效的制约。为保证专家咨询论证的质量，避免论证的随意性或"走过场"，"在决策科学化与民主化的背景下，专家作为多元决策主体之一，必须对其行为（咨询论证）特别是专家失灵现象承担责任"①。对专家咨询论证实行目标管理、绩效考核和社会效果的评估机制，改变专家咨询论证无责任风险的现状。

（五）借鉴引入协商式制定程序，提升后续行政效率

20 世纪中后期以来，西方发达国家随着行政管制范围的不断扩大和管制事务的日趋专业化、技术化，探寻行政方式的民主正当性，成为理论界与实务界关注的重点。"在这种背景下，大众意志应得到尊重成为行政管制必须回应的现实，根据本国国情和宪政体制在行政决策中引入协商民主成为西方发达国家行政管制的普遍实践。"②例如，美国为减少行政机关与利害关系人之间的对立、争讼，1991年美国国会制定的协商式规则制定法，正式确立了协商型的行政规则制定程序。该程序的内容是，在对协商制定行政规则的可行性进行评估后，由利害关系人及其组成的协商委员会，在行政机关派代表参加和中立的主持人主持下，协商制定行政规则的草案，对协商同意的结果，行政机关以其内容作为草案进行公布，并予以公告评论。由于草案内容系经过利害关系人参加的协商委员会所协议的，少有反对意见，正式公布后执行阻碍小、成本降低，诉讼的概率较低，虽之前较耗费程序成本、延滞程序进行，但后续程序的效率高，整个行政程序的效率反而有所提升。

在当前改革过程中利益群体的分化和重组是常态，利益群体之间的矛盾冲突也是惯常现象，作为社会管理中重要手段的行政规定，往往直接涉及利益调整与分配、涉及社会纠纷矛盾的调和，并且很多规定与行政执行配套衔接。在行政管理活动中，注重各方利益的保障与协调，在以"公共利益"或"代表最大多数人的最大利益"为主旨制定行政规定时，千万要注意不能以此为借口完全忽视"少数人的不同利益"，因为忽视少数的后果并不仅仅是损害少数人的利益，或者民主及民生的忽视，可能最终会导致多数人的利益受损。因此，必须充分注意各利益群体的特殊利益，在效率与公正之间做出恰当选择，除非是在时效性要求较强或者紧急状况下，可以简化制定的程序，除此之外，应尽可能履行协商程序，尤其是一些事关公众利益和社会长远发展的重要规定，应向利益主体的代表充分提供

---

① 钱再见、李金霞：《论科学决策中的专家失灵及其责任机制建构》，《理论探讨》2006 年第 4 期，第 130 页。
② 肖北庚：《论协商民主在行政决策机制中的引入》，《时代法学》2009 年第 5 期，第 9 页。

商讨辩论的平台，在充分协商、协调各方不同利益的基础上作出各方均可接受的公平公正的行政规定。

（六）注重公布的形式要求与备案的效能发挥

通过一定的方式向社会公布行政规定，可以增强制定行政规范的透明度，这是现代行政民主与行政公开的必然要求。这不仅有利于广大民众，特别是与该行政规定有利害关系的民众积极参与和监督，而且有利于行政规定的贯彻落实和执行。另外，从法治的形式要求出发，未经公开的法律文件，不具有法律效力，不得作为执法的依据。因此，公开发布是行政规定生效的必备形式要件，未经公开发布的行政规定，不能拘束相对人。《国务院关于加强市县政府依法行政的决定》明确规定，未经公布的规范性文件，不得作为行政管理的依据。对此，应进一步强化，使公布成为行政机关自觉履行的职责和行政规定生效的必经程序，并尽可能充分利用大众传媒手段，如政府公报、网络、报纸、杂志、电台、电视、公告栏等，以便捷的方式为公众知悉、查询。

行政规定的备案，是指要求行政规定的制定者将其制发的行政规定上报法定的机关，进行必要的审查和监督。经审查，对合法的行政规定予以承认，而对不合法的，则予以撤销或变更。备案的目的是加强对行政规定的监督管理，防止和消除行政规定之间与法律、法规、规章之间的冲突及抵触，同时便于了解行政规定的制定情况。从已有的程序规定看，均对备案做了较细致的要求，不少地方还专门另行制定了有关备案审查的规定，关键是要严格执行该项机制的具体规定，遵循法律优先和法律保留原则，及时发现和纠正违法不当的行政规定，使备案的监督审查功能充分发挥，形成对行政规定的有效制约。

行政规定的制度建设及其法治化水平，在法治建设中的地位和作用愈发突出。制定行政规定必然涉及行政程序，合法的行政规定，离不开合法正当的制定程序。应当根据行政规定的性质、特点，在遵循民主原则、公正原则、权利保障原则和效率原则等程序基本原则的前提下，建立和完善行政规定的程序制度。"现代行政程序法的价值不仅体现在它具有控制行政权的功能上，而且体现在政府与公民之间可以形成一种互动的机制，可以形成一种和谐、合作的新型的行政关系。"[1]我们应当重视行政相对人及其利害关系人的主体价值地位，通过构建一系列明确而又具有操作性的程序规则，尽可能提供和保障充分有效的程序权利，正确对待参加者的角色互动、意见诉求和利益整合与协调，使参与、对话、论证、互动、监督等现代法律程序的功能得以充分发挥，从而提升行政规定的合法性，加快推进依法行政水平的提高和法治政府的建设步伐。

---

① 罗豪才主编：《现代行政法制的发展趋势》，法律出版社 2004 年版，第 15 页。

第四章
行政规定的实质合法性

第一节　自由价值的尊重与保障

自由、生命和财产权利被看成是公民的三项基本权利。"不自由，毋宁死。"自由，被看作比生命和爱情更具价值的崇高理想，成为人类不懈追求的目标。人类社会的发展历史其实就是一部争取自由的人类斗争史，而对自由的追求正是人类社会的最大幸福目标之一，卢梭曾指出，"应该成为一切立法体系最终目的的全体最大的幸福究竟是什么，我们便会发现它可以归结为两大主要的目标：即自由与平等"①。马克思更是强调自由的立法价值，认为"人类的法是自由的体现"②。在法治理念的确立、发展及制度实施的历史进程中，实现了由近代形式法治向现代实质法治的转变，法治的内涵和原则也在伴随着社会实践的总结与人类认识的深化而逐步丰富完善，但自由是其恒定不变的核心主题。

一、法治视野中行政规定的自由价值蕴涵

（一）由媒体视角中的行政规定说开去

近年来，媒体上经常会爆出一些让人啼笑皆非的"红头文件"③："复婚不准操办酒席""双方均为再婚的不准操办酒席""违者礼金一律'没收'"……这些限定性极强的规定是贵州某县的县委办公室、县政府办公室印发的规范管理县辖区

---

① 〔法〕卢梭：《社会契约论》，何兆武译，商务印书馆 2003 年版，第 66 页。
② 〔德〕马克思、恩格斯：《马克思恩格斯全集》（第一卷），中共中央马克思恩格斯列宁斯大林著作编译局编译，人民出版社 1995 年版，第 248 页。
③ 参见郝迎灿、许诺：《规范性文件，期待更规范》，《人民日报》2017 年 2 月 7 日第 4 版；赵兵：《奇葩"红头文件"为何屡禁不绝？》，《人民日报》2017 年 2 月 21 日第 17 版。

内所有城乡居民操办酒席的"红头文件"。复婚、再婚不得操办酒席,一事多办、一事多地办等情况也属违规操办酒席行为;普通民众春节期间与亲朋好友相聚也被举报为滥办酒席;老百姓婚丧以外的酒席一律禁止,普通村民为老人祝寿亦在禁止之列……种种规定,不仅针对党员、干部,普通群众也在约束之列。浙江某市出台的文件中,根据企业亩产效益综合评价对企业做出分类,在没有法规依据的前提下,对低效率企业作了很多禁止性规定;浙江省某市下发"红头文件",要求"市级单位开展'助力五水共治'捐款",文件写明:"捐款原则上参考以下标准:正厅级8000元、副厅级7000元……请各单位于2014年1月13日下午下班前完成认捐工作。"湖北某市卫生健康委员会官网向市直机关事业单位发出公开信,呼吁年轻同志从我做起,年老的同志要教育和督促自己的子女带头响应"全面二孩"号召,文件抬头列着该市总工会、团市委、市妇联、市教育局、市卫生健康委员会等8个单位及文件号,并在结尾加盖8个单位的公章。

上述事例,在经媒体报道后,产生了较大的社会反响。对事例中暴露出的问题,从不同的角度看有着不同的认识。在这些问题中,都涉及不同层级的行政主体所制定或发布的行政规定问题,如果要揭示出具有共性的东西,则涉及本章所探讨的自由问题。这类甚是荒唐的事件背后,实质都是背离法治要求的,缺乏对自由的起码尊重与保障,行政权力的行使超越了应有的边界,已侵蚀到自由的权利。诚如有学者指出,在社会治理领域,把握行政权力的边界有三个层面要求:凡是能够通过社会自治、自律解决的问题,行政主体不得越俎代庖;凡是能够通过行政指导、行政合同、行政协商等非强制手段处理的事项,行政主体不得动用行政强制权力处理;凡是增加社会组织、个人义务和减损其权利和自由的事项,行政主体只能依法实施,无法律授权不得任性、任意而为。①因此,认识自由的价值,界定自由的范围,保障自由的实现,不仅是依法行政背景下行政规定合法性的实质要求,而且对法治政府的构建具有积极的推动意义。

(二)形式法治与自由

出于对专制主义独裁擅断的高度警惕和对公民自由的维护,资产阶级革命胜利之后,力主严格的规则主义,重视形式正义,法制的形式理性受到特别关注。法律形式理性最极端的表现就是强调所谓的"恶法亦法"。人们之所以关注法律的形式理性,是基于对公意表达机构议会权威性、合法性的遵从,法律被看成是国民的普遍意志或大多数人意志的体现,当然具有合理性或正当性,应被无条件地信守,一切个人或机构都处在法律之下或之内,受事先制定的法律规则的统治和

---

① 杜晓、林楠特:《不能将法律与红头文件混淆——权威法学专家解析通江限制办酒席通知》,《法制日报》2015年8月11日第1版。

约束。坚持法律的形式平等，反对旨在追求结果平等或限制实际不平等的措施，认为无论是维护特权的立法还是给予某些特殊社会群体如弱势群体特别关照或救助，都是对法治的破坏。侧重保护个人自由，坚持市民社会与政治国家的区分，维护作为私域的空间，使个人不受政府、团体或他人的非法干预。人们崇尚"管得最少的政府就是最好的政府""个人最大限度的自由，国家最小限度的干预"的消极行政模式，政府的职能被严格限制在较小的范围之内。政府的角色是"守夜人"，只是执行法律、维护治安和保卫边疆，行政法的作用主要是消极地防止行政机关对私人违法行使或独断滥用强制性权力。"形式法治注重对消极自由的保护，试图为个人私域留下较为广阔的空间。这对于防止政府随意干预个人自由无疑是重要的限制。形式法治试图维持作为私域的市民社会与作为公域的政治国家的明确分野，使个人在不受干预的私域自主活动和自由选择。这也是早期自由主义者所追求的目标。"[1]形式法治与自由资本主义时期的原则和精神相适应，为市场经济的确立、自由竞争资本主义的发展及法治的建立与发展起到了积极的推进作用。

但是，由于形式法治毕竟只是"依据国家制定的法律去实现国家的目的。它只着眼于是否履行了法制的形式要件，而不问法制本身的理念与价值。即只要求按国家法律规范与法定程序去作为或不作为，而不问这种法律规范与程序的实质内容是否合乎民主、人权、自由、公平、正义等价值标准"。因而，它"是实行法治的必要条件，但这还不是法治的充分条件"[2]。随着社会的不断发展，形式法治受到了来自实践的挑战。资本主义社会频繁的经济危机打破了自由放任市场经济通过自发调节就可实现协调发展的神话，市场失灵导致政府合法性的危机，形式平等与实际不平等的紧张关系，以及与此相联系的贫富两极分化的加剧，这些因素引起了激烈的社会冲突，危及社会秩序的稳定。西方资本主义国家不得不放弃先前所扮演的消极角色，开始对经济发展和社会进行全方位的干预，政府职能及行政权力被形象地描述为"从摇篮到坟墓"的深入、全面、积极的国家干预。随着经济运行方式的转变、政府职能的转变及民主的深入发展，法治实践出现了新的变化，尤其是当人类社会经历了两次世界大战之后，对法西斯暴政所产生的恶果进行了深刻反思，认识到缺乏实质价值评判标准的形式法治存在着严重缺陷和不足。德国公法、普通法、政治哲学、宪法史专家格哈德·鲁别尔兹（Gerhard Robbers）在研究法治国家的历史发展时认为，19 世纪法治思想开始以精确术语的形式成形。19 世纪早期，法治的支持者要求限制国家行动的范围来确保法律对公民的保护，同时限制国家的影响力。19 世纪中期，一些人开始否定法治概念有任

---

① 高鸿钧等：《法治：理念与制度》，中国政法大学出版社 2002 年版，第 752 页。
② 郭道晖：《法理学精义》，湖南人民出版社 2005 年版，第 357 页。

何实质内容，声称法治不是指实现目标而是指实现国家的特性。在第二次世界大战之后，法治理念再一次兴起。正是在这一时期，把法治广泛理解为唯一公正、良好和自由秩序的历史发展达到顶峰。"只有当人们亲身经历到形式合法也会造成非正义时，例如在第三帝国，德国的政治家和律师们才看到，法治原则不仅仅是程序性的，更被赋予实质性的核心。"①

（三）实质法治中的自由观

所谓"实质法治"，是同"形式法治"相对而言的，即"依据反映人民意志与利益、体现社会正义的宪法和法律，去制约国家或政府权力，以实现保障人权和公民权利与自由的社会目的"②。古希腊的亚里士多德在给法治下定义的时候，就已经在法治的概念中明确地包含了价值的判断"法治应包含两重意义：已成立的法律获得普遍的服从，而大家所服从的法律又应该本身是制订得良好的法律"③。"法律获得普遍的服从"，强调法律至上，是法律权威性的要求，具有形式特征。而"良好的法律"则要求法律必须是体现公平正义的"善"法，"恶"法非法。亚里士多德对法治的界定，体现了对实质法治的追求。随后，古罗马的西塞罗和近代的哈林顿、洛克、孟德斯鸠、康德等，都继承了这样的法治思想传统，认为只有符合正义的、自然法的或自由、平等原则的法律，才能导向法治。

20 世纪的自由主义学说和新自然法学理论，也沿着同样的学理路径，坚持法治乃是"良法之治"或"正义法之治"的古代的及古典自由主义的传统。一些著名的自由主义思想家和自然法学家，在其思想体系和理论架构里阐发了"实质法治"概念。他们所追求的自由是"在法律保障下的自由，或者说是法律规定的自由、法律制约的自由"④。这种自由是法治的自由，如哈耶克是自约翰·密尔以后第一位全面阐述、捍卫自由主义的理论家。他对自由主义经济学、自由理念、宪政主义都有重要贡献，他的理论代表了自由主义在第二次世界大战后的复兴，代表了一个新的时代。哈耶克关注的是自由在法治中的价值。在他心中，自由观念其实就是"法治而非人治"，所以"最能清楚地将一个自由国家的状态和一个在专制政府统治下的国家的状况区分开来的，莫过于前者遵循着被称为法治的这一伟大原则"⑤。哈耶克主张的自由是法律之下的自由，"自由意味着，也只能意味着，我们的所作所为并不依赖于任何人或任何权威机构的批

① 〔德〕约瑟夫·夏辛、容敏德编：《法治》，阿登纳基金会译，法律出版社 2005 年版，第 27 页。
② 郭道晖：《法理学精义》，湖南人民出版社 2005 年版，第 358 页。
③ 〔古希腊〕亚里士多德：《政治学》，吴寿彭译，商务印书馆 1965 年版，第 199 页。
④ 李强：《自由主义》，中国社会科学出版社 1998 年版，第 231 页。
⑤ 〔英〕弗里德里希·冯·哈耶克：《通往奴役之路》，王明毅等译，中国社会科学出版社 1997 年，第 73 页。

准，只能为同样平等适用于人人的抽象规则所限制"①。一个自由社会的根本前提是：每一个社会成员都有严格划定的私人领域（private sphere），他在其中的活动是不受任何人干涉的，特别是不受任何国家强制力干预的。实现这一点的根本方法就是必须坚持法治（the rule of law）。"就哈耶克的观点，自由社会乃是最有秩序、最能利用知识与最尊重人的尊严的社会，而要建立这样的自由社会，唯有建立真正的法治。"②

罗尔斯从自由和权利的区分着手，对自由与平等两大价值目标重新定位，试图调和当代对于自由与平等的争论。罗尔斯在他的正义理论中，以两个原则为自由与平等进行定位。关于两个正义原则，"它们的最新表述现在应该是这样：（1）每一个人对于一种平等的基本自由之完全适当体制都拥有相同的不可剥夺的权利，而这种体制与适于所有人的同样自由体制是相容的；（2）社会和经济的不平等应该满足两个条件：第一，它们所从属的公职和职位应该在公平的机会平等条件下对所有人开放；第二，它们应该有利于社会之最不利成员的最大利益（差别原则）"③。第一个正义原则称为自由原则，第二个正义原则的第一部分称为机会平等原则，第二个部分称为差别原则。同时，罗尔斯也提出了处理正义原则之间关系的优先原则是：第一原则优先于第二原则。第一原则中的基本自由包括：思想自由和良心自由；政治自由（如政治活动中选举和被选举的权利）、结社自由，以及由人的自由和健全（物理的和心理的）所规定的权利与自由；由法治所涵盖的权利和自由。④这些基本自由权利是不可剥夺、不可让渡、不可侵犯的权利，不得以任何其他理由，包括促进经济繁荣或社会及经济不平等的改善等为由，而侵犯这些基本的自由权利。他反对在基本自由和经济社会利益之间进行交换，认为"对第一个原则所要求的平等自由制度的违反不可能因较大的社会经济利益而得到辩护或补偿"⑤。他虽然认为自由并非绝对的，但主张只有为了自由本身的缘故限制自由才是正当的。他虽然认为社会制度的安排寻求一种程序正义，但同时主张，如果各种形式的政治制度不能体现良心自由、思想自由、人身自由和平等的政治权利，它就不是一个正义的程序。

两大法系之间关于法治概念的实质，达成了一致的共识，德文"rechtsstaat"（法治国家）和"法治"这两个术语是紧密相连的，学者强调"rechtsstaat"概念和法治传统是一致的。德文"rechtsstaat"相当于英文的"rule of law"，都是法

---

① 〔英〕弗里德利希·冯·哈耶克：《自由秩序原理》（上），邓正来译，生活·读书·新知三联书店 1997 年版，第 193 页。

② 何信全：《哈耶克自由理论研究》，北京大学出版社 2004 年版，第 83 页。

③ 〔美〕约翰·罗尔斯：《作为公平的正义——正义新论》，姚大志译，上海三联书店 2002 年版，第 70 页。

④ 〔美〕约翰·罗尔斯：《作为公平的正义——正义新论》，姚大志译，上海三联书店 2002 年版，第 72 页。

⑤ 〔美〕约翰·罗尔斯：《正义论》，何怀宏等译，中国社会科学出版社 1988 年版，第 62 页。

治的意思。①法治国家（rechtsstaat），即法治下的民主国家，由法律控制、约束其所有活动，最重要的是约束政府权威以保护个人自由。前德意志联邦共和国总统、联邦法院院长罗曼·赫尔佐克（Roman Herzog），在《法治的重要意义——国家为公民受益而存在》一文中指出，"如果要我用几句话来解释'法治'的含义，我只能回答说，法治是描述了不干涉个人且本质上为其公民受益而存在的国家"。"国家如果希望为所有人哪怕是几乎所有人主持正义，必须允许他们拥有很大自由，以便于他们按照自己认为合适的方式安排自己的生活。"②同时，认为有足够的个人和社会自由活动的空间，是"法治国家"赖以运转的四个必要条件之一。

尽管对于法治的内涵或原则，古今中外学者强调的重点不尽相同，但对于其中包含的根本价值和理念已达成基本共识。1959年，在印度德里召开的国际法学家大会及其所通过的综合了数十个国家法学研究机构和众多名法学家意见的《法治宣言》，对"法治"观念作了当代较具体的阐述。①根据法治原则，立法机关的职能就在于创设和维护得以使每个人保持"人类尊严"的各种条件。法治原则不仅确认个人的公民权利和政治权利，而且要求建立得以使人格充分发展的社会、经济、教育和文化条件。②法治原则不仅要对制止行政权的滥用提供法律保障，而且要使政府能有效地维护法律秩序，借以保证人们具有充分的社会和经济的生活条件。③司法独立和律师业自由是实施法治原则的必不可少的条件。这一法治概念，既包容了法治的形式特征，也包含了法治的价值底蕴。它要求立法机关必须致力于实践人权宣言，即法律上不得有基于种族、宗教、性别的歧视；保障宗教自由；保障参政的选举权和被选举权；保障言论、集会、结社自由；法律不得溯及既往；保障个人基本权利及自由的行使；提供程序机制使上述原则得以遵循等。这一法治概念带有浓烈的正义色彩，使对人权等实质正义的尊重与保障，成为法治的必要条件。1961年、1962年、1965年和1966年召开的国际法学家大会，也申述了上述观点。

因此，尊重和保障公民自由，作为法治的核心要件，是构成现代法治国家的应有之义，而且只有在倡导实质法治的前提下，公民的自由权利才能得到有效的保障和实现。

二、依法行政法制类型下的自由价值凸显

对行政法的产生与发展轨迹，有学者将其划分为三种类型，即行政法自产生以来，大抵经历了从"以法行政"到"依法行政"再到"法治行政"三个不断发

---

① 〔德〕约瑟夫·夏辛、容敏德编：《法治》，阿登纳基金会译，法律出版社2005年版，第17、70页。
② 〔德〕约瑟夫·夏辛、容敏德编：《法治》，阿登纳基金会译，法律出版社2005年版，第8—9页。

展的阶段。①①以法行政类型，就是行政主体将法律作为推行其公共政策、进行行政管理的工具。行政法只是行政主体进行行政管理的工具，对最高行政权不具有实质约束力。②依法行政类型，即依照法律的规定推行公共政策、实施行政管理。它是行政与法的发展形态，本质特征是行政权形成和运作均受形式法治的支配，属于形式理性或自治型行政法制。③法治行政类型，是行政与法的完美结合、良性互动、相互促进的一种理想状态。它是行政与法关系的成熟形态，本质特征是行政受良法的支配。

　　结合法治发展的历史进程可以看出，以法行政，是为了迎合专政的需要，是人治的产物，应当抛弃。依法行政是对以法行政的超越，具有非常大的进步意义，而法治行政是对以法行政和依法行政两种类型的超越，是一种比较理想的法治类型。依法行政和法治行政，从总体上看是形式法治和实质法治的产物，因此也就相应地具备所对应法治类型的进步意义及局限性。就这两类行政法制中自由的保护和发展而言，依法行政类型下，个人权利和自由受到高度重视，行政主体限制行政相对人的权利和自由、行政干涉性权力必须有法律依据，这不仅有利于维护公民的自由权利，而且有利于保障和监督行政主体正确行使职权。但过分强调个人的自由权利，公共利益、社会利益和长远利益则会被忽视。法治行政类型，强调多元价值和利益的协调与平衡，强调有约束的积极行政和能动干预，有利于增进社会福利，改善人与人之间的关系，促进社会和谐与可持续发展。但在实际操作中，如何合理而有效地化解相互对立的价值和利益冲突，如何丰富和发展行政法的手段，并使这些手段同行政法的最终目的（实现人的完全自由和人性的尊严）相匹配，需进一步加以研究和解决。

　　两种行政法制类型中存在的这些困惑和矛盾，反映出现今法治理论和实践中存在的问题。就法治发展的状态而言，尽管实质法治应当是人类社会所希望达到的理想状态，但在现实层面，其完全实现还有待时日。"形式法治仍然是现代法治的主导型式。实质法治是一种辅助型式，是对前者的矫正与补充。实质法治远未达到取代形式法治的程度。"② "实质法治的出场确实在一定程度上缓解了形式法治所造成的价值冲突，但这却带来了新的问题，如它在追求实质公平的同时却影响了效率；在对市场和市民社会进行干预的同时，却限制了自由；在对特殊境况给予特殊关照的同时，却破坏了法的一般性与普适性；在纠正法律形式主义后果的同时，却破坏了法律自治，增加了司法专断之险。这一切表明，现代法治仍然没有摆脱困境。"③在这样的背景下，准确定位我国行政法治的类型，确定合理恰

---

① 参见江必新：《行政法制的基本类型》，北京大学出版社 2005 年版，第 18—22 页、第 79、162 页。
② 高鸿钧等：《法治·理念与制度》，中国政法大学出版社 2002 年版，第 875 页。
③ 高鸿钧等：《法治：理念与制度》，中国政法大学出版社 2002 年版，第 876 页。

当的法治建设目标，充分调动公民的法治建设积极性，有效地配置使用资源就显得非常必要和重要了。笔者赞同对我国现行行政法治的类型定位"我国目前的行政法制状况已基本具备了依法行政类型所需要的条件"①。

首先，自由是宪法发展和法治政府的理论基石。宪法的历史发展过程，与自由主义的理论主张密切相连，可以说，正是自由主义思想，奠定了宪法和法治政府的理论基石。法治政府原则是自由主义自由原则的必然延伸。自由原则的核心是划定政府干预个人自由的界限。无论是古典自由主义还是新自由主义，其理论至少有一个共同点：个人必须保留某些基本权利，国家在任何情况下都不得侵犯这些权利。②而这也正是法治政府的应有之义。

宪法制度是建立在自由主义基础之上的，或者更具体地说，它建立在个人自由的基础之上。通观近现代的宪法史，从英国光荣革命到美国的宪政，几乎所有的法治国家所颁布的宪法中最核心的内容都是保障个人的政治和经济权利，个人权利在所有国家的宪法中都具有至关重要的意义。由此可见，宪法对于个人权利的法律保障是宪治有别于其他任何政治体制的一个核心要素。宪法对于个人权利的保障是通过对国家和政府权力的限制而达成的。自由主义的鼻祖洛克是最早讨论分权的理论家。在洛克的基础上，孟德斯鸠系统阐释了三权分立、制约均衡的思想，这奠定了现代宪法理论的基础。近现代几乎所有的法治国家都以革命或改良的方式将政治权力置于宪法的制约下，完成了从绝对权力向宪政的转变。通过合法限制政府的权力，有效制约政治权力，特别是国家权力所可能导致的专制和极权，从而保障个人各项权利免遭侵犯，维护个人的价值与尊严，这是宪法的精髓。

通过前文所述可以看出，宪法的发展与自由主义的意识形态体系紧密联系在一起。它将人的天性自由与平等作为不可剥夺的基本人权来对待，将生命、财产、（政治）自由作为人们生存与发展的起码支点，从而将观念形态的自由与制度形态的自由联系起来。依据这样的意识形态理念，它强调遵循以权利制约权力，以及以权力制约权力双向的限制权力的宪政原则。从而将政治体系设计为权利与权力交互作用的结构，将国家与社会设计为可以相互制约的二元体系，将权力设计为可以相互制衡的政治存在，进而为现代社会的人们解决限制权力的难题提供可行的方案。"宪政运动与成文宪法之制定，都是受到一个精神与思想的主导，成文宪法必定有一正确之概念——即是为保障国民的自由与权利来对抗国家权力之滥用。尽管一个实证的宪法规定，完全系于当时各国的文化与历史背景，但是无论如何，宪法必定有一个内涵的价值，使人们愿意来接纳宪法，并愿意为维护此成

---

① 江必新：《行政法制的基本类型》，北京大学出版社2005年版，第273页。
② 李强：《自由主义》，中国社会科学出版社1998年版，第225页。

文宪法而奋斗牺牲。所以，不论是何种理想或以什么方式来制定，宪法都有一个'意图'（Intention）蕴含在内——也就是保障国民自由权利以对抗国家权力之'意图'。"①宪法的要义在于限制国家权力、保障个人权利。对权力的限制和对权利的保障在价值意义上并不处于同一层面，对权力的限制具有手段和工具的意义，而对权利的保障则是宪政根本的和终极的价值追求。宪法的根本目的是保障个人的权利，个人权利中最根本的是自由，或个人的自由权利。

　　宪法强调对生命权、自由权与财产权的尊重和保障，但同时并不否认政府在现代社会中的作用，这使得它与无政府主义有着根本的区别。"从古典自由主义到今天的公共选择学派，自由主义者都强调，国家的存在、法律的存在、秩序的存在是个人自由得以保障的前提，是社会经济得以发展的前提，是维持一个健康社会的基本条件。"②有限政府的主张并未将政府的职能仅仅局限于消极的保护个人权利。它强调政府除了应保障个人的权利之外，还应该至少履行两方面的职能。第一个是实现某种程度的社会正义的职能，第二个是为社会提供某些服务的职能。自由主义的国家理论不仅强调有限政府，而且主张有效政府。国家作为公共权力必须能够有效地提供市场经济运作所需要的规则，提供产权的保护，提供有效的公共服务。颇具悖论意义的是，只有有限政府才可能是有效政府，全能政府必然是无能政府。从近代世界经济、政治的实践来看，权力无限的政府、专断的政府，在表面上似乎十分强大，但是强大背后往往是政府在提供公共产品方面的无能。其实背后的逻辑并不复杂：宽泛的政府权限需要庞大的官僚机器，维持庞大官僚机器需要巨大的公共财政投入。财政不足几乎是所有全能主义国家难以克服的顽疾。更何况，政府权限太大、政府控制资源太多，必然会影响社会的经济活动，使特定个人与群体经济活动的发展在很大程度上取决于政府的支持或抑制。这样政府管理人员就会有广泛的寻租机会，寻租不仅会造成社会的不平等、损害政府的合法性，而且会大大削弱政府提供公共产品的有效性，使政府在保护产权、提供公平的竞争规则、保护国家利益方面表现得软弱无能。③从西方国家宪法和行政法治发展的历史及趋势看，正体现出这种自由主义的国家理论。在建设法治政府的倡导下，追求"有限政府"与"有为政府"的适度平衡，并把增进人民福祉，更好地实现社会公平和正义作为政府工作目标。

　　其次，与我国行政法治的实践完全契合。2004年国务院制定的《全面推进依法行政实施纲要》，在这一总体规划的名称设计上，就已明确体现了构建依法行政法治社会的目标和要求。《全面推进依法行政实施纲要》强调法治政府的职能定位

① 陈新民：《公法学札记》，中国政法大学出版社2001年版，第181页。
② 李强：《自由主义》，中国社会科学出版社1998年版，第227页。
③ 参见李强：《自由主义》，中国社会科学出版社1998年版，第228—230页。

是：政企分开、政事分开，政府与市场、政府与社会的关系基本理顺，政府的经济调节、市场监管、社会管理和公共服务职能基本到位。该文件中"依法行政的原则和基本要求"是：必须把维护最广大人民的根本利益作为政府工作的出发点；坚持以人为本和全面、协调、可持续的发展观，促进经济社会和人的全面发展；坚持依法行政与提高行政效率统一起来，做到既严格依法办事，又积极履行职责。《全面推进依法行政实施纲要》对制定行政规定的制度建设提出了明确的要求，即要遵循并反映经济和社会发展规律，紧紧围绕全面建设小康社会的奋斗目标，紧密结合改革发展稳定的重大决策，体现、推动和保障发展这个执政兴国的第一要务，发挥公民、法人和其他组织的积极性、主动性与创造性，为在经济发展的基础上实现社会全面发展，促进人的全面发展，促进经济、社会和生态环境的协调发展，提供法律保障。随后的《国务院关于加强市县政府依法行政的决定》（国发〔2008〕17号）专门就加强市县两级政府依法行政提出具体要求。《国务院关于加强法治政府建设的意见》（国发〔2010〕33号）出台的宗旨就是"在新形势下深入贯彻落实依法治国基本方略，全面推进依法行政，进一步加强法治政府建设"。党的十八届四中全会通过的《中共中央关于全面推进依法治国若干重大问题的决定》将"深入推进依法行政，加快建设法治政府"作为依法治国的重要内容之一。中共中央、国务院发布的《法治政府建设实施纲要（2015—2020年）》更是将深入推进依法行政，加快建设法治政府，作为纲要行动的指南与总体目标，到2020年基本建成职能科学、权责法定、执法严明、公开公正、廉洁高效、守法诚信的法治政府。我们从中不难看出，遵循规律，以人为本，调动人的积极性、主动性和创造性，促进人与社会的全面、协调发展，这些行政行为的原则、要求和目标，正是契合了自由主义倡导的自由的实质及价值追求。

人类历史发展的经验教训表明，只有推行法治下的自由，才有可能实现个人、社会与国家间的利益均衡发展，才能从根本上协调权力和权利间存在的对立与冲突，最终实现执政兴国的目标。因此，目前在现实的行政法治实践中，我们应当围绕依法行政这一阶段性的目标和要求，具体设计和开展各项行政活动。以保障国民权利、自由为本位的依法行政特征，应当凸显在行政立法、执法和司法的各个环节。

三、行政规定中自由的价值追求

行政规定的实质合法性，要求其必须与公民的道德良知相符合，符合社会占主导地位的价值、道德观念和政治社会理想。本书主张行政规定应强化对自由的尊重与保障，主要是基于在法治所追求的众多价值中，自由居于核心地位，自由是人类社会发展的终极关怀与核心价值所在。在法治的众多价值中，自由具有本源性。可以说，自由是其他价值的源泉，是最高层次的价值，是其他价值的母体。"我们必须指出，自由不仅是一特殊价值，而且还是大多数道德价值的渊源和条件。"①罗尔斯主张自由的优先价值，第一个正义原则之所以优先于第二个正义原则，是因为"基本自由保护了人们的切身利益，而这些切实利益具有特别重要的意义"②。国内学者也论证了自由在诸项人权中的核心价值地位，"应该看到，生命权也罢，财产权也罢，这些基本的人权所维系的目的并不在它们自身，而在于个人自由，生命权和财产权之所以具有不可剥夺的极限性意义，就在于它们是自由得以存在的最基本的前提，一个人如果没有了生命，没有了财产，那么他的自由还存在吗？所以，生命不是像自然界的动物只依照本能活着，财产也不是为了满足个人的欲望，它们之所以具有人权的意义，关键在于它们能够为自由提供最必不可少的支持，或者说只有它们存在了，自由也才可能存在。自由是生命、财产的目的，生命的尊严不在生命本身而在生命的自由，财产也不在财富的多少，而在于财产使人能够自由生活，所以，自由权在基本人权中是最最关键的，它可以说是基本人权中的核心之核心"③。

当然，人们应该看到，实质合法性的内涵和要求是多元的，它还应当包括人权保障、正义、公平、效益等诸多要素，行政规定中强调对自由的尊重和保障，并且不排斥对其他要素的关注，只不过自由应当是行政规定实质合法性的最根本要求。尤其是在我们这样一个缺乏自由传统的国度中，在与公权力和公民权利联系最为普遍常见的行政规定中，突出对自由的尊重和保障，对依法行政和法治建设的而言，更是有着"矫枉必须过正"的价值意义。"我国正在进行现代行政法制建设，行政法制控权理念对公民个人权利和自由的追求精神应该深深融入到这个曾经过分强调公共利益维护的行政法制体系内。"④

关于自由的含义，十分复杂，难以统一界定。"在政治哲学的所有概念中，大概没有比自由这一概念更基本、更难以阐述、也更容易引起混乱的了。"⑤英国学者塞亚·伯林关于"消极自由"与"积极自由"的划分，影响甚大，普遍被用以阐述自由的概念。⑥消极自由，是指主体不受外在压制和束缚的状态，其表述方式是"免于……的自由"（be free from），它的突出特点是以不受社会干预为实现自由的首要条件。积极自由，是指主体具有依自己独立意志行事的能力，其表述方

---

① 〔英〕弗里德利希·冯·哈耶克：《自由秩序原理》（上），邓正来译，生活·读书·新知三联书店1997年版，第8页。

② 〔美〕约翰·罗尔斯：《作为公平的正义——正义新论》，姚大志译，上海三联书店2002年版，第170页。

③ 高全喜：《法律与自由》，《学海》2006年第2期，第97页。

④ 罗豪才主编：《现代行政法制的发展趋势》，法律出版社2004年版，第158页。

⑤ 顾肃：《自由主义基本理念》，中央编译出版社2003年版，第54页。

⑥ 参见〔英〕以塞亚·伯林：《两种自由的概念》，《自由论》，胡传胜译，译林出版社2003年版，第186—246页。

式是"有……自由"（be free to do），它的突出特点是常常以社会干预（帮助）为实现自由的首要条件。无论是消极自由还是积极自由，最根本的理念是主张个人具有自主性人格，必须保障个人的各种权利与自由。"消极自由要求政府不得干预或侵犯公民和社会主体应享有的自由；积极自由虽主要是要求社会主体的自主和自律，但在现代福利国家的服务行政和给付行政的理念下，也要求政府保障和实现社会主体应享有的自由。因而无论消极或积极的自由，两者的主体都包括国家权力：前者是现代民主国家的要件；后者是现代福利国家的任务。"①从形式法治国向实质法治国的发展过程，就是从"最小限度的限制自由"到"保障社会福利和个人自由发展相平衡"的过程。

行政规定始终受法治理念的支配和约束，行政规定中蕴藏着自由的价值内涵，必然与法治的发展息息相关。关于法治的理论和实践不断发展，各种法治观层出不穷，不过究其实质，形形色色的法治理论大致可以分为形式法治和实质法治两种类型。两种法治类型都主张依法而治，坚持法律的稳定性，主张司法独立等，但两者仍有较多不同之处。就自由的理念和主张而言，形式法治与自由放任的市场经济相关联，强调法律面前人人平等，即形式的平等，反对旨在追求结果平等或限制实际不平等的措施；它坚持法律的一般性和普遍性，反对针对特别群体而制定法律；主张维护个人自由尤其是消极自由，坚持市民社会与政治国家的区分，反对政府、团体或个人对个人生活空间的非法干预。这种形式法治的自由观，对于限制政府权力、促进自由经济的发展、保障人们的基本权利和自由起到了积极作用，但其缺陷在于对社会弱势群体缺乏应有的保护，对社会公平、正义的关注不够。实质法治除了坚持形式法治的基本原则之外，还试图从制度安排上弥补其缺陷：它不满足于维护消极自由，而主张应为确保个人自由和尊严提供必要条件，实现积极自由；不满足于形式平等，而主张采取措施抑制、缩小实际的不平等；实质合法性的终极源泉是法律背后的道义原则、道德权利及民众的正义感等。②"因此，作为公民和社会组织，对自由的态度有三种境界：一是维护自己的自由；二是尊重他人的自由；三是争取他人乃至全人类的自由。三种境界也是相互联系和依存的。"③

在行政规定中，强调对自由的尊重和保障，应当坚持现实主义的立场，即在坚持和追求形式正义的同时，兼顾实质正义的实现，将形式法治与实质法治有机统一起来。行政规定中的自由与出现的国家干预经济、福利国家的政策，以及行政紧急权的行使等相适应，它不仅注重和追求法律上的平等，而且关注事实上不平等的实

---

① 郭道晖：《法理学精义》，湖南人民出版社 2005 年版，第 74 页。

② 参见高鸿均：《现代西方法治的冲突与整合》，《清华法治论衡》（第 1 辑），清华大学出版社 2000 年版，第 29—30 页。

③ 郭道晖：《法理学精义》，湖南人民出版社 2005 年版，第 75 页。

际情况，并通过相应的规范对强者的任性加以抑制，对弱者的利益予以关照，在自由、平等、公平、正义、效益、秩序等诸多价值之间的冲突中，构建一种自由、和谐的社会法律秩序，以此既有利于个体当事人能力的充分发展和利益的充分实现，又有利于整个社会文明的稳步推进，避免因片面强调某一方面而可能给社会带来的动荡不安或集权与僵化。这也是现代自由主义者，在法律与自由的关系上的主张。现代自由主义者大部分主张，"个人可以在良法的范围内取得行动的自由。这里有几层意思，一是说不带歧视、保护公民权益的法律本身即可从制度上保障公民自由，而保护特殊人群特权的、不公正的法律则会损害公民自由。其次，在良法的范围内，即使法律带有限制公民某些行动的形式，但由于这种限制是为了保障普遍的公民自由，因而是对公民的小限制、大自由。此外，良法本身还为广泛的选择自由留有充分的余地"①。在依法治国、建设法治国家的过程中，应当在大力发展形式法治的同时，兼顾实质法治的价值和机制，以实质法治的价值对形式法治可能会产生的功利主义后果加以抑制，及时纠正和弥补形式法治的弊端与缺陷，并有必要通过特别的行政规定来特殊关照处于弱势地位的个人和群体，以体现保护人权的基本要求。公权力的行使应当在"有限"与"有为"之间寻求恰当的平衡。"大多数自由主义者以及所有伟大的古典自由主义者都承认，自由国家可以拥有超出保护权利、伸张正义之外的一系列服务职能，值是之故，他们不是最低限度国家的倡导者，而是有限政府（limited government）的拥护者。"②因此，本书主张行政规定中对自由的尊重和保障，不只是一种消极自由，更不是无政府主义，它应当是在个体能力充分展现和利益充分实现的同时，又有利于整个社会文明进步的良性互动状态。

第二节　行政规定中法律保留原则的考量

一、法律保留——依法行政的核心原则

所谓法律保留，是指行政权的行使仅在法律授权的情况下，才可以为之。换言之，如果没有法律授权行政机关即不能合法地作成行政行为。③特定领域的国家事务应保留由立法者加以法律规定，行政权唯依法律的指示始能决定行止。特定领域的行政行为，非有法律依据不得为之。"故在法律保留原则之下，行政行为不能以消极的不抵触法律为已足，尚须有法律之明文依据，故又称积极的依法行政。"④法

---

① 顾肃：《自由主义基本理念》，中央编译出版社 2003 年版，第 64 页。
② 〔英〕约翰·格雷：《自由主义》，曹海军、刘训练译，吉林人民出版社 2005 年版，第 103 页。
③ 应松年主编：《当代中国行政法》（上卷），中国方正出版社 2005 年版，第 89 页。
④ 吴庚：《行政法之理论与实用》，三民书局股份有限公司 2013 年版，第 86 页。

律保留原则在行政法中的作用和地位，被类比成刑法中的罪刑法定原则，足见其价值、地位和作用的重要程度。现代行政随着社会关系的复杂多变，为人们提供"从摇篮到坟墓"全方位的管理和服务，呈现出扩张的势头，而行政权力的两面性，是指既能促进实现国家意志的公共目的，又有可能因行使不当侵害公民的权益，使得控制权力、保障公民权利与保障权力有效行使、富有效率地实现行政目的，成为现代行政法治理论与制度设计关注的焦点。法律保留原则要求行政行为应有法律授权，但若严格按照此原则的要求，就会使行政行为完全被法律所束缚，行政应有的积极性、主动性和灵活性的优势就有可能会丧失。尤其是在倡导服务行政、福利行政的背景下，充分发挥行政权的职能作用意义重大。因此，法律保留原则的理论和要求，也随着国家结构与职能的变化而进一步完善发展。

一方面，从秩序行政的法律保留向服务行政的法律保留发展。法律保留的原则源自 19 世纪自由法治国家的要求。当时的国家主要是仅以保护公共安全与秩序为任务，扮演着"夜警国家"的角色，认为管得最少的政府，是最好的政府，行政主要就是秩序行政，以对个人权利进行行政干预作为实现任务的手段的一种国家形态，当时的法律是一种干预性规范，而法律保留是干预保留或侵犯保留。认为任何行政行为，都必须在实证法律上找到一个明确的依据，否则行政行为即欠缺合法性，强调"行政合法律性"，学说上称为"全面保留"原则，亦即"无法律，即无行政"原则，将行政权力界定为是单纯体现立法者意志的执行权力。到了 20 世纪，国家形态由消极、防制的干预国家转变成积极、服务的社会国家形态。国家的任务急速扩展到各种积极的社会形成、经济规制、文化扶植及环境保护等新的领域方面。显然，这种国家任务的扩张势必导致大量的规范需求，特别是当国家在此新兴任务领域大量采用为 19 世纪干预国家所不认识的给付手段时，更加促使人们必须认真思考法律保留是否应该随着扩张其适用范围的问题。在不干涉其他公权力，不侵犯公民基本权利时，行政机关为了达到服务行政的目的，可以在法律未规定的前提下，自行有所作为，而不必依循法律保留原则，逐渐成为理论的共识与实践的具体活动。从法律保留原则的演变看，"涉及基本权利的法律，其功能已不再只限于限制人权，而是已具有多元化的作用。其中，最明显的，莫过于法律亦具有形成基本权利内容之任务"①。

另一方面，法律保留中的"法律"不仅包括狭义的议会制定的法律，也包括其他"实质的法"，如宪法、法规、法理及习惯法等。据此，如果以法律保留的密度来区分，可以分为宪法保留、国会保留、广义法律保留、最广义法律保留。②宪法保留，是指某些事项只能由宪法加以规定。一般而言，涉及国家最上层的组织

---

① 陈新民：《德国公法学基础理论》，山东人民出版社 2001 年版，第 356 页。
② 参见李惠宗：《行政法要义》，元照出版有限公司 2012 年版，第 31—32 页。

与国家最基本的宪法政策的决定，或基本权核心保障的部分，应由宪法规定。国会保留，又称为狭义法律保留，是指某些重要事项只能由形式意义上的法律规定，立法者不得放弃其责任，而委任由行政机关以法规命令加以规范。该理论的基础是从民主主义的理念出发，因民意代表具有民主合法性的基础，相对而言，行政机关则较欠缺。但究竟哪些事项属于狭义法律保留，理论和实务上以重要性理论为标准。广义法律保留，又称为相对法律保留，是指某事项虽应保留由法律加以规定，但仍不排除法律可以授权行政机关以法规、命令加以规定。但此时的授权必须符合"法律授权明确性"的原则，即在授权的目的、范围、内容必须明确可预见。最广义法律保留，是指只要有相当于"法律"位阶的规范作为依据，即符合法律保留。典型的例证如给付行政，如果不增加其他人负担而具有相对性侵害时，只要有预算上的依据即可，因为预算也属于特别的法律。

法律保留作为依法行政的重要原则，对行政权的行使从最初的"依法律行政"转变为"依法行政"的要求。"依法律行政"或"行政合法律性"把对行政权的限制维系在狭义的法律之上，强调行政需依议会制定的法律，将行政行为的合法性完全建立在实证法律的基础之上，这种极其注重形式主义的结果，虽然体现出尊重国会的民意，但是由于立法具有滞后性的特点，对于立法者并未或未能及时立法加以规范的事项，行政则不能有所作为，这必然无法保障公民权益或社会利益，如对紧急状态、行政给付中的一些事项。加之，现代行政权的扩张和专业化发展趋势使得原有立法机制的运行迟缓与快速发展的行政管理实践之间不可避免地产生矛盾，行政立法的产生和发展就成为必然，而这又当然地促进法律的概念、范围和形式进一步丰富拓展。行政权由法律的拘束扩展到法的拘束是行政法治的发展趋势，契合形式法治向实质法治转变的现代法治要求。作为约束行政权的法律形式发生变化，可能会带来法律保留原则在具体适用上的一些操作问题，但同时更是对依法行政的进一步丰富和发展。"由具体、明确的实证法律，变成较为抽象，且具有自然法思想——如公平、正义……的法，当然会有失之于抽象、概括的缺点，但此缺憾正可以透过行政法理及论理思维的推敲来弥补。"[1]

由上可见，法律保留原则和法律优先原则虽然同为依法行政原则的两个基本要求，但两者存在层次上的差异，实际上更能体现依法行政本质要求的是法律保留原则。因为法律优先原则只是消极的要求行政机关的行政行为不得与法律相冲突，当法律对某个事项未作具体规定时，法律优先原则则无能为力，行政权能否行使及是否合法行使，便无法得到法律的评判。而且，法律优先要求的行为不得违反法律的本质特征，并不独具行政法领域的特色，在法治国家不仅行政机关应

---

[1] 陈新民：《中国行政法学原理》，中国政法大学出版社 2002 年版，第 40 页。

当遵守法律，其他任何主体如民事主体也都应当遵从。从这个意义上来说，法律优先原则不仅是依法行政的基本原则，而且也是其他部门法的基本原则。而基本原则通常为某一部门法特有的准则，如其具有普适性的色彩，则必然削弱其行政法基本原则的地位。同时，"法律保留原则则是对行政机关守法的具有本质性的特殊要求，因而构成依法行政的特有基本原则。……法律保留原则与法律优位原则相比，无论在内容的丰富性上还是在要求的复杂性上都更加值得探讨"①。因此，法律保留原则作为依法行政的核心，是由其价值和作用所决定的。"由法律保留制度的起因，是为了人民的基本权利能够受到更大的保障，也是国家实行法治国家之依法而治及行政上之依法行政的必要前提。"②

二、法律保留原则的理论演进

学界较为一致的看法是：民主原则、法治国原则和人权保障这三项原则，构成了法律保留的理论基础。尽管对这三项原则的具体内容阐述并不完全一致，且各有侧重，但基本含义大体相似。

一般认为，民主原则是以议会的直接民主正当性与议事程序的特殊性，作为理论基础。就议会与政府而言，议会处于与人民的关系更为接近、更为密切的位置，因而被认为具有比政府更强烈、更直接的民主正当性基础。因此，主张特定的重大的国家事务应由议会保留成为共识。另外，从议会的议事程序看，议事程序的公开、直接、言辞辩论、多数决等原则，可以使少数者的利益及利害关系人能有机会影响议会决定的最终形成，使分歧、冲突的利益得以充分考虑和平衡，避免出现"多数人的暴政"情况，提升决定作出的实质正确性。相反，行政决定程序则因其侧重效率与机动的特性而较难实现相同的效果。法治国原则和人权保障原则，二者存在形式与目的的密切联系。法治国的原则，主要是基于法律的性质及功能，即法律较为理性，在其规范性的强制下，君主或行政就再也不能单凭自己的好恶恣意妄为侵犯人民的权利。另外，从技术层面看，法律是以公开方式作出的一般性、预见性的规范，实行法律的支配，可使国家行为对人民而言，更具可量度性、可预见性与可信赖性，更好地实现保障人权的目的。

对这种传统的法律保留原则的理论依据，学界已指出其存在的缺陷和不足：民主原则的理论并不具有普适性，对于总统制国家而言，其负责立法的国会与负责行政的总统均由人民直接选出，具有相同直接的民主正当性基础，如果主张从民主原则阐发法律保留原则，只能以国会议事程序的特殊性充当理论依据。法治

① 黄学贤：《行政法中的法律保留原则研究》，《中国法学》2004年第5期，第46页。
② 陈新民：《德国公法学基础理论》，山东人民出版社2001年版，第355页。

国原则的理论存在着一定的不足，因为行政权所订立的行政命令其实也具有一般性、公开性与预见性的特征，同样可以满足法治国原则有关人权保障的要求。坚持以法治国原则充当法律保留的宪法理论依据，主要是对传统君权神授的行政权的不信任，只愿视人民代表组成的国会为唯一的人权守护者的历史情结所致。由此，在法律保留原则的发源于德国，学者正尝试着构建一套新的理论学说，来弥补原有理论的缺陷，以更好地诠释法律保留的理论依据，这就是在 20 世纪 80 年代创立和发展起来的"功能结构取向的解释法"理论，从另一视角为法律保留提供了理论依据。

功能结构取向的解释方法，由德国学者欧森布尔（Fritz Ossenbühl）、冯阿尼（Hans Herbert v. Arnim）、史道博（Jürgen Staupe）在 20 世纪 80 年代创立和发展，倡导从国家机关的功能与结构关系来论证法律保留的宪法理论依据，该理论随后得到德国联邦宪法法院判决的承认，其理论主张的主要内容包括以下几个方面。①适当功能的机关结构。不同国家机关各有不同组成结构与决定程序，该组成结构与决定程序因质的高度差异自然会赋予所各自作出的决定不同的分量及不同的正当性。就立法与行政的权限分配而言，立法者由于拥有特殊的组织、程序或其他性质，足以保证其作出的决定将比行政权作出的决定更趋"尽可能正确"。②形式与内容的合比例性。哪些国家事务应由哪一机关以何种规范形式（即法律或行政规定）加以规定，必须放在各机关的组织与程序结构的关联上考察，据此最后必然能得出特定国家事务仅能由特定国家机关以特定规范形式作出决定的结果。③基本权利的组织与程序保障功能。由于立法程序与行政规定订立程序在功能结构条件上存在极大差异，对基本权利的保障势必会产生不同的效果，它要求选择最能有效保护与实现基本权利的法规制定程序。如果能够证实某特定领域的事务只有通过立法程序才能达到尽可能有效保护与实现基本权利的目的，则意味着符合法律保留的要求。

通过比较传统的民主、法治和人权保障的理论依据，以及"功能结构取向的解释法"理论可以看出，单独从以保护人权为主旨的法治国原则推论不出一般法律保留的要求，因为命令与法律具有相同适合于追求人权保障目标的形式上的特征。民主原则作为法律保留宪法依据的主张，主要在于立法权拥有两项为行政权所没有的特征，即直接民主正当性与特殊的议事程序。而特殊的议事程序，就其性质而言，更具功能结构上的正当性，已为功能结构取向的解释法所涵盖、吸收。因此，可以看出，法律保留原则的理论基础正经历着不断发展和完善的过程，其理论出发点在于如何在有效保障公民基本权利的基础上，合理界定立法权与行政权的权限范围，彰显权力源于权利，权力服务于权利的现代法治理念。

三、法律保留范围的确立标准

（一）有关法律保留范围的理论主张

法律保留的范围，是指哪些事项应该由法律作为规制的对象，是否包括全部或部分行政领域，有多种不同的理论学说，主要学说简述如下。①全面保留说，认为议会因具有直接民主正当性基础，是国家最高权力机关，行政权作为执行权只能依附于议会之下，只有议会才是真正发号施令的机关，任何国家事务，只要有法律规范的可能，均应由议会通过立法加以规范，行政的全部活动都要有法律的根据，没有法律的授权，行政权不能有所作为。对于行政的给付行为及在特别权力关系领域，也应适用法律保留原则。②侵害保留说（或称干预保留说），认为在权力分立体制下，行政是独立的国家权力，它直接从宪法就可获得一般的、无须法律授权的行政任务。尤其在没有法律规范的事务领域，只要不直接干预到人民的自由与财产，依然有权采取一切为达成国家目的所必要或有所帮助的措施。保留的范围仅适用于干预行政，仅在行政权侵害公民的权利、自由或对公民施以义务负担等不利的情况下，才要求法律保留，至于其他行政行为，均可在不违反法律优先的范围内自由为之。该理论反对全面的法律保留，拒绝法律保留也适用于特别权力关系与给付行政领域。③折中说，该理论批评全面保留说过分偏执于议会的领导地位而忽略行政权拥有的民主正当性的事实。全面保留应当限制在"必要"与"可能"的范围内，即立法者应当在法律授权与保有行政权足够"法律外的积极、主动性"之间，寻找一个均衡点。④重要性理论，该理论发端于德国宪法法院在 1972 年 3 月 14 日关于监狱受刑人员基本权利的判决，被公认为是替传统特别权力关系谱下休止符的具有划时代意义的里程碑，后被联邦及各邦的法院在审理学校与学生关系案件中经常援用。该理论主张在行政范围内的重要决策，应受法律保留原则的支配，且国会有义务制定所需要的法律，不得委托行政机关自行决定，因此重要性理论又被称为国会保留。至于如何区分重要性与非重要性的事项，联邦宪法法院并未制定明确的判断标准，只是由相关判决中确立的"人民之法律地位、所涉及之生活范畴以及规律之对象的性质加以衡量"，或者称为"在何种范围内，国家之作为须有法律之依据，惟有视事件之性质及所必须加以规制之强度而定，基本法之各项原则与基本法所承认或默认之基本权利，乃首要之宪法上的价值标准"[1]。由于无法提供简明可行的标准，所以学者批评指出，以重要性理论界定国会保留的范围，被批评认为是无非是由宪法法院法官自由决定而已。[2]⑤机关功能说，即上文提及的"功能结构取向的解释方法"理论。

---

① 吴庚：《行政法之理论与实用》，三民书局股份有限公司 2013 年版，第 89 页。
② 吴庚：《行政法之理论与实用》，三民书局股份有限公司 2013 年版，第 89 页。

在上述理论中，全面保留说所要求的是"无法律即无行政"，若果真如此，势必无法适应复杂多变的现代行政需要，无法满足行政积极主动为民谋福利的要求，与行政权的性质、要求及现代法治理念有脱节之处。干预保留的优点在于主张行政权的独立地位，但其拒绝在特别权力关系与给付行政领域适用法律保留，值得批判，因特别权力关系理论的合法性和正当性因人权意识与法治观念的提升而遭批评质疑，并被重要性理论取代。重要性理论的致命弱点在于"重要"与否的判断缺乏明确可循的标准，极易引发争议。功能结构论证方式的特色是从"形式"寻找对其合适的"内容"，就结果而言，基本上与重要性理论主张相符，事务的"重要性"依然是决定法律保留范围的一般性判断标准。

（二）绝对保留与相对保留的界分

理论上从法律保留的适用密度，将法律保留划分为绝对保留与相对保留。绝对保留（或称国会保留），是指该事项的设定权只归法律，任何其他国家机关不得行使，且只由法律行使，不得授权其他国家机关，如人身自由的限制或剥夺。相对保留，是指该事项的设定权原属法律，但在某些情况下，法律可以通过授权，授予其他国家机关行使，如财产权的处罚，授予多少该机关就享有多少，如《中华人民共和国行政处罚法》授予规章的财产处罚权为"一定数额"，其数额，各部委规章要由国务院规定；地方规章要由地方人民代表大会常务委员会规定。不授予的，就不得行使。[1]

前文提及，现代行政权的扩张和发展催生了授权立法或称委任立法的出现，法律的概念和范围随之发生了变化与拓展。法律保留原则中的"法律"不再仅指议会所制定的狭义上的法律，而是包括行政机关的行政立法在内的广义上的法律，也就是说不再一概适用绝对保留。法律保留中的"法律"应该包括哪些呢？不同的国家或地区的理解是不相同的。在德国，"法律"包括正式法律、法规命令和规章等。我国对"法"的理解范围很广，包括宪法、法律、行政法规、地方性法规、行政规章及民族自治条例等。

因此，法律保留固然要求保留范围内的事务以法律规定，但也不禁止最高立法者在不违反授权明确性要求的前提下，授权其他立法主体以法律以外的规范形式规定。换句话说，对于保留范围内的事务，要求立法者既可选择"亲自"以法律加以规定的方式，也允许其以法律授权的方式授权地方议会机关或行政机关以法规规章的形式加以规定。如何选择，由立法者基于立法政策的考量，立法者一般是自由的、不受限制的。而绝对保留概念的提出，正是为了约束立法者这种不

---

① 应松年主编：《行政法学新论》，中国方正出版社1998年版，第48页。

受限制的选择或授权自由，对于法律保留范围内的特定事务，必须由议会"亲自"以法律规定，不得授权其他机关决定，保证议会对国家最重大问题的绝对决策权的控制权。我国现有行政法律制度中也有关于绝对保留与相对保留的规定，集中地表现在《中华人民共和国宪法》《中华人民共和国行政处罚法》《中华人民共和国立法法》《中华人民共和国行政许可法》等法律规定中。

（三）"重要性的阶层理论"与法律保留的适用范围

事务的重要性，是决定法律保留范围的一般性判断标准，而绝对保留属法律保留中禁止授权的部分，是法律保留的核心，与剩余部分的法律保留（即可授权的法律保留）存在某种阶层关系，即"重要"事务应适用法律保留，"更重要"的事务就应适用更严格要求的绝对保留。因此，对重要性的判断将更加细致，由此产生了"重要性的阶层理论"。它认为可在事务的"不重要""重要""更重要"之间做进一步区分，以分别决定哪些事务属于行政固有权限，无须法律授权，行政机关即可自行以命令决定（不重要，不适用法律保留）；哪些事务虽不属于行政固有权限，但准许在有法律授权的前提下，由行政权以命令决定（重要，适用相对保留）；以及哪些事务属于不可转移的、专属的国会权限，必须由立法者亲自以法律决定（更重要，适用绝对保留）。阶层式判断法在理论上呼应了法律保留与国会保留两者间的阶层关系，理论上虽有可取之处，但在具体运用上却颇有些困难。因为事务复杂多样，不同的基本权利之间存在较大差异，"不重要""重要""更重要"之间判断标准的主观性较强，因此主张采用消极衡量标准，即从功能结构的角度出发，将不需要议会以法律形式规定的事务进行分类，予以扣除后再反过来界定国会保留的范围，这些事务主要有以下几种类型。①不属于国会的权限范围。对于基本权利或公共事务被认定属于"不重要"的事务、紧急事故及规范不能的事务。②须做出弹性反应的事务。针对那些变动频繁的社会事务做出迅速回应，根据形式与内容的比例要求，应授权行政机关以命令的形式决定，不适用国会保留。③发展、变迁中的事务。它与前述弹性事务相类似，主要涉及科技或其他专业知识的规定。④事务本质上固有的自主规律性。由于个别事务领域中固有的自主规律性，不适用国会保留，如传统的特别权力关系领域中事务。⑤试验。对缺乏充分认识和了解的新事务，无法马上作出适宜的、稳定的终局性规范，可暂时尝试性地进行规范。⑥有因地制宜需要的事务。⑦施行或细节性规范。出于技术性的执行或落实该原则性规定的需要，授权行政机关以命令方式予以细化和具体化，不需要适用国会保留。⑧自治保留。宪法规定的自治领域，如地方自治。

上述事务不适用绝对保留，换言之，可采用相对保留或由行政机关直接依照职权作出规定，在行政规定中加以规范。

四、重要性理论的借鉴与运用

如前所述，无论是重要性理论还是功能结构取向的解释方法，以及阶层式判断法，在确定法律保留原则的适用上，都主张事务的"重要性"是决定法律保留范围的标准。在法律保留原则的发源地德国，"重要性理论广受现今德国学界的支持"①。根据《中华人民共和国立法法》和《全面推进依法行政实施纲要》的规定，我国行政法律制度建设中，兼采了重要事项保留和侵害保留说。由于重要性理论的致命弱点在于"重要"与否的判断缺乏明确可循的标准，极易引发争议。判断识别"重要"的标准和内容，是该理论正确运用的前提和基础。从德国联邦宪法法院一系列的"重要性判决"主张，重要是指针对基本权利的实现而言。

（一）公民基本权利重要性的理论主张

就基本权利重要性的衡量标准而言，不同理论主张的内容各不相同：传统自由的基本权理论，强调赋予基本权利对抗来自国家干预的防御权功能，只有在当权利的"干预"涉及基本权利的实现时，才被认定为是重要的；社会国的基本权理论，强调国家的给付功能，如果国家不帮助人民获得基本物质条件的满足，则自由权的保障将成为空话，因此为确保自由权的实现，社会、文化与经济政策上的"给付"对基本权利而言均属重要的；制度的基本权理论，认为基本权利主要是生活领域中形成的受保护的客观秩序，只要在规范及制度上形成及秩序化的自由，就作为基本权利的内容，凡涉及此方面内容的规定，无论是侵益、授益或者中性性质，均被视为对基本权利的实现具有重要意义；组织与程序保障的基本权理论，认为确保基本权利的实现所必要的组织与程序性规定具有重要意义。各种理论主张往往立足某一个方面，难免以偏概全，对采用何种理论主张，尚未有定论。

（二）人权保障中基本权利重要性的界定

基本权利虽在理论上和各国具体法律制度中有不同的见解与主张，难以做出统一的界定和明确列举，但其基本的判明依据仍有原则可循，由于公民基本权利与人权密切相关，凡对人权的保障与实现具有重要影响的行为，可被认为是应予保留的重要事务。人权的存在形态通常可划分为三种基本形态：应有权利、法定权利和实有权利。应有权利是指人们依其自然属性和社会属性所应当享有的权利；法定权利是指人们运用法律将应有权利法律化、制度化，使其实现得到最有效的保障；实有权利是指人们实际上能够享有的权利。应有权利是法定权利的前提和

---

① 陈新民：《德国公法学基础理论》，山东人民出版社 2001 年版，第 363 页。

基础，法定权利是应有权利的法律化，实有权利是人们实际享有的应有权利和法定权利。三者之间是一种层次、递进关系，应有权利是目标、标准，法定权利是手段、保障，实有权利是社会的人权现状。三种权利形态保障和实现的程度，反映出一国法治建设水平的高低。凡应有权利法制化程度越高、实有权利范围越广，则法治文明水平越高，反之，则越低。关于人权的内容和分类，传统的人权观念包括两个权利范畴：一类是公民权利和政治权利，另一类是经济、社会和文化权利。1966 年的《经济、社会和文化权利国际公约》和《公民权利和政治权利国际公约》就是这两类权利在国际法上的具体规定。一般认为，对公民权利和政治权利采用"个人享有的权利"的措辞，要求尽速实现，而对经济、社会和文化权利则使用"国家行为"的措辞，它们具有集体权的倾向，仅要求国家采取步骤，尽最大能力逐步实现。

　　从我国现有的法治建设能力和要求看，保障法定人权的实现，缩小法定权利与实有权利之间的差距，使法定权利成为公民充分享有的实实在在的权利，而不只是"写在纸上的权利"，对于维护法治的权威，进而最终实现应有权利制度化的完整形态而言，具有现实意义。理论研究和制度设计的重点，应当围绕法定权利的充分实现而展开，将基本权利的范围底线定位在宪法和法律明确规定与列举的权利。"基本权利是指由宪法作为必要权利予以保障的公民权利，其中主要是宪法明确规定的权利。"[1]性质上"属于公民针对国家的主观权利，即公民可以要求国家为或者不为一定行为的权利"[2]。我国宪法中使用了"基本权利和义务"的概念。所谓"基本权利"，是指那些表明权利人在国家基本政治、经济、文化、社会生活关系中所处法律地位的权利。具有不可缺乏性、不可取代性、不可转让性、稳定性、现代文明国家共通性、母体性等属性，它们是首要的、根本的、具有决定性意义的权利。[3]我国宪法关于公民基本权利的规定，集中在第三十三条至第五十条的规定，列举的公民基本权利多达 27 种，可将其归纳为以下九类：①平等权；②政治权利和自由；③宗教信仰自由；④人身自由；⑤批评和建议、申诉、控告、检举权以及取得赔偿权；⑥社会经济权利；⑦文化教育的权利和自由；⑧保护婚姻、家庭、母亲和儿童；⑨保护华侨、归侨和侨眷的正当权益。

（三）权利有效保障与权力高效行使的法治发展要求

　　如前所述，从 20 世纪起，在总结现实经济发展的经验教训过程中，在逐渐兴起的福利国家、服务行政理念倡导下，西方各法治国家纷纷寻求"有限政府"与

----

① 〔德〕哈特穆特·毛雷尔：《行政法学总论》，高家伟译，法律出版社 2000 年版，第 107 页。
② 〔德〕哈特穆特·毛雷尔：《行政法学总论》，高家伟译，法律出版社 2000 年版，第 108 页。
③ 参见杨海坤主编：《宪法学基本论》，中国人事出版社 2002 年版，第 119—120 页。

"有为政府"的适度平衡，并把增进人民福祉，更好地实现社会公平和正义作为权力运行的目标。权力控制和权力保障的和谐统一是行政权力存在与运作模式的真谛所在。一个合理的、运行良好的行政权力制度必须在控制与保障之间形成一种张力，在人类社会保全与发展的需求中探寻一种动态的平衡，从而使权力的行使既具有高效自律的秩序，又具有足够的能动空间。

一方面，基于"有限"的要求，坚持重要性理论主张，对凡是涉及公民基本权利的重要事项适用法律保留，"虽然法律保留原则，不仅适用于基本权利之限制，但无论过去、现在以及未来，限制基本权利之法律保留，实为法律保留之核心"①。另一方面，从"有为"的角度出发，给予行政权力足够的能动空间，从而在行政权力规范体系上，形成法律、法规、规章和行政规定之间互为补充、协调一致的态势，在权力机关立法权、行政立法权、行政规定制定权之间做出明确的界定，使不同性质的权力之间，既能形成有效的分工制约，又能相互衔接配合，各尽其职、各显其能，为权力的合法行使提供依据。若能明确划定出法律保留的范围，则意味着除该范围以外的事项均可属于行政规定调整的内容，行政规定也因不违背法律保留原则而获得实质上的合法性，即行政主体拥有就一定界限内的行政管理事项作出抽象行政行为的合法权力。

恰当选择与公民基本权利的保障和实现密切相关的事项，将其纳入法律保留的范围，在依法行政领域中，充分实现权利保障和权力有效行使的动态平衡、达到个人权益最大化与行政目的高效合法达成的有机统一，是行政法治必不可少的基本内容。"法治原则并不简单地意味着'法定人权'，人权要求法治以个人的应有权利为核心价值和理念，并通过对应有人权的确立和保护来树立和实现法律的权威，所以制度性人权才是所有人权研究最终应归之于一的人权，而制度的人权化和人权的制度化，这才是法治原则的终极目标。"②

五、行政规定中应予法律保留的基本权利范围

学者通过对《中华人民共和国最高人民法院公报》公布的涉及行政规定司法审查案例的考察，在揭示行政规定审查中司法技术层面存在能力不足现象的同时指出，单一的"与上位法不一致""与上位法抵触"标准无法涵盖行政规定违法的所有情形，将"上位法"仅仅限定于直接、明确的上位法规范显然失之偏狭。"上位法"应当包括构成整体法秩序的所有高位阶规范；在内容上，"上位法"还应包括高位阶规范所确立的权利保障原则，即在依法行政原则的指导下，基于权利保障之基本价值，所有干预行政、侵害行政之管制手段都必须受到"法律保留"原

① 陈敏：《行政法总论》，新学林出版有限公司 2013 年版，第 162 页。
② 徐显明主编：《国际人权法》，法律出版社 2004 年版，第 9 页。

则的严格限制。①因此，行政规定在形式上不仅要合乎上位阶的所有规范，而且在内容上要不违背整体法秩序中的权利保障准则。结合人权的内容，以及我国法治建设的现实与发展，应适用法律保留的领域（亦即行政规定不能加以设定的领域，否则行政规定就是违反了法律保留原则而被视为不合法）主要包括以下几个方面。

（一）侵害人身权、财产权的行为

人身权和财产权是传统人权的基本内容与核心，是其他人权存在和发展的前提，在人权理念确立之初，就作为保障的首要内容。1948 年的《世界人权宣言》第 3 条规定，人人有权享有生命、自由和人身安全。第 9 条规定，任何人不得加以任意逮捕、拘禁或放逐。第 12 条规定，任何人的私生活、家庭、住宅和通信不得任意干涉，他人的荣誉和名誉不得加以攻击，人人有权享受法律保护，以免受到这种干涉或攻击。第 17 条规定，人人得有单独的财产所有权以及同他人合有的所有权；任何人的财产不得任意剥夺。1966 年的《公民权利和政治权利国际公约》，对相关内容又作了进一步具体的规定。

从我国现有的法律规定看，对公民人身权的法律保留作了较为充分明确的规定。根据《中华人民共和国立法法》第八条、第九条和《中华人民共和国行政处罚法》第九条的规定，限制人身自由的强制措施和处罚，只能由法律设定。而且，该规定是一种绝对保留，即有关限制公民人身自由的行为措施，必须只能由最高立法机关以法律的形式加以设定，其他机关无权进行设定。行政机关限制、剥夺公民、法人或其他组织的人身权或名誉权的行为，应该有法律依据，不能在没有法律依据的前提下作出侵犯公民法人或其他组织的名誉权的行为。

我国宪法在维护对社会主义共有财产保护的同时，不断重视对私有财产的保护，将公民的私有财产纳入宪法的保护范围。2004 年第四次宪法修正案明确规定了"公民的合法的私有财产不受侵犯"，保护公民合法的私有财产权是政府的基本义务。《中华人民共和国物权法》的相关规定则对宪法原则和精神的进一步丰富细化。在传统观念中排斥、否定私有财产有着根深蒂固的影响，加之我国目前的市场经济还不够完善和成熟，在许多领域仍存在着过多的政府管制和行政壁垒，以公共利益和社会发展为借口限制与侵害公民私有财产的情形时有发生。目前，在行政征收、行政补偿等领域还没有严格的法律规定。例如，目前反应普遍强烈的房屋拆迁及其补偿这一涉及相对人基本财产权利的行为，还是以行政机关自己制定的规定为准则。因此，应当进一步重申和明确侵犯公民人身权与财产权的行为，必须有法律加以规定，适用法律保留。

---

① 余军、张文：《行政规范性文件司法审查权的实效性考察》，《法学研究》2016 年第 2 期，第 52—53 页。

（二）涉及公民政治权利方面的行政活动

公民政治权利的保护状况如何是衡量一个国家民主程度的重要标志。对于涉及公民政治权利方面的行政活动必须严格按照法律的要求进行，这是保证公民政治权利实现的重要条件。我国《中华人民共和国宪法》第三十四条、第三十五条规定，公民享有选举权和被选举权、言论、出版、集会、结社、游行、示威自由等政治权利。这些权利本应属于法律保留的范围，但实践中却被行政机关的授权立法和层级更低的行政规定加以限制，《社会团体登记管理条例》《出版管理条例》《期刊出版管理规定》等一系列没有法律依据或授权而限制公民宪法所保障的结社自由、出版自由等基本权利的行政法规、部门规章及与之相配套的行政规定，应当予以重新检视与修正，以符合法律保留原则保障公民基本权利的目的，防止立法层级过低而可能造成的政府规制对公民宪法自由权利的侵袭。[①]

（三）经济、社会和文化权利

主要涉及工作权、受教育权和享受适当生活水准权。工作权是一项基本人权，是经济社会权利的核心，是最基本的经济权利，具体可包括如下四类[②]：第一类是就业权和以正当就业为目标的权利与自由，如禁止任意解雇的权利、免受奴役的自由、免于强迫劳动的自由、择业自由、获得免费就业服务的权利；第二类是工作中的权利，主要包括正当而适宜的工作条件的权利和公平报酬权；第三类是工作者的社会保障权，这是以工作者在失业及退休时利益的维护和保障为目标的一系列权利；第四类是实现上述权利所必须享有的某些辅助性权利，包括结社自由权、集体交涉权、集体行动权（罢工权）等。受教育权的内容一般包括接受教育的权利、选择教育的自由和学术自由等，接受教育的权利是其核心。享受适当生活水准权是一项基础性、综合性人权，这项人权包括衣着、食物、住房、适当的照料、适当的保健、疾病控制和安全用水等属于生活必需的基本保障要求的要素或者权利，其最低限度是要保障人的生存权。可以说，经济、社会和文化权利在稳定社会秩序、保障社会公平、实现公民基本生存权与发展权方面具有非常重要的作用。

《中华人民共和国宪法》第四十二条至第四十八条集中规定了公民的劳动权利、工作中的权利、社会保障权利、获得物质帮助权利、受教育权利、文化权利

[①] 参见周佑勇、伍劲松：《论行政法上之法律保留原则》，《中南大学学报（社会科学版）》2004 年第 6 期，第 713—714 页；杨士林：《表达自由在我国构建和谐社会中的价值》，《法学论坛》2008 年第 3 期，第 101 页；陈征：《论宪法出版自由的保护范围》，《当代法学》2014 年第 4 期，第 19 页；宋全成：《自媒体发展中的表达自由、政府规制及其限度》，《南京社会科学》2017 年第 11 期，第 105 页。

[②] 参见徐显明主编：《国际人权法》，法律出版社 2004 年版，第六部分"经济、社会和文化权利"，第 297—329 页。

等。对宪法上的权利，行政机关必须加以保障。侵犯这些权利的行政行为必须有法律依据。如果这些重要的基本权利被排除在法律保留事项之外，则意味着行政机关可以通过行政立法甚至是行政规定"合法"地对上述公民基本权利予以限制，甚至剥夺。当代的公共行政是"服务行政""福利行政"，社会保障是政府服务职能的重要组成部分，因此关乎社会保障和社会福利方面的行政应该通过法律加以保障。正如有学者在分析我国行政法治实践中法律保留原则贯彻存在的问题时指出，给付行政基本上还不受法律保留原则的约束，如有些地方政府为了吸引外资，随意地动辄奖以重金或者不恰当地提供额外的物质条件，类似的情形不要说绝对保留原则，即使起码的相对保留原则都没有得到体现。[①]

（四）涉及国家机关组织事项的内容

国家机关是国家权力的物质形式，是行使国家权力、履行国家职能、进行国家日常活动的有机体，要规范国家权力的运作，首先要规范国家机关的组织事项，划分和界定不同机关的职责权限，这样一方面可以使国家机关具有合法性来源，另一方面也可以使公民、法人和其他组织能够知晓国家机关的具体职责与职权，从而有效监督国家机关依法履行职责。关于国家机关的组织事项，应当属于绝对保留的事项，有些甚至属于宪法规定的事项。与此联系密切的是对公务员的规范及管理。国家机关的意志活动是通过公务员的具体行为实施和表达的，公务员的职责权限，应与国家机关权力配置及职能履行的要求相一致，由法律加以规范，在一定程度上可防止其超越职权或怠于行使职权，背离职责要求。在实践中，行政规定违反法律保留原则，对公务员的职权进行不适当的拓展，如某地级市曾出台《关于鼓励和支持机关干部到经济建设主战场建功立业的暂行规定》，允许公务员在离岗招商或到企业挂职期间，身份、职级不变，参与正常调资，领取兼职报酬，这一规定内容违反了公务员法的有关规定。

此外，有学者主张应将"公共事务重要性"作为一并考察的内容，有学者还提出了一些具体的衡量标准：①受规范人范围的大小；②影响作用的程度；③财政影响的大小；④公共争议性的强弱；⑤现状变革幅度的大小；⑥与现行法的比较。对于有的事务，即使符合重要事项的标准，也由于行政权在功能结构条件方面的特殊性而同样不适用法律保留原则，主要有两种情形：一是紧急事故，基于行政紧急权的性质与要求，为维护公益，可在法律规范出现空缺时径行采取行政措施；二是规范不能的事务，如外交、国防、金融与基本设施等政策领域的事务。

凡是事务不符合上述基本权利与公共事务的重要性的衡量标准，可被认为是属于"不重要"的事务，不适用法律保留原则。以上一系列衡量标准，对判断界

---

① 黄学贤：《行政法中的法律保留原则研究》，《中国法学》2004 年第 5 期，第 51 页。

定何为重要性及法律保留的范围，提供了识别依据，但由于这些衡量标准必然带有程度不等的抽象性、概括性与不明确性，而法律作为一门实践的艺术，指望仅靠几条规则就能一劳永逸地消除疑惑和解决纷争，就显得过于简单、乐观了。衡量标准的提出，有助于尽可能提升重要性判断的合理性与批评的可能性，降低判断错误的风险，准确界定行政规定的权限范围，强化行政规定的合法性。

第三节　紧急状态下的自由空间——行政规定中紧急权力的保障与控制

一、行政紧急权力的检视与厘定

"到此为止，我们一直将那些对个人自山的保障理解为仿佛足永远不能受到侵犯的绝对权利，但实际上，这些权利的意义只不过在于：社会的正常运作是以这些权利为基础的，任何背离这些权利的做法，都必须有特殊的理由来为之辩解。然而，一旦当（并只有当）问题在于为了长远地维护自由之时，例如发生战争的情况下，甚至一个自由社会的最基本的原则，也是可以不得不暂时牺牲的，关于在这类场合下政府拥有紧急处分权力（以及防止这些权力被滥用）的必要性，大家的意见是广泛一致的。"①《中华人民共和国宪法修正案》（2004 年）在第二十六条、第二十七条和第二十九条中原则性确立了紧急状态法律制度，对该制度的研究一时成为热点，与此相呼应，制定一部"紧急状态法"不仅列入第十届全国人民代表大会常务委员会立法规划，而且现实的立法工作已启动，由于考虑到立法资源的配置必须着眼于当前最急迫的社会需求，"紧急状态法"的制定已转为《中华人民共和国突发事件应对法》。②紧急状态法律制度涉及公民自由权利与国家权力关系的诸多理论和实践问题。仅就紧急状态中行政权力行使的概念而言，较早的称谓有行政紧急权、紧急行政权、行政应急权等，随着《中华人民共和国突发事件应对法》颁布实施，同这部法律相呼应而以行政应急权的称谓较为常见。笔者赞同已有的主张，认为行政紧急权与行政应急权并无实质区别，可在同一含义上使用行政紧急权与行政应急权的概念，将它们等同看待，而且对它们进行区分是没有任何意义的，无论是行政应急权力还是行政紧急权力，都是相对于常态行

---

① 〔英〕弗雷德里希·奥古斯特·哈耶克：《自由宪章》，杨玉生等译，中国社会科学出版社1999年版，第344—345页。

② 《中华人民共和国突发事件应对法》由第十届全国人民代表大会常务委员会第二十九次会议于2007年8月30日通过，自2007年11月1日起施行。

政权力而言的，都是为了解决现实生活中突发事件所引起的公共危害，如果要人为地把它们分割开来，就会形成两种不同的制度加以规范，造成应急制度的混乱，所以从本质上说行政紧急权力就是指行政应急权力。①

对行政紧急制度的研究，无论是法学界还是实务界都存在着重视不够的现象。仅就法学教科书对这一理论和制度的介绍而言，已显得较为欠缺。"近些年来我国内地出版的许多行政法教科书在阐述行政法的基本原则时，往往仅提及行政合法性原则和行政合理性原则，未将行政应急性原则作为行政法的基本原则。这一认识既制约了我国应急法制建设，也不利于全面深入推进依法行政，不利于行政法理论的全面发展。"②较早介绍行政应急原则的行政法学教科书，见于著名学者罗豪才主编的《行政法学》。在该书中，罗豪才将行政应急性原则视为行政法的基本原则之一，与行政合法性原则和行政合理性原则共同作为行政法治原则的组成部分，是行政法治原则特殊的重要的内容。行政应急制度存在的正当基础，是由于国家和社会在运转过程中不可避免地会出现一些紧急情况，如战争、分裂活动、动乱、暴力犯罪失控、瘟疫横行、自然灾害等情况。这些现象的出现可能威胁国家的安全和独立，破坏社会秩序，严重损害公共利益。在正常的宪政、法律体制难以运转的情况下，行政机关采取必要的应急措施，即使该措施没有法律依据或与法律相抵触，也应视为有效。"应急性原则是现代行政法治原则的重要内容，指在某些特殊的紧急情况下，出于国家安全、社会秩序或公共利益的需要，行政机关可以采取没有法律依据的或与法律相抵触的措施。"③他还认为，行政应急权力的行使应符合以下几个条件：①存在明确无误的紧急危险；②非法定机关行使了紧急权力，事后应由有权机关予以确认；③行政机关作出应急行为应受有权机关的监督；④应急权力的行使应当适当，应将负面损害控制在最低的程度和最小的范围内。新近的则是由应松年担任主编、姜明安和马怀德担任副主编所编写的马克思主义理论研究和建设工程重点教材《行政法与行政诉讼法学》，在该书中以专门的"第十一章行政应急"④，系统地介绍了行政应急的基本理念、基本制度和国外行政应急的发展趋势，分析了我国行政应急法制实施体系、突出问题及其成因，探讨了我国行政应急法制建设的基本原则和对策。同时，从行政法学的角度，将行政应急行为定义为"针对战争、内乱、各种恐怖活动、严重的自然灾害或经济危机等紧急情况，由行政机关依据宪法及有关法律予以应急处置的行政行为"⑤。

各国对紧急状态的界定并不完全相同。大体来说有广义和狭义之分：广义

---

① 高轩：《行政应急权对当事人行政诉权的威胁及其司法规制》，《法学评论》2016年第2期，第58页。

② 应松年主编：《行政法与行政诉讼法学》，高等教育出版社2017年版，第284页。

③ 罗豪才主编：《行政法学》，北京大学出版社2001年版，第24页。

④ 应松年主编：《行政法与行政诉讼法学》，高等教育出版社2017年版，第280—298页。

⑤ 应松年主编：《行政法与行政诉讼法学》，高等教育出版社2017年版，第280页。

的紧急状态是指具有一定危险程度的非正常的社会状态，包括战争、叛乱、政治骚乱、经济危机、严重自然灾害、重大事故灾害、严重传染病流行，以及重大刑事犯罪等所有社会正常生活受到威胁或法律实施受到严重阻碍的状况；狭义的紧急状况通常是指通过国家行政权即可加以控制的危险事态，某些国家专指某些特定的情形。①我国借鉴各国依法应对紧急状态的经验，《中华人民共和国宪法修正案》(2004年)，对宪法中涉及"戒严"的条款进行调整，修改为"紧急状态"。根据修改后的《中华人民共和国宪法》第六十七条、第八十条、第八十九条的规定，我国紧急状态的范围是指除战争状态以外的一般紧急状态。这种紧急状态主要是指重大自然灾害、人为重大事故、突发公共卫生事件、经济危机、社会动乱等原因引起的紧急状态。只有出现上述原因引起的紧急状态，才能适用宪法关于紧急状态的规定；对于因战争引起的紧急状态，仍应依据宪法和国防法、兵役法等有关法律的规定加以应对。在宪法中确立紧急状态制度，规定政府享有紧急权力，是国家法治化的重要标志，它使政府行使国家紧急权具有合宪性基础。

行政紧急权力，通常是指在国家和社会处于紧急状态下，为迅速恢复正常的宪法和法律秩序，最大限度地减少人民生命财产损失，行政主体享有采取应急对抗措施的权力。与常态下国家权力的行使相比，行政紧急权力具有超法规性、集中性、扩张性，以及程序的简化性等特点。②从行政法的角度看，紧急权的行使有扩大行政权的效果，被看成是介入人民自由权的第二种样态，因该权力不再禁锢于立法者所制定的层层限制。常态法治环境下的行政权，其在履行维护公共秩序与安全的职能时，会在不同程度上影响和限制公民的自由权，这被视为行政权介入人民自由权的第一种样态。在非常态的法治环境下，行政权基于维护秩序与安全的必要性，可以暂时超越实证法的规定，额外增加对人民自由的限制，这是行政权介入人民自由权的第二种样态。因此，行政紧急权力的行使就可能改变正常的法律秩序，违背常态下的法治原则、限制或停止公民的某些权利。在这种情况下，行政紧急权力及其行使与既定的法治原则难免会发生冲突。

就直接催生紧急状态法律制度确立的严重急性呼吸综合征(SARS)事件而言，在SARS的防治过程中，已经涉及和可能涉及的重要实体权利有生命权、平等权、自由权、隐私权、人身权乃至一些经济权利和精神权利。就自由权而言，例如，对于可能患者的隔离处置涉及的是生命权与人身自由的冲突；对公民言论或者财产的限制涉及的是精神自由或经济自由的问题；政府对于特定行业的停业命令、禁止雇佣民工返乡规定则涉及企业的营业自由和公民的行动自由，等等。对这

---

① 江必新：《紧急状态与行政法治》，《法学研究》2004年第2期，第3页。

② 参见戚建刚：《行政紧急权力的法律属性剖析》，《政治与法律》2006年第2期，第47—51页。

些措施的合法性，学界已有评述和质疑。①2007 年 11 月 1 日开始实施的《中华人民共和国突发事件应对法》，对行政应急权并未进行实质性的调整和规范，该部法律未能发挥出预期应有的实效，"我国 2008 年以来的南方暴雪、汶川玉树地震、西藏新疆骚乱、渤海溢油事故等突发事件处置过程中，《突发事件应对法》并没有如同期许那样成为政府各种紧急措施法制化的根本，政府仍然倚重'行政会议'，这部为应对突发事件而制定的专门性法律却没有什么作用"②。因此，无论是受制于立法的局限，还是基于行政紧急权在紧急状态中的有效行使，行政机关通过制定各类应急行政规定来应对突发事件，势必成为不可或缺的方式，这也导致其出现许多法律上的问题。"实践证明，很多侵犯公民合法权益的行政应急行为是冠冕堂皇打着红头文件旗号的，红头文件在应对应急危机的过程中，可能成为侵犯公民、法人或其他组织合法权利的载体和形式。"③在紧急状态下，如何在依法行政中，既能将宪法确立的原则和精神加以细化与具体化，正确体现在行政规定中，又能避免侵犯公民应有的自由权利，实现权力有效行使与权利保障的有机统一，极具理论探讨与实践的意义。

二、权力保障与权力控制的适度平衡

行政紧急权力自身独具的性质、价值和功能，要求构建与之相适应的理论体系和运作机制，以实现权力正确行使和权力保障权利的根本目的，而保持行政紧急权力的保障与控制的平衡关系，是行政紧急权力理论架构和法律制度设计的前提。

（一）实现保障与控制平衡的宪治要求

宪法的功能在于维护公民权利与国家权力的动态平衡，从而既能切实保障公民权利以实现人权，又能有效制约国家权力并使之合法化。在宪法框架下进行具体法律制度设计，应当在现实的政治运作和科学的理念指导下正确把握，实现宪法的价值目标和追求。"我们现在分析宪政的内涵，仅局限于限制政府权力、保障公民权利这一角度是不全面的，它应该是保护公民权利与维护国家权力良性运行的统一。"④权力的有限和有为的思想，早在分权思想倡导者洛克的学说中就已有所体现。洛克认为，一切有节制的国家和组织良好的政府都应该将立法权与执行

① 参见朱芒：《SARS 与人身自由——游动在合法性和正当性之间的抗 SARS 措施》，《法学》2003 年第 5 期，第 57—59 页；钟会兵：《个人权利与公共利益的平衡——抗 SARS 中限制人身自由措施的正当性与合法性分析》，《法律适用》2003 年第 7 期，第 8—10 页。
② 滕宏庆：《论行政应急权的合宪性控制》，《法律科学（西北政法大学学报）》2011 年第 6 期，第 66 页。
③ 高轩：《行政应急权对当事人行政诉权的威胁及其司法规制》，《法学评论》2016 年第 2 期，第 59 页。
④ 白钢、林广华：《宪政通论》，社会科学文献出版社 2005 年版，第 14 页。

权分属给不同的人，执行权受立法机关的统属并对立法机关负责，但在某些场合，发生了不能遇见的和不稳定的情况，以致确定的和不可变更的法律不能自如运用时，为了公众的福利，行政享有一定的特权。"其实，在某种场合，法律本身应该让位于执行权，或不如说让位于这一自然和政府的根本法，即应当尽可能地保护社会的一切成员，因为世间常能发生许多偶然的事情，遇到这些场合，严格和呆板地执行法律反会有害……这种并无法律规定、有时甚至违反法律而依照自由裁处来为公众谋福利的行动的权力，就被称为特权。"①以美国当代著名学者斯蒂芬·L. 埃尔金、卡罗尔·爱德华·索乌坦等主张的"新宪政论"，强调宪政应关注于保障权力系统的有效运行，即如何通过制度设计保证政府权力运行的高效化和民主化，高效民主的制度设计及其运作应成为宪政的中心。能够很好地解决问题，是新宪政的主要结构要素之一。

因此，对宪治体制中的行政紧急权力，在控制其合法正确行使的同时，确保其职能和作用的高效发挥，做到控权与保权的协调统一，这不仅是不容忽视的问题，甚至是该法律制度设计的前提和根本出发点。

（二）权力控制的法理要求与权力保障价值的凸显

诚然，在宪法和相关法律上明确周延的规范国家紧急权，将其置于法律规范形式的控制之下，是应该努力的目标和达到的理想状态，但紧急状态下发生的法律关系的复杂性、不可预测性，即使再完善的立法设计，都无法避免"挂一漏万"现象的出现。我们既要反对将源于自然法的国家理性或不成文紧急权，施于紧急权力方面，从而容易使国家法治生活陷于高度的不确定状态的非宪政的制度设计，又要克服单纯寄希望于完美的法律条文设计，就可"毕其功于一役"的简单乐观倾向。紧急权力作为一项公权力，必然同时具有权力的两重性，即对权利保障的必要性和侵犯权利的可能性。尽管紧急权力的行使与常态下公权力的行使相比，有着更宽泛的自由裁量性，但对一切权力的制约是法治的必然要求，著名启蒙思想家孟德斯鸠的至理名言告诫人们："一切有权力的人都容易滥用权力，这是万古不易的一条经验……要防止滥用权力，就必须以权力约束权力。"②控制紧急权力的正当行使，使其自始至终不能偏离权利保障的目的和过程，是宪政体制下紧急权力法律制度的应有设计。

紧急状态所具有的不可预见性、危害的紧迫性和危害的严重性、广泛性，导致了紧急权力的特殊性。其具有集中性、扩张性、高度自由裁量性、高效率性、暂时性等特点，加之法律规范本身所具有的原则性、不周延性及滞后性，紧急权

①〔英〕洛克：《政府论》（下），叶启芳、瞿菊农译，商务印书馆1964年版，第102页。
②〔法〕孟德斯鸠：《论法的精神》（上），张雁深译，商务印书馆1963年版，第184页。

力的具体行为方式或明确的行为界线或标准，难以在法律上加以明确规范，而政府的职责和国家权力设立的目的又必然驱使公权力必须快速有力地采取应变措施，以求确保国家的独立主权、政治稳定及社会的繁荣与秩序。"因为在有些政府中，制定法律的权力不是经常存在的，而且对于执行所需的快速来说，它的成员过于众多，因此它的行动也过于缓慢；另外，对于一切与公众有关的偶然事故和紧急事情，都不可能预见，因而法律也不可能都加以规定，而且，如果所制定的法律对于一切符合规定的情况或所有的人都严峻不苟地加以执行，也不可能不造成损害；所以，对于法律所没有规定的许多特殊事情，要留给执行权相当范围的自由来加以处理。"①"在常态社会中，行政权即使创造出一些个别规范，但一般也不会超越立法权的界限。而一旦社会进入紧急状态，由于立法权创制一般规范的滞后性，便需要行政权的膨胀去处理危机。因此，在紧急状态社会下行政权的膨胀便具有了正当性。"②紧急权力存在的现实状况和行使的价值目的，决定了紧急权力的立法并非完全以限制国家紧急措施为目的，相反地，其要提供足够措施供国家采取，以维护国家存在。

因此，对法治目标下的紧急权力规制，应当是"控权"和"保权"并重，相对于正常状态的权力规制而言，其"保权"的价值和意义更为凸显。

（三）理论和实践的冲突与选择

在正常状态下，国家权力必须严格按照宪法和法律规定来行使，同时人民也享有由宪法所保障的广泛的基本权利。而在非正常的紧急状态下，国家为了应对威胁其生存的紧急情况，必须采取一系列与正常状态下的民主宪政的一般原则及实践所不同的行为，因此对其行使的方式、程序、原则及人权保障的手段等，不可避免地产生理论和实践上的争议。有的是基于权力恶的担忧，强调紧急权力的行使必须严格限定在宪法和法律规定的范围内，行政机关的行为必须是为应急法律所允许的合法行为，而不是"法外行政"；有的是从维护国家公益、行使紧急自卫权的法理原则出发，认为紧急权力的行使即使采取没有法律依据或与法律相抵触的措施，也应视为有效；还有的认为，国家紧急权力是一种超宪法的权力，是一种合法的国家紧急权力的行使，不是"法外特权"，仍应在宪政的框架下运行。对紧急权力的合法存在及运行方式的特殊性，已基本形成共识，但如何明确界定紧急权力行使的法律边界，既能保障权力的合法有效行使，又能提供明确的识别控制标准，尚属表述不一，用语不详。

法治目标下的紧急权力必须依法行使。所谓"法"，就形式而言，应指由立法

---

① 〔英〕洛克：《政府论》（下），叶启芳、瞿菊农译，商务印书馆1964年版，第102—103页。
② 刘继春、熊金祥：《紧急状态下行政权膨胀的底线及必须遵循的原则》，《社科纵横》2004年第6期，第71页。

机关制定的规范文件；就"法"的实质而言，则是指法律的内容必须符合宪法保障人民基本权利的本旨，也就是法律的内容必须符合宪法基本的法律原则。对紧急状态下公权力行使的合法性考究，应侧重于实质内容的判断标准，而不只拘泥于形式意义上的识别。"不能拘于绳墨，仅顾宪法和法律的形式尊严，而贻误大事。"①即使在紧急状态下国家权力的行使与已有宪法和法律规范相冲突，亦应审慎看待其法律效力。"从国家紧急权的内容和要求来说，它以应对现有法律规范和权力体系无从解决的紧急状态为目的，其行使必然要突破既定法律界线，打破现时权力格局。"②陈云生关于"反宪法和法律规则的决定的法律效力问题"的研究，对阐明该主张同样具有借鉴意义和说服力。③"反宪法和法律规则的决定"作为宪法和法律实施机制中与国家主权者政治活动的现实，是客观存在、无法否认和回避的问题，同时论者也敏锐地指出理论和实践中面临的争议与挑战。一方面，在其得到理智的、科学的、合理的和正当的运用时，确实弥补了宪法和法律的滞后性的不足，以及可能引发政治斗争或社会动荡之类的缺陷抑或弱点，从而以一种便当的、直接的形式和途径促进了社会发展、经济进步及增进人民的福补。相反，在那些反宪法和法律规则的决定或决策行为得不到限制、控制，或者被恣意滥用的场合，它便公开地成为宪法、法治的对立物，成为赤裸裸的反民主的行为，甚至是专制或法西斯式的暴政。

在紧急权力的行使过程中，采取没有法律依据或与法律相抵触的措施在所难免。固然，从紧急权力作为法治目标下的公权力运作的特殊形态，并非"法外特权"，从符合实质的法治层面看，它是合法的行为，但在实际运作中"不合法"的表象也是真实存在的状态，如何识别这种"形式违法"而"实质合法"或"形式违法"且"实质也违法"的行为，在宪政体制下合理正确规范紧急权力的行使，使其既能有效化解危机，又能防止其演化为真正的"法外特权"，侵犯人民的自由权利，这是不容回避的现实问题。本着民主、法治和人权保障的宪政要求，遵循一定的法律原则和必要的正当程序，实现权力控制与保障的有机统一，是规范紧急权力的基本途径。

三、保障紧急权力合法高效行使的法律原则

法律原则是适用于某一部门法领域或某种法律关系中的基本原理或准则。法律原则的基本价值功能在于指导法律的制定与实施。在行政法律关系中的作用表

---

① 马怀德主编：《应急反应的法学思考——"非典"法律问题研究》，中国政法大学出版社 2004 年版，第 48 页。

② 田蕙：《论国家紧急权及其合理运用的制度建构》，《齐鲁学刊》2004 年第 4 期，第 72 页。

③ 参见陈云生：《反宪法规则决定的法律效力问题之由来：理论与实践》，《中国社会科学院研究生院学报》2005 年 1 期，第 61—62 页。

现为以下几个方面：一是指导行政法律规则的制定、修改、废止和理解；二是指导行政法律的实施，发挥执法者的主观能动性、防止出现执法误差或错误执法；三是可以弥补法律规范的漏洞，直接作为法律适用。[①]由于行政紧急权力具有超越实定法的属性，即权力的行使往往无法明确找到具体的法律依据，因此遵循必要的法律原则，积极而妥善地采取各类紧急措施以便尽快消除危机、恢复正常的社会秩序就成为必然。

（一）自由裁量的合理运用

自由裁量权的存在主要是由于行政任务相当复杂，所涉及的问题无法以绝对划一的法律规则加以规范，必须赋予行政机关一定的弹性决策的空间，"以便按照当时的情况，设定具体的目标以及为达成此目标的手段，作出最适合于一般行政任务以及维护公共利益要求的决定"[②]。自由裁量权虽然具有一定的任意性，但应符合法治的实质，摒弃人治的倾向。"法治原则只反对不必要的自由裁量权力，因为不必要的和过份的自由裁量权力，必然导致专横、任性、自私自利，违反法治原则。"[③]

紧急状态下国家权力的行使明显异于常态法治下的权力行使。就其自由裁量的范围、幅度、主体、对象等而言，紧急状态发生又常具有不可预测性、未经历性、紧迫性和法律规范空缺等原因，这势必导致自由裁量权的扩张行使。由此带来的问题是，自由裁量权有可能被滥用而对公民权利造成侵犯，从而蜕变成为专制或暴政的工具，背离紧急权行使的初衷和目的。因此，必须对其滥用加以限制。常态情形下的自由裁量，是指法律法规虽有规定，但规定的范围、种类、数额等有一定选择余地或一定幅度，行政主体在执行时可以根据具体情况，作出适当决定。对其进行限制较为容易识别，即直接比照相关的法律规定进行判断。而紧急状态下的自由裁量往往无法律依据甚至与法律相抵触，这就要求行政机关在作出判断时，需从宪法和法律的原理原则或基本价值出发，正确考量公共目的、公共利益及国家社会的发展，合理约束行政权力，既不能放纵滥权，也不应束缚必要的自由裁量。对紧急权力自由裁量权滥用的判断，我国台湾地区学者的相关研究可供借鉴参照，如有以下几种情形出现，则可能构成自由裁量权的滥用：①依行政人员个人之意欲而来之随意；②无动机的情绪；③不能理解的对事物之谬误而引起之恣意；④加以损害之意图；⑤奸计或恶意妨害；⑥政治上之偏见而引起之权力滥用；⑦对个人不利之先天的反感或嫌恶；⑧对个人有利之同情；⑨个人之动机或利益，如由于行政人员个人之利益或好恶；⑩一般对事件之无关连性与违

[①] 参见罗豪才主编：《行政法学》，北京大学出版社2001年版，第21—22页。
[②] 翁岳生：《行政法》，中国法制出版社2002年版，第243页。
[③] 王名扬：《美国行政法》（上），中国法制出版社2005年版，第118页。

背目的性。

（二）基本权利和自由的适度克减

权力源于权利，权利是本原、第一位的，权力以保障权利为宗旨，这已成为现代法治的重要理念。紧急权力尽管有其区别于常态下公权力的特点，但仍应遵循权利与权力之间的这种本质关系。权力对于国家的必要性和侵犯权利的可能性使得宪政对待权力的态度具有二重性，既使权力有足够的能力来保障权利，又要防止权力侵犯权利，背离公共目的，甚至蜕化为权力者谋私、专制的工具。而划定权力的边界就是明确权利的范围，将权利作为权力作用的边界，使得权力不能侵犯权利。对于基本人权的保障，不仅是整个立宪主义思想与制度的最高指导理论，而且是宪法的最重要部分。"宪法是写着人民权利的纸"，即使在紧急状态下，也应对公民的基本权利予以必要的尊重，"故国家紧急措施应仅在迫不得已之必要情形时，才容许对基本权利为最小范围之限制，但不能予以剥夺"[1]。这种限制的目的还在于它在深层意义上是为了服务于维护国家生存的最终目的，更好地实现对人权的保障，因为只有在首先保障国家本身生存的前提下才能够实现人权的保障，即体现了所谓"皮之不存，毛将附焉""覆巢之下无完卵"的辩证哲理。

在紧急状态法制下，公民的某些基本权利如财产权，某些基本自由如人身自由，将受到不同程度的限制，公民的某些诉讼权利将因为适用特别简易程序而克减。目前，大部分国家的宪法及有关国际人权公约，都允许在某些法定条件下对人权与基本自由予以克减。[2]当然，克减公民权利与基本自由必须依法进行，且不得超出与紧急状态相适应的程度。在宣布紧急状态的情况下，国家可以采取措施限制或中止公民的部分基本权利和自由的行使，但公民的生命权、不受虐待或酷刑、不受奴役或苦役、受到公正审判、受到平等对待、宗教信仰自由等权利和自由，不得限制或中止。未限制和中止的合法权利，公民可依法正常行使。国家尊重和保护公民的知情、参与、获得物质帮助、申诉、控告、检举、请求国家赔偿和补偿等权利。

（三）合法性原则的遵从选择

紧急权力行使应遵从和选择的行政合法性原则主要包括以下几种。

1）明确性原则，即紧急权力行为内容应明确。首先，要明确权力行使的标准。紧急权力的行使必须按照某种标准进行。所谓"标准"是指"衡量事物的准则"或"本身合于准则，可供同类事物比较核对的事物"，"标准不是一个规则，规则

---

① 黄俊杰：《法治国家之国家紧急权》，元照出版有限公司 2001 年版，第 147 页。

② 具体的法律规定可参见郭春明：《紧急状态法律制度研究》，中国检察出版社 2004 年版，第 203—223 页。

具有支配性质，标准只有指导性质"①，对紧急权力行使的条件、措施、手段等，应当有明确的预案标准或可供参照的标准。其次，说明事实根据和理由。行政机关必须说明作出决定的事实根据，是防止行政机关超越管辖范围，督促行政机关认真思考问题，制止自由裁量权专横行使的有效办法。最后，公开原则。"公开原则是制止自由裁量权专横行使最有效的武器"②，同时，也是紧急状态下权力正常有效行使的根本准则。现代社会的分工合作程度越来越高，人们对于政府的公信力和权威性的资源依赖程度也就越高，信息的公开与透明就越具迫切性和实用性。在紧急状态下，社会矛盾和信息公开是一种紧密的辩证关系，其影响着官民之间的互动形态。信息公开、决策透明既缓和了社会的紧张恐惧，又及时发现了问题，更让政府赢得民众的信任，因此进一步维护了社会稳定的秩序。社会流言止于真相的公开，政府权威得益于信息的透明。

2）比例原则。现代行政法及其他公法面临的一个核心问题是如何将国家权力的行使保持在适当、必要的限度之内，特别是在不得不给执法者留有相当的自由空间之时，如何才能保证裁量是适度的，不会为达到目的而不择手段，不会采取总成本高于总利益的行为。换句话说，就是公权力行使是否为宪法允许、对公民权利的侵犯是否适度，应当有明确的判断标准，这就是比例原则的确立。其具体内容包括：采取的方法应有助于目的的达成；有多种同样能达成目的的方法时，应选择对人民权益损害最少者；采取的方法所造成的损害不得与要达成目的的利益失衡。例如，在抗击非典期间，有地方规定，"凡来自疫区的旅客，无论取道水路、陆路或航空器具，也无论是否患者，一律隔离两周的措施，地方政府不分担由此导致的任何损失"③。这种做法的主要原因既在于人们（包括政府）对 SASR 的传播和防治缺乏充分的认识而做出的恐惧与无奈之举，也暴露出简单"一刀切"的思维和工作方式，在本质上不符合依法行政的比例原则要求。因此，行政紧急权在运作过程中选择采取的手段时，必须综合考虑两方面的因素：一方面如何能够最有效、最迅速地恢复正常的秩序，也就是手段的必要性；另一方面如何能够最低限度地减少损害也即如何最大限度地保护国家、社会和公民个人的合法利益，也就是手段的适当性。

3）责任行政原则。法治政府必然是责任政府，紧急状态下政府的责任更为严格。规制紧急状态下政府及其工作人员的职责，防止政府及其工作人员应对紧急状态的失职行为和不作为，是行使行政紧急权力的前提和保障，只赋予政府紧急行政权力而不赋予其职责和义务，是不符合依法行政这一法治精神的。通过规制

---

① 王名扬：《美国行政法》（上），中国法制出版社 2005 年版，第 544 页。

② 王名扬：《美国行政法》（上），中国法制出版社 2005 年版，第 548 页。

③ 钟金兵：《个人权利与公共利益的平衡——抗 SARS 中限制人身自由措施的正当性与合法性分析》，《法律适用》2003 年第 7 期，第 8 页。

政府及其工作人员对紧急事件的上报制度、举报制度、赋予政府制定应急预案、组织对突发事件或紧急情况信息收集、分析、报告和发布，采取必要措施对突发事件现场予以控制，开展紧急救助，组织调拨应急设施、设备，采取必要措施维持生产、生活秩序的职责，行政紧急权力的行使才有依据，有作用的对象，政府及其工作人员亦主要通过对行政紧急权力的行使履行其职责。政府及其工作人员不履行职责或怠于行使行政紧急权力则必然要承担法律责任，对法律责任的承担理应以行政责任为主，并以刑事责任和国家赔偿责任为补充。

（四）正当程序的法律控制

解决"紧急权力保障"中高效化和民主化的实现与"法律至上"的法治要求的冲突，限制恣意、专断和裁量最现实的途径，便是规范紧急权力作出、行使、监督及救济的法律程序。"'只有依靠程序公正，权力才可能变得让人能容忍'。行政程序的兴起，反映到宪法层面上，即一切权力的行使不仅要恪守法定的边界，而且还要遵循权力运行的程序性规则。"[①]授予行政机关足够的处理紧急状态的紧急处置权，是法治国家的通例，但同时也必须规定有效的制约程序，规范行政紧急权力行使的条件和程序，最大限度地防止这种权力被滥用，以保证公权力在紧急状态条件下对私权利可能造成的损害降到最低程度。

首先，明确紧急状态的概念和内涵。"所谓紧急状态是指发生了威胁到国家生存的紧急情况时国家所宣布的一种关于行使国家紧急权而扩大国家权力行使与克减人权保障标准、并受到国际人权法约束的临时性的应对状态。"[②]其内涵包括以下几个方面。①紧急状态是一项特殊法律制度，紧急状态宣告权通常是由立法机关享有的，如情况十分紧急不能召集立法机关进行表决时由行政机关依法宣告，并要求行政机关依照法定程序向立法机关报告，对其宣告行为及法律效力予以追认。②对公民的生活和安全，或对国家的宪法制度甚至国家政权存在本身造成直接的迫在眉睫的威胁。③非采取紧急措施不得以消除这种威胁，即原有正常状态下法律方法不足以调整和消除。④紧急状态引起的原因通常有三大类，即政治原因、技术原因和自然原因。所谓政治原因是指企图以暴力改变国家的宪法制度、夺取或掌握政权，进行武装暴动、大规模骚乱和恐怖行动，对公民的生命和安全、国家政权机关和地方自治机关的正常活动造成直接威胁的暴力冲突；所谓技术原因和自然原因是指出现由于自然原因或技术原因形成的紧急状况、紧急生态状况，包括人、畜流行病。这些状态的出现是失事、有害自然现象、灾难、自然灾害及其他灾害引起的，它们可能导致人员死亡，损害人体健康，破坏周围环境，造成

---

① 杨海坤、章志远：《中国行政法基本理论研究》，北京大学出版社2004年版，第53页。
② 郭春明：《紧急状态法律制度研究》，中国检察出版社2004年版，第23页。

巨大的物资损失，破坏居民的生活条件，需要针对其做大规模的事故救援工作和其他急救工作。⑤实行紧急状态是为了消除出现紧急情况的根源，保障公民的权利与自由，捍卫国家的主权。

其次，规范启动进入和终止紧急状态的法律程序。要由专门机构通过信息收集与判断的程序，将拟作出进入紧急状态的建议送交权力机关审核，审核决定后由权力机关或行政机关宣布进入紧急状态，即发布紧急状态令，宣布进入紧急状态的原因和时间及紧急状态法令适用的地域范围等。紧急状态消失后要迅速及时地回复正常状态。紧急状态是"法治下的暴政"，而宪政制度是一柄"双刃剑"，其在有效的消除紧急情况的同时也严重地影响人们的法治信仰，会造成难以估计的损失，因此只在原有法律制度无法平息灾难的时候才能启动，且期限绝不能过长。作为该法律制度的组成部分，还需有法律上的法定延长、提前中止等程序，以保障迅速有效地达到目的，恢复正常的社会秩序。

（五）必要的法律救济原则

"权利仰赖救济，无救济则无权利。"法律救济是行政紧急权力法律规制不可或缺的部分，缺乏救济的权力不仅是不完整的，而且是对相对人权利的侵犯，有违法律公平正义准则。对此，学者建议建立应急行政诉讼制度，"司法权在应急状态下虽有抑制，但司法救济作为人权保障之最后防线，对于消除公共应急状态下紧急权力滥用造成的负面影响具有重要意义"①。还有学者提出从行政复议前置、受案范围、当事人资格、管辖制度、证明制度、变通执行制度、判决方式等方面系统构建应急行政诉讼制度，明确行政相对人享有应急诉权，并启动应急行政诉讼，以平衡公共利益与行政相对人权益，让行政主体更好地应对司法审查，丰富法治政府之内涵，最终有效地保障行政相对人的合法权益，完善我国行政诉讼制度。行政紧急权力之所以被视为是非常态的权力运作，主要是受制于特定的条件和时空环境，一旦应对紧急状态的必要性消失，行政紧急权即失去存在基础。因此，行政紧急权的运作必然在时间上是短暂的、在空间上是有限定范围的。该权之所以被视为是例外的法制，或是非常态的法制，正是受时空限制所致。因此，就紧急权之发动而言，基于时效因素，一般皆采事后监督的手段。行政紧急权力的法律救济包括行政救济和司法救济。就行政救济而言，相对人可向执行机关的上一级机关或同级政府提出申诉或复议。就司法救济而言，相对人可就作出的行政行为及相应级别的法院提起行政诉讼。"值得指出的是，紧急状态下需要果断的应急措施和高度统一的思想，化解危机和维护公共秩序往往是矛盾的主要方面，因此紧急状态下的权利救济有着特别的实现规则，首先它主要是指事后救济，而

---

① 参见高轩：《行政应急权对当事人行政诉权的威胁及其司法规制》，《法学评论》2016年第2期，第62页。

将权力行使过程中公民的抵抗权人为地淡化；其次它有着特别的制度保障，比如我国民法通则、刑法以及各种诉讼法中关于不可抗力的相关规定。"①

　　总之，建立和完善合法高效的行政紧急权法律制度，是国家法治建设的重要内容，有待理论探讨的不断深入和法治实践的进一步总结。在其以行政规定的种类和形态表现出来时，既体现了民主、法治和人权保障的宪治要求，同时实现权力控制和权力保障的和谐统一也是行政紧急权力存在与运作模式的真谛所在。一套合理的、运行良好的紧急权力制度必须在控制与保障之间形成一种张力，在人类社会保全与自由发展的需求中探寻动态的平衡，从而使行政紧急权力的行使既具有高效自律的秩序，又具有足够的能动空间。

---

① 肖金明、张宇飞：《另一类法制：紧急状态法制》，《山东大学学报（哲学社会科学版）》2004 年第 3 期，第 141 页。

第五章
行政规定的司法审查

依照我国修订前《中华人民共和国行政诉讼法》的规定，行政规定不具有可诉性，即行政相对人不能通过诉讼的途径，要求审查行政规定的合法性，但这一制度设计饱受质疑。1999 年的《中华人民共和国行政复议法》将行政规定纳入行政复议的对象范围之后，学界关于应当修改行政诉讼法将行政规定纳入行政诉讼对象范围的呼声越来越高。随着立法的修订完善，2014 年 11 月 1 日第十二届全国人民代表大会常务委员会第十一次会议通过的《关于修改〈中华人民共和国行政诉讼法〉的决定》（该决定自 2015 年 5 月 1 日起施行），在新增的第五十三条规定，公民、法人或者其他组织认为行政行为所依据的国务院部门和地方人民政府及其部门制定的规范性文件不合法，在对行政行为提起诉讼时，可以一并请求对该规范性文件进行审查。前款规定的规范性文件不含规章。因此，修订后的《中华人民共和国行政诉讼法》已打开了对行政规定进行司法审查的大门，并与行政复议制度形成了有效衔接。作为一项新设立的制度，由于立法的局限，该制度具体如何运用和发展，如何应对各种复杂的法律问题，需要进一步探讨完善，"这项制度的重要性毋庸置疑，也无需强调，但对如何适用，司法界普遍存在畏难和担忧"①。对此，我们除了积极研究借鉴国外的相关制度设计，还要立足于国内现行的权力架构体系、司法资源配置、司法体制改革的需求与发展等具体国情，建构起符合中国现实需求的司法审查机制。

第一节　司法审查的效能、理念及其范围

司法权与行政权的关系问题是司法审查中的核心问题之一。在司法审查中，

---

① 王红卫、廖希飞：《行政诉讼中规范性文件附带审查制度研究》，《行政法学研究》2015 年第 6 期，第 29 页。

这两种权力的关系如何，不仅关系到行政权的滥用能否得到有效的规制和补救，也关系到行政权能否充分有效的行使，实现权利保障与权力控制的有机统一。实践中，两权关系如何处理，如法院应何时受理行政案件、对行政规定中的事实问题和法律问题审查到何种程度等问题，不同国家和地区的法院所持的观念与态度，基于不同的国情和法律传统而有所不同。但可以形成共识的是，司法权和行政权毕竟是两种性质不同的权力，在形成监督制约的同时，也不能过分侵蚀甚至代替另一种权力发挥作用的专属领域。法院如果对自身定位不准确，对行政案件大包大揽，过度介入，甚至完全凌驾于行政机关之上，既可能使自己陷于无限讼累之中，也可能使自己的判决得不到真正的执行，损害自身的权威，更有可能使行政机关怠于行使职权，进而损害公共利益和行政相对人利益。

一、司法审查作用的有效性与有限性

对司法审查的积极作用，基于不同的观察视角，得出了不尽一致的结论，但其中个人权利保障和法律秩序维护的价值是核心价值。从行政法律关系的角度考察，可将司法审查的作用概括为平衡功能、人权保障功能和实现社会公正功能。平衡功能，是基于平衡论的观点，认为司法审查既保障公民权利，又监督和维护行政权。人权保障功能，主要是指司法对行政制约、侧重人权保障的目的，体现着控权的理念。实现社会公正功能，是通过司法审查程序本身公正和法院裁判公正来实现。[1]根据王名扬的归纳，司法审查的作用可主要表现在以下两方面。[2]首先，从保障个人利益角度出发，行政权力的行使必须要受监督制约，仅靠行政系统内部的自我约束是不够的，必须靠外部的监督，"司法审查是法院监督行政机关遵守法律的有力工具，没有司法审查，行政法治等于一句空话，个人的自由和权利就缺乏保障"[3]。其次，司法审查是统一法律适用、协调法律一致的需要。由于行政事务专门化色彩浓厚，每个行政机关往往只注意其职务本身所适用的法律，可能忽视其他方面的法律，而一个国家的法律是一个有机的体系，必须相互配合，法院在司法审查时，不能只考虑某一机关所适用的法律，而应从法律整体考虑行政行为是否合法。正因为如此，司法审查以其独具的价值作用，在公民和国家的政治生活中，扮演着重要的角色。

同时，我们要看到，司法审查的作用也是有限的。"司法审查虽然能够发挥重要的作用，但是这是一个有限的作用。司法审查只能监督行政机关行使权力，不能代替行政机关行使权力。司法职能和行政职能各有其自身的任务和特点，

① 参见王宝明等：《抽象行政行为的司法审查》，人民法院出版社 2004 年版，第 43—47 页。
② 参见王名扬：《美国行政法》（下），中国法制出版社 2005 年版，第 562—563 页。
③ 王名扬：《美国行政法》（下），中国法制出版社 2005 年版，第 562 页。

不能互相代替。法院只能在宪法规定的司法权限范围以内活动，必须尊重行政机关的职能及其专门知识和经验，不能妨碍行政效率的发挥。"①对于行政机关合法行使的权力，无论法官是否赞成，必须尊重。法院撤销行政机关违法的决定以后，如果需要重新作出决定，重新作出决定的权力属于行政职务的范围。没有法律特别的规定，法院不能作出属于行政机关的决定。学者章剑生对司法审查有限原则的法理基础作出如下分析②：①行政权效率理论。司法审查制度的确立，或多或少减损了行政权的运作效率。但是，如果没有司法审查权去制约行政权的运行，那么滥用行政权的问题可能更加严重，许多国家在行政法律制度和理论上，致力于寻找公平与效率的坐标系中的最佳平衡点。在司法审查必要性无可争议的前提下，要确保行政权的效率，必须确立司法审查有限的原则。②现代诉讼效益理论。引入以美国波斯纳为代表人物的经济分析法学派理论，认为市场经济体制作为对社会资源进行高效、合理配置的一种模式，客观上要求与之匹配的法律制度要保持一定的运行效率，从而促进社会的全面发展。因此，在确保诉讼公平的基本前提下，要求法院以较高的诉讼效益完成行政诉诉程序。③分权与制约理论。这是现代政治与法律科学中一条基本规律。行政权与司法权之间的关系也是如此。司法审查制度所蕴含的法律精神并不表明法官对事实和法律的认辨能力比行政官员要高明得多，而是在现代社会中，我们还找不到比法院更加合适的国家机构来行使对行政权制约的权力。实际上，对一些涉及技术内容的行政行为，法官往往显得并不十分专业。因此，司法权要解决所有行政争议，在客观上存在着重重困难，这表明司法审查权只能在有限的范围内行使。

监督制约的作用结果，必然会在监督者与被监督者之间产生矛盾和冲突，如何在司法权与行政权之间保持一种张力，既使司法可以形成对行政权力有效制约、保障其不偏离正确行使轨迹而侵害公民和公共利益，同时又能避免司法不当干预、妨碍行政职能的充分发挥，从而实现司法权力与行政权力之间的正确分工与制衡，构建有序高效运作的国家公权力机制，是必须解决的现实问题。"对有些智士能人而言，司法审查对法治的贡献应受到高度评价：一方面，它是确保行政机关的政策能够坚持其法定授权条件规定的最有效的手段，同时确保个人在那些政策的实施过程中，能够得到公正和平等的对待。另一方面，过分侵略性的司法审查有时又因不民主的特质而受到批评。当法院侵略性地使用它们的审查权力时，它们有可能破坏行政机关针对公众的愿望作出合法反应的能力。"③

① 王名扬：《美国行政法》（下），中国法制出版社 2005 年版，第 563 页。
② 章剑生：《论司法审查有限原则》，《行政法学研究》1998 年第 2 期，第 70—71 页。
③〔美〕欧内斯特·盖尔霍恩、罗纳德·M.利文：《行政法和行政程序概要》，黄列译，中国社会科学出版社 1996 年版，第 74 页。

因此,在设计具体的司法审查制度时,必须正确处理司法权与行政权的关系,配置司法权力时,要考虑法院司法权的作用与界限。同时,不应过分忽略司法权的积极作用或过分强调扩大司法审查的范围,以防止出现要么对行政权的监督不力、权力制衡的法治理念不能很好贯彻,要么过度干预司法、造成行政的消极与低效的偏颇不良局面。

二、谦抑与能动共治的司法审查理念

所谓司法谦抑,意即司法谦让与自我克制。它是司法权自我理性定位的表现,是一种审时度势的有意识的收缩,通常又可称为司法自制或司法消极。行政案件中的司法谦抑,是指法院在审理行政案件的过程中,基于各种原因对行政决定表现出谦让、自我克制与尊重的态度。"具体说来,指的是普通法院在进行宪法意义上的司法审查时,对议会的立法,行政机关的行政法规、决定、命令、行为等表现出最大限度的谦抑与敬意。"[①]与之相反的价值立场是司法能动主义,亦可称为司法积极主义。"最简单地说,司法能动主义的基本宗旨就是,法官应该审判案件,而不是回避案件,并且要广泛地利用他们的权力,尤其是通过扩大平等和个人自由的手段去促进公平——即保护人的尊严。能动主义的法官有义务为各种社会不公提供司法救济,运用手中的权力,尤其是运用将抽象概括的宪法保障加以具体化的权力去这么做。"[②]司法能动的总体特征被归结为是一种司法的冒险,即踩踏政治棘丛、创造新的权利和影响公共政策。[③]谦抑与能动的司法理念,伴随不同时期权力制衡的要求不同而互为消长,它在两大司法审查制度模式中均得以体现。

美国被称为司法审查制度的母国,作为该项制度的代表国家,在长期的司法审查实践中,对于在司法审查中采取能动主义或克制主义,理论与实践上一直争执不下,未有定论。这反映出司法权与立法和行政权之间的制约平衡的政治社会体制要求。19世纪,美国司法审查的覆盖面不广,行政机关大部分行为不受司法审查。然而,法院对于司法审查的范围却采取严格态度,对于可以审查的行为,法院进行全面的审查。20世纪以来,司法审查的领域不断拓展,除了法律明确禁止的行为和行政机关正当地行使自由裁量权的行为以外,一切行政行为都可以接受司法审查。随着案件数量的增多,且受到时间和专门知识的限制,法院对司法审查的范围采取宽大的态度。特别是从20世纪30年代中期以来,美国行政机关

---

① 陈云生:《论司法谦抑及其在美国司法审查制度中的实践》,《上海交通大学学报(哲学社会科学版)》,2005年第5期,第16页。

② 〔美〕克里斯托弗·沃尔夫:《司法能动主义——自由的保障还是安全的威胁?》,黄金荣译,中国政法大学出版社2004年版,第3页。

③ 参见刘练军:《司法的冒险:美国宪法审查中的司法能动》,《浙江社会科学》2010年第4期,第43—46页。

的权力不断扩张，法院非常强调尊重行政方面的专门知识，司法审查的范围更为放宽。到了 20 世纪 70 年代，要求严格审查的态度又有抬头，这是由于过分强调尊重专门知识，对于行政机关的司法监督不够，不能维护公众的利益。当代又有相反的观点认为，应当继续扩大法院对行政机关专业知识的尊重，缩小司法审查的范围。总之，目前在美国，两种相反的司法审查态度同时存在。[①]

为了寻求能在权力间形成制约的平衡，学者提出了介于司法能动主义和司法克制主义之间的中庸之道，即"温和"（moderate）的司法能动主义。从性质上说，它同现代的司法权力一样享有立法的权力，但要受到更多的限制：将自己限于某种功能中，如将少数人群体的保护仅局限于那些具有某种宪法地位的群体；或极其谨慎行使司法权，如仅限于判决某种法律或行为是否违宪，仅提供一些限制性的救济方式；或者实行"尝试性"司法审查，进行形式上的司法审查。然而，这种温和的司法能动主义仍然遭到反对。[②]正是基于这样一种态度，美国的法官们在长期的司法审查实践中，逐渐创造出一套可辨识的对待行政决定的原则、标准和做法，使得他们既能有效规制、监督行政机关的行为，又不至于使行政机关感到动辄得咎，乃至变得消极怠惰，从而也兼顾了公正和效率。[③]此外，还有倡导司法最低限度主义，即采取既不能简单归结为通常理解的"司法克制"形式，也不应被当作司法"能动主义"形式。这种司法最低限度主义，是指"最高法院在司法审查中不作宽泛的原则宣示，而是针对具体个案的特殊情势和细节作出更少抽象性的宪法裁决"[④]。

欧洲大陆的许多国家如意大利、德国、法国、奥地利等都是在普通法院之外，设立专门的宪法法院或机构来行使司法审查权。奥地利于 1929 年成立了世界上第一个宪法法院，其创设功臣维也纳法学派泰斗凯尔逊就主张宪法法院是"消极立法者"，它的功能只在于弥补"积极立法者"国会的不足，"主要是'监视'国会的立法，监视功能则集中于审查法律与宪法之间所必须存在的逻辑一致性有无被破坏的这种抽象议题"[⑤]。这种集中抽象审查模式经历过两次发展高潮。第一次是第二次世界大战后的德国、奥地利、意大利等国经历了法西斯独裁专权的梦魇与战争重创后，同时受到战胜国美国人权保障与宪政思潮的影响，在战后制定的新宪法中，融入法治新思维。司法审查的职权大幅扩张，除了维持传统的机关争议

---

① 参见王名扬：《美国行政法》（下），中国法制出版社 2005 年版，第 671—672 页。

② 参见〔美〕克里斯托弗·沃尔夫：《司法能动主义——自由的保障还是安全的威胁？》，黄金荣译，中国政法大学出版社 2004 年版，第 197—204 页。

③ 黄先雄：《从美国司法审查看行政案件中的司法谦抑》，《求索》2007 年第 3 期，第 83 页。

④ 王从峰：《现代司法审查的理论困境与出路——以美国为例的考察及其对中国的启示》，胡建森主编《公法研究》（第七辑），浙江大学出版社 2009 年版，第 424—425 页。

⑤ 许宗力：《集中、抽象违宪审查的起源、发展及成功条件》，《法与国家权力》（二），元照出版有限公司 2007 年版，第 7 页。

与抽象法规审查制度外，另设置宪法诉愿制度与具体法规审查制度，前者赋予人民可直接向宪法法院提起诉讼的机会，后者则允许普通法院法官审理个案，发现所适用法律有违宪情形时，也可向宪法法院提起诉讼。这种运作模式取得了较为成功的效果，并被引入亚非和东欧的一些国家。在其成功做法中，是将保障人权作为宪法法院的优先任务，而尽量避开审理涉及政治敏感性的基本权案件。以德国联邦宪法法院为例，1951～1994 年，宪法法院共审理过 83 516 个案件，其中只有 68 件是抽象法规审查。1989 年以后，在东欧国家出现全球第二波集中、抽象审查模式的浪潮。由于东欧许多国家还处于民主转型阶段，政治、经济、社会、文化环境处于发展变化中，宪法法院也在发展中，宪法法院的实际成效参差不齐，但对自身的功能定位形成了基础性的共识。

通过上述可以看出，司法审查已成为现代法治的重要制度，基于权力分立与制衡的需要，力图在司法权与行政权之间保持一种张力，既使司法形成对行政权力有效制约、保障其不偏离正确行使轨迹而侵害公民和公共利益，同时又能避免司法不当干预、妨碍行政职能的充分发挥，从而构建高效有序运作的国家公权力机制，是司法审查制度建设中的重要内容。谦抑与能动的司法理念已融入其中，共治并存。学界亦已觉察到这一现象，"客观地说，近现代司法发展到今天，克制和进取、被动和能动都已经成为司法规律的有机组成部分，表现为司法规律在内在结构上两个相反相成的维度和方面"[1]。这种内在结构上的统合表明，谦抑与能动的价值取向及运作模式，已非单纯的非此即彼地存在于某一具体制度中，而是生成为兼容并存的共治态势。通过谦抑与能动的共治，既形成司法的有效制约，又能充分发挥行政效能，同时保障公民的权利。这在根本上契合《德里宣言》倡导的法治三项原则之一的要求：法治原则不仅要对制止行政权的滥用提供法律保障，而且要使政府能有效地维护法律秩序，借以保证人们具有充分的社会和经济生活条件。

三、行政规定裁量权范围与对应的司法审查权限

"过去，人们通常认为，广泛的自由裁量权与法不相容，这是传统的宪法原则。但是这种武断的观点在今天是不能被接受的，确实它也并不含有什么道理。法治所要求的并不是消除广泛的自由裁量权，而是法律应当能够控制它的行使。现代统治要求尽可能多且尽可能广泛的自由裁量权。"[2]制定行政规定的裁量，意味着规定作出的自由，但这种自由无论如何不能理解成为不受制约的为所欲为。"对行政裁量

① 张志铭：《中国司法的功能形态：能动司法还是积极司法？》，《中国人民大学学报》2009 年第 6 期，第 40 页。

② 〔英〕威廉·韦德：《行政法》，徐炳等译，中国大百科全书出版社 1997 年版，第 55 页。

加以统制,对谋求行政民主统制是必不可少的课题。"①制定行政规定的裁量与司法审查的范围,是互为矛盾对应、此消彼长的。由于裁量范围的大小与法院审查的宽严、强弱存在互为消长的关系,所以它是一个问题的两个方面。裁量权的范围越大,则审查的范围越小,反之,裁量权的范围越小,则审查的范围越大。上位阶法律的授权在目的、内容与范围方面,经常不太明确,加之行政自由裁量的大量存在,使得行政规定的制定,处于变化的不固定状态。根据行政规定的性质、类型、结构等因素的不同,将制定行政规定的裁量范围及对应的司法审查范围作出如下分类。

(1)以规定的性质属创制性或执行性作为根据

如果行政机关依授权或依职权制定创制性行政规定,即为不特定相对人创设权利和义务,且规定的内容含有评价、评量、权衡或预测等意志性成分,凸显的是法制定功能,则行政机关拥有一定的自由形成裁量空间,由行政机关作出合目的性考虑与政策取向。该情形下,制定规定裁量的范围自然就大,相应的法院的审查也就当然地应相对从宽。反之,如果制定的是执行性行政规定,即并没有在行政法规范和上级行政规定的基础上创设新的权利和义务,而仅仅是将现有行政法规范和上级行政规定所作内容的具体化,则这种规定的制定应认为只具有单纯的法适用功能,法制定功能则不具备。换言之,行政机关只能将现实中既存的情况辨识、细化出来规范,至于规定内容的创设则已不再拥有任何裁量的余地。这种情形下,因行政规定内容的制定属认识性行为,凸显的是法适用功能,因此制定行政规定的裁量的范围小,甚至接近于零,司法审查应相对地适用从严标准。

(2)以授权法是否属联结式规定作为根据

如果制定行政规定的目的在于解释或具体化授权法构成要件部分的不确定法律概念,而授权法的法律效果部分又同时含有行政裁量的授权(即所谓的联结式规定),法院对制定行政规定的裁量的审查可从宽。反之,如果授权母法不是联结式规定,则审查从严。

当行政机关解释和适用不确定法律概念时,德国行政法院原则上应从事实与法律两个方面予以不受限制的审查。但是,法律采用不确定法律概念有时是因为所规范的行政事务具有高度属人性、技术性与经验性,行政法院如果对行政机关就该概念所作的具体化进行审查,即与司法职能的界限相抵触,因此允许行政机关适用这类不确定法律概念时具有有限的自由决定空间,即"判断余地"。德国法院判决中承认存在判断余地的情形有:①考试决定;②与考试决定相类似的决定,主要是学校领域的管理行为;③公务员法中的部分决定;④由独立的、不受指示的专家所组成的、具有决定权限的委员会的决定;⑤预估,在有关危险防御的行政法领域,所采用的不确定法律概念,除涉及价值判断外,还常涉及对未来事项

①〔日〕室井力主编:《日本现代行政法》,吴微译,中国政法大学出版社 1995 年版,第 27 页。

的预估；⑥风险决定，在信息十分欠缺的情况下，根据单纯的危险疑虑，采取防御措施；⑦计划决定，有关计划行政法律，如何具体化及应以何种方式达成，由主管机关规划；⑧法律上判断因素的决定，在这些领域，行政机关存在判断余地，法院虽可以进行司法审查，但审查应受到限制。根据德国判例与学说，行政法院对行政机关使用不确定法律概念所作的决定，可以对下列事项进行审查：对法律的解释是否正确；事实的认定有无错误；当由委员会作出行政决定时，其组织是否合法；是否遵守有关的程序规定；是否根据与事件无关的考虑观点；是否遵守一般的评价标准。①

（3）以内容的重要性作为根据

德国联邦宪法法院根据"重要性理论"，主张凡规定的内容涉及公民基本权利，则行政机关的裁量范围就小，反之，如果规定的内容越不具有基本权利的重要性，行政机关的裁量范围就越大。在英国、美国的司法审查中，也有类似的制度。就司法审查的密度（强度）而言，"这一审查密度还特别地受到行政行为内容的影响，这其中存在两个极端：其一是社会经济方面的政策性决定，在此法院的审查密度一般较低；其二是干预基本人权的行政决定，在此法院的审查密度一般较高"②。美国现代司法审查确立了双重标准，"对经济立法采取宽松的标准——'只要这些立法是基于立法者经验和知识范围内的理性基础'；对涉及个人基本自由和权利的立法采取'严格审查'（strict scrutiny）标准——这些立法必须'紧密地（closely）与紧迫的（compelling）政府利益'相联系"③。当然，需要同时注意到，由于行政权具有专业、机动、快速与效率的特性，也不排除会有某些规定，其内容即使严重涉及人民基本权利，却因必须顾及不断进步中的科技知识或不断变迁中的政治、经济、社会局势，反而赋予行政机关较大自由形成与判断空间，以达到有效保障人权的目的。

（4）以有无经法律的授权作为根据

对于依据法律、法规和规章授权制定的行政规定，因具备立法上民主正当性来源的延伸，应允许行政机关拥有较大的自由裁量权，可从宽审查；对于行政机关依职权制定的行政规定，它与授权性行政规定相比，民主正当性欠缺，应相对从严审查。依据法律保留原则，涉及公民基本权利的规范，原则上应有法律的授权。但在实务中，或以特别权力关系为理由，或以"职权命令"为由，大幅缩减

---

① 参见李洪雷：《英国法上对行政裁量权的司法审查——兼与德国法比较》，见罗豪才主编《行政法论丛》（第6卷），法律出版社2003年版，第345—346页；对不确定法律概念的司法审查，还可参见〔印〕M·P·赛夫：《德国行政法——普通法的分析》，周伟译，山东人民出版社2006年版，第175—180页。

② 参见李洪雷：《英国法上对行政裁量权的司法审查——兼与德国法比较》，见罗豪才主编《行政法论丛》（第6卷），法律出版社2003年版，第341—342页。

③ 任东来：《试论美国最高法院与司法审查》，《美国研究》2007年第2期，第32页。

法律保留范围，以致造成实务上未经法律授权的行政规定大量存在的局面。

（5）以制定主体的层级作为根据

就制定主体而言，上至国务院，下至乡镇人民政府，都有权制定行政规定，部门众多，层级多样。在实践中，存在问题较多的行政规定，常见于层级较低的基层部门和单位。层级高的主体，其专业和技术水平相对较高，具备一定的保障行政规定合法的能力要求，拥有更深厚的合法性效力，尤其是对层级较高行政机关所制定的带有高度政策评价色彩的行政规定的审查，基本上应倾向于从宽。当然，这种判定主要是基于实践中的经验主义，并非绝对化，层级高并不意味着一定正确合法，尤其当它确属不合法时，反而会因主体的特殊地位，造成对相对人权益更大的损害。

（6）以事务领域的不同作为根据

德国联邦法院在多项判决中均指出，命令所涉及事务领域的不同（如技术安全管制、经济管制等），影响到制定命令的裁量范围的大小及法院审查的宽严。在以追求特定经济政策为目标的经济管制领域，以及技术安全事务领域，行政机关拥有较大的自由裁量空间，法院应从宽审查。审查是否从宽，主要看行政规定内容是否具有高度专业性，或涉及利益层面广泛需要权衡，以及制定机构的成员是否具有专业代表性，或反映社会的多元利益，并拥有独立机制，不受上级指挥、左右而定。只有具备上述要件，所制定的规定才能宣称具有较高、较强的专业上或政治上的实质"正确性"与"合理性"，因而才有足够充分的理由降低法院的审查强度。

（7）以有无遵循公开的制定程序作为根据

程序，也是构成决定行政规定裁量范围及司法审查宽严不容忽视的判断因素。在行政规定制定过程中，遵循的程序越严格、越谨慎，合法性效力就越高，也越能减轻法院事后审查的负担，法院因而得从宽审查；反之，所遵循的程序越疏漏，法院审查越应从严，以弥补程序不足的缺陷。在没有法律强制规定的情形下，如果行政机关愿意按照一定程度让人民有参与意见的机会，其据此制定的行政规定原则上具有较强的合法性。同时，还应强化程序发挥作用的实际效果，避免程序流于形式，甚至沦为非法行政规定的合法外衣。

第二节　两种审查模式的考察比较

司法审查制度在传统上大致可分为两大模式，即美国模式与欧陆模式，即普通法院审查制度和专门法院审查制度。两者的差异主要表现为：就司法审查的内容看，可分为"合宪审查""合法审查""合乎条约审查"等；在审查主体上，是分散的与集中的；在审查时间上，是事后审查的与预防审查的；在审查方法上，表现为附带审查的与主要审查的；在审查程序上，是普通诉讼的与特别诉讼的；

在审查结果上，是个案效力的与普及效力的；等等。在司法审查中，法院对自身的定位非常重要，无论是普通法系国家还是大陆法系国家，它们在司法审查中秉持一种谦抑与能动的态度，尤其是针对具有普遍约束力规范的审查长期以来形成的一些原则、标准和做法，具有启示和借鉴价值。

一、普通法院审查方式

普通法院审查制度也被称为分散、具体的审查制度。法院行使司法审查权的方式，主要是通过审理具体诉讼案件来审查其所适用的法律、法令是否违宪。也就是说，每一个普通法院审理每一个具体个案时，都有权附带审查所适用的法律、法令的合宪性，并于认定违宪时拒绝予以适用。基于不告不理的原则，如果没有审理具体诉讼案件，法院不能主动去进行审查，只有在初审或上诉审的案件中，当事人就某项法律法令的合宪性问题提出异议，法院才能在具体判决中对其作出裁决。作为该项制度的代表国家之一，美国法院对行政机关的行为进行司法审查，包括对抽象行政行为的法律审查，即法院要对行政机关作出的法规内容是否违反宪法、法律，是否有合法的授权，作出的过程是否符合法定程序等法律问题进行审查。美国式的司法审查对诸多国家都产生了很大的影响，尤其是美洲、英联邦国家，都比较普遍地建立了美国式的司法审查制度。例如，加拿大、澳大利亚、挪威、丹麦、瑞典、日本、印度等国都建立了这种制度。

（一）在案件受理上，体现出谦抑与能动

1）对司法审查的对象，秉持实用主义立场。[①]美国联邦行政程序法第 702 节关于司法审查的权利规定，受到行政行为不法侵害的人或不利影响的人……有权对该行为请求司法审查。第 704 节规定，法律规定可以审查的行政行为，以及没有其他适当的法院救济的最后确定的行政行为应受司法审查。这规定了司法审查的对象是行政行为。那么，哪些属于行政行为呢？美国联邦行政程序法第 551 节第 13 款规定，行政行为包括行政机关的法规、裁定、许可证、制裁、救济的全部或一部分，或者和上述各项相当或否定的行为或不行为。对于什么是法规、裁定、许可证、制裁和救济，又分别规定在该节的第 4、第 6、第 8、第 10、第 11 各款中。行政机关在上述行为之外的行为，是否也是行政行为，是否也能接受司法审查，美国联邦行政程序法虽没有明确规定，但美国法院采用实用主义态度来考察行政机关的行为是否是可审查的行政行为。一是考察行政机关的行为是否对当事人具有拘束力量，对当事人的权利和义务是否产生确定的影响，是否直接影响其法律地位。如为否定，则不是行政行为。二是法院考察行政机关的行为是否已经

---

① 参见王名扬：《美国行政法》（下），中国法制出版社 2005 年版，第 598—599 页。

产生损害,如果已经产生损害,则是一个可受审查的行为。法院决定某种行为是否可以审查时,根据实际情况判断,不受行政机关使用名称的拘束。

2)对行政机关自由裁量行为,部分地排除司法审查。美国联邦行政程序法第701节规定,司法审查不适用于法律赋予行政机关自由裁量权的行为。但该法第706节又规定,审查法院应认为出现下列情况的机关行为、裁定和结论不合法,并撤销之:专横、任性、滥用自由裁量权或其他的不合法的行为。根据这项规定自由裁量的行为又在法院的审查范围内。"由于条文规定的矛盾,这两项规定的意义和关系,在美国行政法学界引起无数的讨论甚至争辩……这种分歧的产生,客观上是由于条文的意义不明确所引起。实质上反映评论者对司法审查的作用有不同的评价,对行政和司法的关系有不同的看法。"①美国最高法院在1971年公民保护奥弗顿公园诉沃尔普案件中,对法律赋予行政机关自由裁量权行为做了界定,认为没有可以适用的法律就是法律赋予行政机关的自由裁量权,"自由裁量权只在行政机关没有受到可以适用的法律限制时才存在"。这个观点遭到了不少批评。根据王名扬的看法,对美国联邦行政程序法第701节规定的自由裁量行为排除司法审查的规定可作这样的理解:首先,第701节第2项规定的自由裁量行为排除司法审查,主要是指法院的自我克制,对某些自由裁量行为不进行司法审查。法院不进行审查的原因可以基于各种不同的理由,如法律的理由、政策的理由、问题本身的性质,或者存在其他更有效的补救方法等。法院必须注意协调行政利益和个人利益的关系,从多方面考虑后才决定不进行审查。其次,法律规定的自由裁量行为不进行司法审查,只是部分的排除司法审查,不是全部排除司法审查。根据问题的性质或当事人争论的焦点,法院可以审查行政机关作出某一重要决定中涉及的某些问题,而不审查另外的某些问题。所谓部分审查,就是法院只审查其中某些问题,不审查其他问题。

3)在原告起诉资格的确定上,适用单一的事实损害标准。并不是任何人对行政决定有争议都可提起诉讼,法院只对满足一定条件的行政相对人对行政决定提出的申诉才受理。美国关于起诉资格的法律主要由判例产生,而最高法院关于起诉资格的判决,有时自相矛盾,前后不一致。学术界也不能对起诉资格做出概括性说明。"原告资格的法律规范存在矛盾、不可靠和过度复杂等问题。"②根据最高法院1970年在资料处理服务组织联合会诉坎普案件的判决,原告的起诉资格依据两项标准决定:首先,事实上的损害,这是宪法要求的标准,即当事人必须是由于行政行为而事实上受到损害的人,才能请求法院的保护。要求损害必须具有现实性、特定性及损害和行政行为之间存在因果关系。其次,受法律保护的利益范围,即当事人要求保护的利益属于法律或宪法所保护或调整的利益范围以内,这

---

① 王名扬:《美国行政法》(下),中国法制出版社2005年版,第604页。
② 〔美〕理查德·J. 皮尔斯:《行政法》,苏苗罕译,中国人民大学出版社2016年版,第1075页。

是法律所要求的标准。这种两层结构标准也遭到了质疑，批评者主张事实上的损害是唯一的标准，两层结构标准将起诉资格规定得过于复杂。最高法院在单一的起诉资格标准和两层结构标准之间，自相矛盾，判例不一致。美国大部分州法院在确定当事人的起诉资格时，只适用单一的事实损害标准，利益范围并不是一个必要的标准。

4）提起诉讼的时机，遵循成熟原则和穷尽行政救济原则。具有原告资格的当事人，不是在任何时候都能提起诉讼。只有当案件已经达到可以起诉的阶段，并在一定的期限内，当事人才能提起诉讼。能够提起诉讼的时间原则是：成熟原则和穷尽行政救济原则。成熟原则，是指行政程序必须发展到适宜由法院处理的阶段，即已经达到成熟的程序，通常指行政决定具有最后性，出现了法律争议，并且将会对当事人造成事实上的即时损害，才能允许进行司法审查。成熟原则侧重于行政程序是否发展到适宜于法院裁判的程度，通常假定行政程序达到最后阶段才算成熟。"联邦法院常常因为行政行为不具有最终性，不具有成熟性，或者原告没有穷尽可得的行政救济而拒绝对其进行审查。"①成熟原则存在的基本理由有两方面：①避免法院过早地进行裁判，陷入抽象的行政政策争论；②保护行政机关在最后决定作出之前，以及行政行为对当事人产生具体影响以前，不受法院干涉。成熟原则的运用，体现在对规则的执行前审查时尤其重要。②穷尽行政救济原则，是指行政相对人没有利用一切可能的行政救济以前，不能申请法院裁决对他不利的行政决定。这个原则的基本作用在于保障行政机关的自主，司法职务的有效执行，避免法院和行政机关之间可能产生的矛盾。穷尽行政救济原则和成熟原则相互重叠和补充，目的都是基于法院能力和有限资源的审慎考量，避免司法程序不必要的和不合时宜的干预行政程序。

5）行政机关的首先管辖权原则。这是指法院和行政机关对于某一案件都有原始管辖权时，由行政机关首先行使管辖权，法院只在行政机关作出决定后才进行审查。首先管辖权原则是解决管辖权同时存在时，在什么情况下由行政机关首先行使管辖权。对于原本属于法院管辖的案件，其中某个问题由于和行政决定有关，属于行政机关的专门知识或自由裁量权的范围。法院对于这个问题暂时不进行裁判，由行政机关首先决定。该原则是"在法院和行政机关之间分配裁决争议和纠纷的初步责任时适用的一项审慎的原则，它承认了行政机关和法院的不同职责和比较优势"③。法院等待行政机关作出决定以后，才就全案进行判决。该原则的作用在于：保障行政政策的一致性和尊重行政机关的专门知识。

---

① 〔美〕理查德·J. 皮尔斯：《行政法》，苏苗罕译，中国人民大学出版社 2016 年版，第 933 页。

② 参见〔美〕理查德·J. 皮尔斯：《行政法》，苏苗罕译，中国人民大学出版社 2016 年版，第 1024 页。

③ 〔美〕理查德·J. 皮尔斯：《行政法》，苏苗罕译，中国人民大学出版社 2016 年版，第 891 页。

（二）案件审理中的谦抑与能动

对审查的内容可划分为事实问题与法律问题，将审查范围划定为主要针对法律问题，而对事实问题仅作有限的审查。"司法审查的范围，实际上是在法院和行政机关之间进行权力和责任的分配。决定这个分配的一个重要原则是区别事实问题和法律问题。事实问题由行政机关裁定，法院只审查行政机关的裁定是否合理，自己不进行判断……法院对于法律可以独立地进行审查；对于事实问题的判断，由于需要行政方面的专门知识和经验，法院必须尊重行政机关合理的意见，司法审查的范围受到很大的限制。"①

（1）事实问题的有限审查

美国联邦法院对行政机关关于事实问题的裁定，一般予以尊重，不用自己的意见代替行政机关的意见。其主要理由是：对于事实问题的裁定往往需要运用专门的知识和经验，行政机关的工作人员一般都受过相应的知识教育或培训，且在长期执法过程中，积累了丰富的经验，同时法院尊重行政机关所长，正好避己所短。对于事实问题的审查范围，根据事实问题性质的不同、行政机关权力大小的不同、缺乏事实根据严重程度的不同，规定了三个不同的审查标准，分别是②：①实质性的证据标准；②专横、任性、滥用自由裁量权标准；③法院重新审查标准。这三个标准的核心都以合理性质作为根据，是有限的审查。

第一，实质性的证据标准。只审查行政机关对于证据的判断是否合理，即是否有实质性的证据支持。如果行政机关对事实问题的裁定合理，即已经满足司法审查的要求。那么什么样的证据具有实质性，即"一个合理的人可能接受作为一个结论的正当的支持"③。实质性证据标准是一个合理的证据标准，也是一个公平的证据标准。实质性证据标准，依照美国联邦行政程序法的规定只适用于审查行政机关通过正式裁决或者正式规则制定程序中的事实裁定，而对于行政机关大部分的通过非正式裁决或者非正式规则制定程序中事实审查，则适用专横、任性和滥用自由裁量权标准。

第二，专横、任性、滥用自由裁量权标准。专横、任性、滥用自由裁量权，这三个词的意义实际上没有太大区别，滥用自由裁量权就是专横和任性的。专横、任性和滥用自由裁量权标准与实质性证据标准，都以合理作为基础，在性质上并无不同，其区别在于程度的不同。"专横和任性是达到非常不合理的程度，以致行政机关的决定没有任何合理的基础。任何合理的人不会做出这样的判断，它超过

---

① 王名扬：《美国行政法》（下），中国法制出版社 2005 年版，第 674—675 页。

② 王名扬：《美国行政法》（下），中国法制出版社 2005 年版，第 676—684 页、第 697—698 页。

③ 翁岳生主编：《行政法》（上册），中国法制出版社 2002 年版，第 678 页。

一个合理的人对事实看法的不同。"①滥用自由裁量权的具体表现主要有以下几方面。①不正当的目的。行政机关行使自由裁量权，表面上在其权限范围以内，如果不符合法律所规定的目的，或追求不正当的目的时，是明显的滥用自由裁量权。②忽视相关的因素。行政机关的事实裁定或其他决定，不考虑法律规定应当考虑的因素，或者考虑了法律不需要考虑的因素，就是专横和任性的表现。③不遵守自己的先例和诺言。行政机关对于情况相同的问题必须作出相同的处理，不能随心所欲，朝令夕改。④显失公平的严厉制裁。法院不仅可以撤销滥用自由裁量权的制裁，而且在涉及公民重大利害关系时，可以用法院决定的制裁代替行政机关过于严厉的制裁。⑤不合理的迟延。行政机关的决定，有法律规定期间的，应在法定期间以内作出；法律没有规定期间的，应在合理的期间以内采取措施。

　　审查中采用的标准按照制定程序的不同而分别对待。依正式程序制定的行政法规，采用严格的实质证据标准，其审查的基础，就是行政机关依法必须准备的完整记录。该标准的定义为："如果在一个理性的人，在考量完整的证据记录之后，认为该证据足以充分支持该结论的话，才符合法院实体证据的审查标准。"②由于在美国依正式程序制定的行政法规属于少数，大部分的行政法规是以非正式程序作出的，所以当代的司法审查，特别重视非正式程序法规的审查。其审查中则适用专断恣意标准（或称为专横、任性、滥用自由裁量权标准）。"所谓专断恣意标准，所注重的是对程序面的审查，审查行政机关对于行政命令的订定，是否有专断恣意的情形。"③

　　实质性证据标准和专横、任性、滥用自由裁量权标准，在实际应用中的区分并不明确，并且两个标准呈现出融合的态势，因为无论是实质性证据标准或是专横、任性、滥用自由裁量权标准，其最后的根据都建立在符合理性的基础之上，但是很难对符合理性划出一条明确界线，分开实质性证据标准和专横、任性、滥用自由裁量权标准的各自领域，这两个标准实际上已在合理性基础上相互融合。"如果这两项标准存在差别，其差别也是过于细微，以至于无法对行政机关、法院或者执业律师有用的方式作出解释。"④相比较而言，专断恣意标准比实质性证据标准更加宽松，这体现了对行政机关高度尊重的态度。

　　第三，法院重新审查标准。重新审理是指审查法院完全不顾及行政机关的意见，由法院独立地对事实问题作出裁定。重新审理属于例外，适用的情况非常有限。法院对于事实问题，除极少见的适用重新审理标准的案件以外，一般而言，只有否决的权力，没有决定的权力，不能用法院的意见代替行政机关的意见。根

---

① 翁岳生主编：《行政法》（上册），中国法制出版社 2002 年版，第 681 页。

② 翁岳生主编：《行政法》（上册），中国法制出版社 2002 年版，第 615 页。

③ 翁岳生主编：《行政法》（上册），中国法制出版社 2002 年版，第 616 页。

④〔美〕理查德·J. 皮尔斯：《行政法》，苏苗罕译，中国人民大学出版社 2016 年版，第 785 页。

据美国法院的判例，重新审理适用于以下三种情况：①行政机关的行为属于司法性质的裁判，而行政机关对事实裁定的程序不适当；②在非司法性行为的执行程序中，出现行政程序中没有遇到的问题；③法律规定的其他情形。

（2）法律问题的审查

法律问题的审查，被称为法律结论的审查，法律结论的审查包括法律的解释和法律的适用。就法律的解释而言，传统解释标准认为，法院对行政机关的法律解释，可以进行独立的审查，不受行政机关解释的限制。但在当代，以美国最高法院1984年谢弗朗诉自然资源保护委员会案件为代表，限制司法审查的范围，把解释法律的权力从法院移转给行政机关，建立一个新的行政机关和法院的权力分配原则。美国最高法院认为，法院在审查行政机关对其所执行的法律的解释时，可以分为两个步骤：第一步，首先考察行政机关所解释的问题，法律中是否有明确规定。如果法律中有规定，即按照法律的规定解释。若法律没有规定，或者法律规定的意义模糊时，法院审查行政机关的回答是否基于法律所允许的解释。法院不能够用自己对法律的解释代替行政机关合理的解释。第二步，主要关注合理性，对于模糊的法律用语，行政机关在若干种符合情理的解释中进行选择，这属于政策决定，只要是"合理的"，这样的政策决定就必须得到支持。根据谢弗朗诉自然资源保护委员会案件，法院只能审查行政机关的法律解释是否合理，而不能用法院认为是正确的解释代替行政机关合理的解释。解释法律的权力从法院移转至行政机关，法院的作用仅仅是监督行政机关的解释，撤销行政机关不合理的解释。所谓不合理的解释，主要是指不符合法律的目的，不考虑应当考虑的因素，而考虑了不相干的因素等权力滥用、专横、任性现象。谢弗朗判例对法院提出的要求，不是重视行政机关的解释，而是必须接受行政机关合理的解释。谢弗朗判例是美国当代行政法的重大发展。支持这个判决的理由包括以下几个方面。①法律的解释不单是个技术问题，而往往涉及政策的选择。决定政策的权力属于国会和行政机关，不属于法院。②行政机关对它所执行的法律比法院熟悉，由行政机关进行解释更能适应具体情况。③由行政机关解释，全国需统一。法院分布各地，不同的法院对同一法律问题可能做出不同的解释。④行政机关受总统领导，对选民间接负责，而法院不对选民负责。⑤行政机关解释法律的权力，仍然处在国会的限制和法院的监督之下。

此外，针对法规的审查还有一些特殊做法。[①]①要求法律规定以外的程序问题。法院在司法审查中要求行政机关，在法律规定以外增加更多的程序，以保障法规的正确性和公众更多地参与法规制定的程序。②科技法规和政策性法规的审查。法院对科技法规的审查应当表现出自我克制的精神，最大限度地尊重行政机关的

---

① 参见王名扬：《美国行政法》（下），中国法制出版社2005年版，第712—721页。

事实裁定。③对于解释性法规由于没有国会的授权，法院对它进行严格的审查，可以用法院的解释代替行政机关的解释，这种法规效力的有无和大小，完全取决于法规本身具有合理性的程度。

英国标榜"议会主权"，议会地位在法律上优于行政机关和司法部门。因此，在英国不存在司法机关审查立法违宪性问题，司法机关无权审查和宣布某项立法违宪。但是，英国也有司法审查制度，它是指高等法院审查行政行为、命令和下级法院的判决是否违法。英国的法院对法律是否违宪不能作追根溯源的审查，但对委任立法却能进行严格的控制。为了将委任立法严格限定在授权范围内，防止其越权导致对议会主权原则的破坏，法院可以对委任立法是否越权进行司法审查。英国和美国一样，没有自成体系的行政法院。对委任立法的监控，由普通法院通过普通法诉讼程序进行。当事人对行政主体依据某个条例而作出的决定不服时，可以向高等法院王座法庭提起诉讼，并且可以请求法院宣告该条例无效。英国对条例、规则、规定等各种形式的行政管理法规的司法审查，主要是依据越权原则进行的，即行政机关制定的法规如果不在法律授权范围以内就属越权的行为，该行政管理法规将会被法院宣告无效。英国主流行政法理论认为，越权原则是英国行政法的核心原则，它构成了司法审查的一个充分且必要的理据（rationale）。其必要性体现在司法干预的任何理由要能被接受都必须与越权原则保持一致，其充分性体现在司法干预的任何理由只要与越权原则保持一致，就不再需要对其正当性进行进一步的考察。①由于越权原则的范畴大，内容丰富，加上英国又没有一部成文法来具体规定越权的内容，因此英国法院通过判例将越权原则的内容发展为：违反自然公正原则，程序上的越权，实质的越权。我国学者进一步将越权原则再分解为以下几种情形：违反管辖条件；违反明确的法定程序；不正当的委托、不合理和不相关的考虑；不适当的动机；违反自然正义，案卷表面错误。"越权原则成为了英国法院控制行政权的几乎统揽一切的原则。"②总的来说，英国对行政管理法规司法审查的标准可概括为：合法性、程序正当性、合理性，凡是不合法、违反自然公正程序、不合理的行政行为，均属于越权行为而归于无效。③

二、专门法院审查模式

专门法院审查模式也被称为集中抽象审查制度，主要为法国、德国、西班牙、葡萄牙、比利时、意大利、瑞士、希腊等国所采用，其中以法国和德国最为典型。

---

① 李洪雷：《英国法上对行政裁量权的司法审查——兼与德国法比较》，见罗豪才主编《行政法论丛》（第6卷），法律出版社2003年版，第339页。

② 姜明安主编：《外国行政法教程》，法律出版社1993年版，第160页。

③ 傅思明：《中国司法审查制度》，中国民主法制出版社2002年版，第53页。

这些国家在普通法院系统之外设立专门的行政法院，受理审查有关行政争讼的案件。比如，法国政府制定行政规范的权力不仅范围广，而且适用一般行政行为的法律制度，对其司法审查由行政法院管辖。

（一）法国的审查方式

法国的行政法院被视为主要具有行政机关的性质，因而享有对行政行为的广泛监督权。法国1958年《宪法》第34条将法国议会的立法权限限制在"必须以法律规定"的列举事项之内，凡列举以外的事项由行政机关用条例制定。作为行政行为遵循的普遍性规则，主要由条例规定，而不是由法律规定，政府制定条例的权力不仅范围广，而且有充分的保障。国会制定的法律不得侵犯属于条例的权限，否则政府可以请求宪法委员会宣告法律违宪，而不被接受和执行。条例被视为单方面的行政行为，而当然适用一般行政行为的法律制度，对其司法审查由行政法院管辖。"条例不论其效力如何都是行政机关的行为，行政机关的行为除极少数情况以外，都受行政法院管辖。"①法国行政法院对条例享有广泛的监督权，这与行政法院的性质密切相关。在法国，行政法院不被视为司法机关，而是特殊的行政机关。因此，行政法院对行政行为的监督权可以尽可能的广泛，而不用担心出现司法干预行政的问题。最高行政法院初审管辖权中包括对条例的审查：撤销总统和部长会议的命令的诉讼，包括普遍性的条例和具体性的处理在内，撤销部长制定的行政条例的诉讼。法国的司法审查采用的最重要的制度是越权之诉。越权之诉是指当事人的利益由于行政机关的决定而受到侵害，请求行政法院审查该行政决定的合法性，并撤销违法的行政决定的救济手段。行政条例除极少数情况以外，都在越权之诉的范围内。法国行政法院传统上把越权之诉的违法形式分为四种：无权限、形式上的缺陷、权力滥用、违反法律。

在法国，自19世纪中叶起，最高行政法院开始审查行政命令，但对于命令的全面审查，历经了几个阶段。最初，对于法律授权所制定的命令被视为授权者亲自所为，故不受审查。但自1872年起，则可通过附带审查的方式，检视其合法性。到了1907年，则进一步承认可通过越权之诉直接予以审查。自20世纪初以来，对于违法命令的控制，已从传统的、消极的符合法的义务，拓展到主动的、积极的确保法的实施义务方面，即不只限于命令的制定不得违法，而且涉及行政机关有义务制定、废止和修改命令的行为审查。法国的行政诉讼制度中，既存在针对行政命令有无违反上位规范而直接起诉的抽象审查方式，也有在审查具体案件时，一并审查适用的命令有无违反上位规范的附带审查方式。在法国，全部行政行为均遵守相同的合法性，且受到相同的司法审查。对于行政命令的司

---

① 王名扬：《法国行政法》，中国政法大学出版社1988年版，第145页。

法审查，与具体行政行为之间的审查并不存在特别的差异之处。"在法国，行政命令的抽象审查属于行政诉讼中极为通常的一环，以致于现今一般有关行政法或行政诉讼法的著述中，不会将命令的审查问题特别独立出来处理，更不会追溯其来源。"①

在附带审查方面，虽然任何法院都可以解释命令，但原则上只有行政法院有权确认命令的违法性，即行政法院专有对命令的合法性判断。针对命令违法性的问题，如果是向普通法院（主要涉及民事法院，刑事法院例外，其仍有权自行判断）提出，普通法院要先停止审判程序，将相关问题移交给行政法院来判断。这种争议命令合法性的机制也被称为违法性抗辩，与越权之诉虽有相似之处，但存在着根本差异。首先，撤销之诉可导致违法行为的撤销，而违法性抗辩仅导向排除其适用，违法命令继续存在法秩序中。其次，撤销之诉须在法定的相当短的起诉期限内提起，违法性抗辩则可以在任何时间提出。最后，违法性抗辩的争议是由对法的实体有权限的法官来作出判断，由此导致行政法院内部权限的划分，地方行政法院有资格审查部长所发布的敕令。②

在法国的理论学说中，并不特别区分行政命令与个别行为的撤销理由，不过对于命令的审查，基于该行为本身的某些特点，仍表现出一些特殊之处，总体上体现出相对宽松的审查态度。首先，在无权限方面，行政行为僭越宪法保留给法律的事项，仅发生在有关命令的诉讼中。其次，在程序瑕疵方面，对行政命令的要求较为宽松，如不附理由原则上并不构成撤销命令的理由。再次，在滥用权力方面，往往难以支持请求人的这一主张。最后，在违反法律方面，法院在审查行政行为与审查基准之间的合法性关系时，一般而言，对于个别行为是采取较为严格的相符性关系的审查，对于命令则是较涉及简单的相容性关系的审查；此外，法院对于在作成命令中所为的判断，经常仅进行有限审查，因此很少导致撤销的后果。

根据米歇尔·佛罗蒙（Michel Fromont）在比较法上的观察研究，几乎在所有的欧洲国家中，均可由法院针对命令的有效性，在审理案件时进行附带审查。当然，各国在具体制度设计上仍存在一些差异。首先，有权审查的法院通常都承认所有法官，无论其专业特长（民事、刑事或行政）及其层级（初审、上级审或终审），都可以在具体案件中附带审查命令的有效性。但法国、奥地利例外，法国是将权限保留给行政法院，奥地利是将权限保留给宪法法院。其次，大多数国家都未限定行使附带审查的期限。最后，几乎所有国家都仅赋予附带审查所宣告的违

① 王必芳：《行政命令的抽象司法审查——以法国法为中心》，《中研院法学期刊》2012 年第 11 期，第 135 页。
② 参见王必芳：《行政命令的抽象司法审查——以法国法为中心》，《中研院法学期刊》2012 年第 11 期，第 157—158 页。

法性具有相对的既判力。其理由在于，适用命令的机关通常不是命令的制定者，且宣告的法院不一定是处理公法问题的专家。①

对命令的抽象审查，并非通例，仅有部分国家承认或有限承认，主要是以法国为代表，其将行政命令视为行政行为，并使之适用于与个别行为相同的救济途径。参照法国模式的比利时、意大利、瑞士、希腊等国，均承认命令的直接诉讼。西班牙、葡萄牙则较为特别。西班牙既承认可针对命令提起撤销之诉，又要求如果法官在附带审查中排除违法命令的适用，之后应将此命令的违法性问题提交到上级行政法院，由其决定是否撤销。葡萄牙的设计较为复杂，仅对区域或地方的行政机关、具有行政特质的公营造物及公共服务的特许权人所制定的命令性规定可提起越权之诉；但对所有的命令规定，只要三次在附带审查中被法院认定违法，则检察署在获悉后，有义务向行政法院请求宣告命令的违法性，此外，被该规定可能损害的利害关系人，亦可提起宣告之诉。在欧盟法中也存在命令抽象审查的机制。

（二）德国的审查方式

德国现行的司法系统由两大类法院组成：一类是宪法法院，另一类是普通法院。普通法院包括一般法院（民事法院和刑事法院）、行政法院、劳动法院、财政法院和社会法院。德国的行政法院是单设的，独立于一般法院，这一点与法国相同。但德国的行政法院属于司法机关，这点又与法国不同。德国是一个以议会为中心的一元立法体制国家，行政机关发布法规命令必须有法律的委任，同时要接受司法审查。其司法审查有两种方式：直接审查和间接审查。直接审查是指当事人认为法规和规章违反《基本法》（即违宪），诉至宪法法院，由宪法法院直接审查其合宪性的法律制度；间接审查是指行政法院在审理行政案件中附带审查委任立法是否越权。德国联邦宪法法院在 1979 年 3 月 1 日的劳工企业参决权判决中，综合过去的相关判决，整理出"明显性审查""可支持性审查""强烈的内容审查"等三种宽严有别的审查标准，为联邦行政法院及联邦的各级行政法院所接受，已形成共识，并广泛适用于命令违法的审查上。由于这种分类法有其相当程度的普遍适用性，基本上尚不致因国情、法系有别而大幅降低其陈述力，故值得在此引介。

1）明显性审查。所有审查标准中，明显性审查最宽、强度最弱。依该审查标准，只有当行政机关表现在命令中的评价"明显错误""明显可以反驳""明显不合乎事理"，找不出任何观点可以支持其最低限度的合法性时，法院才能认

---

① 参见王必芳：《行政命令的抽象司法审查——以法国法为中心》，《中研院法学期刊》2012 年第 11 期，第 182—184 页。

定其违法。对轻微、不明显的错误，法院不加以指责。这种审查标准的适用将法院的监督功能局限在基础的、重大的违犯方面。通常法院在选择最宽的明显性审查标准时，必须考量要有某类因素的存在，足以弥补命令订立的民主正当性基础的不足，这主要见于立法机关实质参与命令内容的形成，即保留同意权或废弃请求权，可对命令内容产生实质影响与拘束力的情形。此外，如果命令是由专家或反映社会多元利益代表组成的独立委员会，遵循公开程序形成的，则推定立法者赋予行政机关一定的独立形成、决定余地，亦应仅对命令内容作最宽的明显性审查。

2）可支持性审查。可支持性审查标准的强度超过明显性审查标准。根据该审查标准，法院必须审查命令的内容是否出自合乎事理并且可以支持的判断。这种审查标准准许法院对命令订定机关所作评价进行实质审查，而非仅限于"明显错误"的判断，但依然对行政机关的形成自由给予相当程度的尊重，也就是说，只要能找到理由证明行政机关的评价是合乎事理、可以支持的，法院就应予以尊重，不得擅加指责。可支持性审查标准是一项"中庸"标准，也是适用频率最高的一项审查标准。

3）强烈的内容审查。强烈的内容审查是所有审查标准中最强、最严的一种。该审查标准要求，法院必须对命令内容进行具体而详尽的深入分析，如果法院无法确信命令订定机关的评价是正确的，不利的后果就应由行政机关承担。这种审查标准的最大特色就是将举证责任归由行政机关一方负担，即行政机关想要摆脱法院的指责，也必须能毫无疑问地证明其评价合乎法律授权的内容、目的与范围。如果立法者的规范性指示非常明确，大幅缩减行政机关自由形成的空间，同时又没有任何一种支持法院从宽审查的决定因素存在，法院就应适用最严格的强烈内容审查标准。对原属法律保留范围，应经却未经法律授权的"事实上"独立性命令，以及根据空白授权条款订定的命令，法院适用严格的内容审查标准，以弥补立法者监督的不足。另外，如果命令内容涉及生命健康与人身自由等公民基本权利的法益时，法院亦可采用强烈内容审查标准。

（三）日本的审查方式

第二次世界大战后，英美和欧陆这两种不同模式的审查制度之间差异逐步缩小，呈现出趋同化的发展态势。其中，最典型的实例是属于大陆法系的日本。日本行政法和行政诉讼法战前以德国理论为基础，第二次世界大战后则深受美国的影响。第二次世界大战后的日本，司法权限与第二次世界大战前相比，既有性质上的变化，也有范围上的变化。第二次世界大战后，日本行政案件诉讼体制属于混合制。在法院设置上，采用以英美国家为代表的单轨制，即撤销了行政法院，审理行政案件的司法权归属普通法院；在适用程序上，采用以法国为代表的双轨制，即审理行政案件和审理民事案件适用不同的诉讼程序。司法法院审理行政案件的范围比第二次世界大战前行政法院审理行政案件的范围更为广泛，对行政诉讼的范围，以概括方式加以确定，根据 1962 年的《行政案件诉讼法》规定，国民对于行政主体行使公权力的行为不服，均可提起抗告诉讼，无须法律列举。司法权限的扩大，不仅表现在受理以具体行政行为为内容的行政案件上，而且表现在法院对法律、命令、规则等做违宪审查的权限上。《日本国宪法》第 81 条规定，最高法院为有权决定一切法律、命令、规则以及处分是否符合宪法的终审法院。最高法院于 1950 年宣布，低于它的法院也有审核合乎宪法的权限；接着又于 1952 年宣布，法院应当在审理具体案件时才能审核有关法律、法规等是否合乎宪法，明确附带审查的方式。[①]因此，尽管日本导入了美式附带合宪性审查的制度，但由于社会和制度的背景不同，其实际做法体现出鲜明的特色，分权化的合宪性审查到 1975 年就名存实亡了，最高法院实际上一直在发挥宪法法院的作用，但却并没有采取抽象性审查的方式，而是通过具体诉讼案件的判决进行部分问题的审查，审查的重点从立法转移到防止行政权力对人权的侵犯方面，在整体上倾向于司法消极主义。"日本最高法院在行使违宪审查权时，明显地表现为对国会和政府判断的尊重，采用了压倒性的司法消极主义态度……对多数领域决定采取了不介入的方针，仅对少数领域采取和缓介入政策。"[②]这种消极主义的态度，招致了越来越多的批评，司法审查的制度作用被认为没有充分得以发挥。因此，日本的审查方式似乎介于美国模式和第二次世界大战后德国模式之间。

通过上述关于对行政规定的司法审查模式及具体审查标准、原则的考察可以看出，不同国家和地区的具体法律制度，基于不同的政治基础和法律文化而有所不同，但可以形成共识的是，谦抑与能动的司法理念及要求已融入和体现在具体的制度运作中，相互联动、共同作用，使权力制衡制度的积极效用得到充分发挥。大体而言，对涉及生命健康及人身自由等基本人权保障内容、具有确定的损害事实、缺乏足够的民主正当性基础和正当程序、合理性明显缺乏等这类行为，秉持能动的司法审查态度及要求，积极主动审理裁判。对行为尚未形成、对当事人权利和义务影响不明确、尚未穷尽行政救济程序、涉及科技和经济与政策形成等行政专业领域事项、具有一定的合理性基础、具备授权或委托的合法权力来源、经过完善的公开公正程序等这类行为，采取谦抑的司法审查态度，尽可能地尊重行政机关作出的决定。

① 参见胡建淼：《比较行政法——20 国行政法评述》，法律出版社 1998 年版，第 361—364 页。
② 裴索：《日本违宪审查制度》，商务印书馆 2008 年版，第 132—133 页。

第三节　构建和完善我国行政规定司法审查机制的思考

一、审查主体的设置

（一）设立行政法院的理想期许

行政诉讼审判权的有效行使与公民行政诉讼权利的充分保障，是衡量法治国家建设状况与水平的重要标志之一。关于设立专门行政法院的呼声由来已久，这种主张由于涉及现行国家权力机构的分工和制衡，对现有的司法架构将产生较大冲击，一直只能是止步于理论上的设想。2013 年 11 月 12 日党的十八届三中全会通过的《中共中央关于全面深化改革若干重大问题的决定》中提出，改革司法管理体制，推动省以下地方法院、检察院人财物统一管理，探索建立与行政区划适当分离的司法管辖制度，保证国家法律统一正确实施。这一改革举措为这项制度的建立提供了契机。"我国行政法院的设立，是建设社会主义法治国家的必要步骤，也应是司法体制改革的重要内容。"①受大陆法系传统影响较深的我国，设立专门的行政法院可在制度上彰显出应有的特质，同时专门法院的设立势必能有效推动行政诉讼制度的发展与完善。从国外的司法制度看，初级行政法院一般审理简易诉讼案件、特定类型争议的行政案件和强制执行等案件。在法国，以行政命令的重要性来划分对应的管辖法院，当行政命令的制定主体层级较高或适用范围超出行政法院辖区的范围时，主要命令由总统或总理以敕令作出，或是由部长或具备全国性权限的合议制机关作出，或是此命令具有超出单一地方行政法院辖区的适用范围时，基于此等命令的重要性，直接由最高行政法院管辖，其余则以地方行政法院作为初审法院。②

对于设立行政法院的必要性和可行性，在相关的最高人民法院法官及学者专题撰写的文章中已有详尽阐述与论证③，其中的实证研究方法和资料数据颇具说服力。其构想在省级和省以下设置单独的行政法院受理与审理行政案件，具体的行政法院审级模式可概括为：四级机构的两审终审制，即从下至上的初级行政法院→中级行政法院→高级行政法院→最高人民法院行政审判庭的组织结构模式。如这

---

① 江必新：《中国行政审判体制改革研究——兼论我国行政法院体系构建的基础、依据及构想》，《行政法学研究》2013 年第 4 期，第 8 页。

② 参见王必芳：《行政命令的抽象司法审查——以法国法为中心》，《中研院法学期刊》2012 年第 11 期，第 161 页。

③ 代表性文章可参见耿宝建：《再谈中国是否应当设立行政法院》，《上海政法学院学报（法治论丛）》2013 年第 3 期，第 68—76 页；江必新：《中国行政审判体制改革研究——兼论我国行政法院体系构建的基础、依据及构想》，《行政法学研究》2013 年第 4 期，第 3—11 页。

一设想能付诸实施，则我国行政诉讼制度的运作效果将有很大改观，这也势必会对行政规定的司法审查产生积极影响。但最终《中华人民共和国行政诉讼法》的修改没有设立行政法院的相关规定，这既有理论认识上不一致的原因，也有司法机关准备不充分的原因，错失了借修法之机有力推进行政诉讼制度改革的良好机遇。"在行政诉讼制度运行二十多年早已处于高压状态、比较沉闷、缺乏动力、难以前进的情形下，设立行政法院本来是提供制度发展动力的难得契机，可惜坐失首次修法良机了，唯有积极探索，积累经验，再待机会。"[①]

（二）现行体制下的机构设置

我国行政诉讼制度有着自身的特点。作为传统上属于大陆法系的国家，在审查机构的设立上，却采用了与英美相同的普通法院审查模式，"全国只设立一套法院系统，并不设立专门的行政法院审理行政案件，但又并不存在英美法系国家法院系统内部的先例约束原则"[②]。目前，在新一轮司法体制改革中，设立行政法院的设想虽没有付诸实施，但行政案件管辖制度改革正有序推进。近年来，为保障人民法院公正审理行政案件，已探索建立提级管辖、异地交叉管辖、相对集中管辖等多种管辖形式。2013 年，部分中级人民法院开展行政案件相对集中管辖试点工作。2014 年，根据党的十八届四中全会决定，在北京、上海设立跨行政区划法院。2015 年，最高人民法院下发了《关于人民法院跨行政区域集中管辖行政案件的指导意见》，指导部分高级人民法院根据本地实际，确定若干法院跨行政区划管辖行政案件。这些改革举措对于促进行政审判资源整合，缓解行政审判压力，改善行政审判司法环境起到了积极作用。

根据行政规定具有制定主体的多层级性、效力的本源性和普遍适用性的性质特征，对其审查的司法业务能力和水平作出相应的较高要求。笔者主张由中级以上人民法院作为初审法院，并结合采用异地交叉管辖的方式，行使对行政规定的初级审查权，具体的构想如下：对国务院组成部门、省级人民政府制定的行政规定，可由高级人民法院管辖；对于市级以下人民政府及其所属工作部门制定的行政规定，可由中级人民法院管辖。[③]这种构想主要是基于以下因素的考量。

---

① 莫于川：《〈行政诉讼法〉修改及其遗留争议难题——以推动法治政府建设为视角》，《行政法学研究》2017 年第 2 期，第 12 页。

② 胡锦光：《中国抽象行为之司法审查研究》，《厦门大学法律评论》（总第 13 辑），厦门大学出版社 2007 年版，第 37 页。

③ 根据 2018 年 2 月 8 日起施行的《最高人民法院关于适用〈中华人民共和国行政诉讼法〉的解释》（法释〔2018〕1 号）规定，对于行政规定的管辖由被诉行政行为案件的管辖法院一并审查。该司法解释第一百四十五条规定，公民、法人或者其他组织在对行政行为提起诉讼时一并请求对所依据的规范性文件审查的，由行政行为案件管辖法院一并审查。因此，基于司法解释的适用效力，笔者在本书中有关行政规定审查主体设置的主张，主要在于学理上探讨的价值和意义。

1）与行政审判队伍的能力和专业化水平相适应。行政审判队伍力量薄弱、专业化水平有待提高，是当前行政审判工作面临的问题和困难，这直接影响和制约着对行政规定的审查模式。目前，全国从事行政审判的法官共 8878 人，高级、中级和基层法院行政审判庭法官数量平均分别仅为 10.8 人、4.4 人、2.3 人，基层法院行政审判庭的"一人庭""二人庭"现象十分普遍，地方三级法院行政审判合议庭数量"三二一"的最低标准仍未完全达到。行政审判队伍不稳定、人员流动大的问题较为突出，具有十年以上行政审判工作经验的法官仅占 22.3%。①由此可以看出，基层人民法院仅在法官配备上，连基本的合议庭组成都不能实现，加之专业化水平上的差距，如令其去审查层级多样、"五花八门"的行政规定，确有力不能逮之虞。相比较而言，中级和高级人民法院则具有较高的能力与水平。考虑到最高人民法院的特殊地位，不宜由其作为行政规定附带审查的一审法院。

如此，也有观点担忧，这是否会出现行政相对人借审查行政规定刻意抬高案件审级，由此给中级和高级人民法院带来一审案件数量的增加和繁重的审理任务。虽囿于行政规定司法审查实证资料的具体数据不详，但已开展十多年的行政复议中行政规定附带审查情况，可以为我们对行政规定司法审查的数量及工作量提供合理的推断。以北京市为例，2008～2013 年，北京市人民政府法制办公室接到的行政规范性文件异议审查申请共 34 件次，而同期仅市政府所属部门和区县政府制发的行政规范性文件有 8000 多件，行政复议年均审查量不足 8 件。②因此，可以推断，行政规定附带审查的行政诉讼案件数量应是有限的，应在中级和高级人民法院能力承受范围之内。

2）有利于消解"行政级别"因素对法官的不当影响。"让低级别的法院审查高级别行政机关制定的规范性文件似乎是强人所难。"③实证研究结果表明，在行政规定审查中，有 60% 的法官有行政级别的顾虑，即对级别高于法院的行政机关发布的行政规范性文件倾向于不予审查，而直接认定其具有合法性，且顾虑程度与级别高低呈现正相关态势，级别越高，顾虑越大。④而这种倚重于行政级别考量的体制化思维的不利后果，就是会导致法官对行政规定丧失基本的审查意识，在审理中过于依赖行政规定对相关事实和法律问题的认定，甚至未经审查就将其作为裁判依据予以适用，从而完全丧失了司法判断的独立性。⑤因此，由同级别或高

① 周强：《最高人民法院关于行政审判工作情况的报告——2015 年 11 月 2 日在第十二届全国人民代表大会常务委员会第十七次会议上》。

② 数据来源见李富莹：《加强行政规范性文件监督的几点建议》，《行政法学研究》2015 年第 5 期，第 51 页。

③ 马怀华：《我国行政诉讼规范性文件附带审查的模式与效力难题》，《政治与法律》2017 年第 8 期，第 91 页。

④ 王庆廷：《隐形的"法律"——行政诉讼中其他规范性文件的异化与矫正》，《现代法学》2011 年第 2 期，第 83 页。

⑤ 参见余军、张文：《行政规范性文件司法审查权的实效性考察》，《法学研究》2016 年第 2 期，第 57 页。

级别的人民法院审查行政机关制定的行政规定，不仅可以打消法官的级别顾虑，而且可有效避免当地行政机关的行政干预。

3）有利于减少和避免矛盾裁判的出现。新修订的《中华人民共和国行政诉讼法》在第五十三条明确了行政诉讼中规范性文件附带审查的提起，即公民、法人或者其他组织认为行政行为所依据的国务院部门和地方人民政府及其部门制定的规范性文件不合法，在对行政行为提起诉讼时，可以一并请求对该规范性文件进行审查。前款规定的规范性文件不含规章。但在其后的第六十四条规定了审查后的处理方式，"规范性文件不合法的，不作为认定行政行为合法的依据，并向制定机关提出处理建议"。此后，在 2015 年 5 月 1 日起施行的《最高人民法院关于适用〈中华人民共和国行政诉讼法〉若干问题的解释》（法释〔2015〕9 号）中，进一步明确，经审查，规范性文件不合法的，人民法院不作为认定行政行为合法的依据，并在裁判理由中予以阐明；作出生效判决的人民法院应当向规范性文件的制定机关提出处理建议，并可以抄送制定机关的同级人民政府或者上一级行政机关。2018 年 2 月 8 日起施行的《最高人民法院关于适用〈中华人民共和国行政诉讼法〉的解释》（法释〔2018〕1 号）第一百四十九条亦作了类似的规定，人民法院经审查认为规范性文件不合法的，不作为人民法院认定行政行为合法的依据，并在裁判理由中予以阐明。作出生效裁判的人民法院应当向规范性文件的制定机关提出处理建议，并可以抄送制定机关的同级人民政府、上一级行政机关、监察机关以及规范性文件的备案机关。因此，就法院对行政规定审查后的裁判方式和效力而言，人民法院对行政规定审查的结果仍然限于在个案中是否予以适用，即个案排除适用，而不能宣布无效或者撤销。这虽增加了可以向制定机关提出建议的权利，但依然不能直接判定或宣布被审查的行政规定是否合法有效。

因行政规定具有的反复适用性，会导致不同的原告在不同的案件中，针对同一行政规定提出审查诉求。如果可由基层人民法院作为行政规定附带审查的第一审法院，则为数众多的基层人民法院均有可能受理针对同一行政规定提出附带审查的不同诉讼案件，加之我国并未确定遵循先例的审判原则，不同的基层人民法院就同一行政规定可能会作出矛盾判决的概率，要远远超过中级和高级人民法院。因此，由较高级别的法院作为一审法院，则可有效避免"同案不同判"现象的发生，这对于行政规定合法性评价的肯认和法秩序的维护，无疑会有所助益。

二、原告资格的限定与适当的职权干预

以实行"不告不理"为原则，以检察监督和法院依职权主动审查为例外。关于原告的资格，以"利害关系说"为基础，只要行政相对人认为自己的合法权益受到行政规定的侵害就可以提起诉讼。原告的确定，根据各国的司法实践，

主要有以下几种标准来确定其原告资格。①①权利受害人诉讼标准，即当事人只有在权利受到侵害时才有起诉资格。如果权利没有受到侵害，即使由于行政机关的行为遭受重大损害，这种损害也是没有法律错误的损害，当事人没有起诉资格。②利害关系诉讼标准，即凡是与行政规范有法律上利害关系的人，都可提请司法审查。利害关系诉讼标准，在某种程度上适应了司法实践中扩大司法审查范围的要求，既保护了行政相对人的合法权利，同时又发挥了司法权对行政权监督的作用。③民众诉讼标准，即任何公民、法人或其他组织，不服行政规范时，都可以提起司法审查，而不管该行政规范是否涉及其个人利益。该标准旨在发动全社会力量来监督行政规范以促进依法行政。④由检察机关提起司法审查的标准。一方面，检察机关作为我国专门的法律监督机关，赋予其对侵害公共利益的行政规定提起司法审查符合其法律定位；另一方面，某些行政规定致使公共利益受到侵犯，但又不存在确定的受侵犯对象，为了保护公共利益，需要检察机关代表国家和公共利益，履行其监督职能。以建构行政法院体系国家中最具代表性的法国和德国为例，两国在对待诉权和公益诉讼的态度上也存在较明显的差别，德国包括公益诉讼在内的诉权门槛较高，但是一旦进入诉讼审查的程度较深，是对被诉对象的全面合法性审查而不限于原告的诉讼请求；法国包括公益诉讼在内的诉权门槛较低，但是进入诉讼后审查的程度比较浅，只限于原告的诉讼请求。②

通过以上分析，笔者主张对行政规定提起司法审查时采取利害关系诉讼标准来确定原告的起诉资格。同时，法律上的利益关系不应限于一种直接利害关系，还应包括一种间接利害关系，以此扩大原告资格的范围，达到保护行政相对人合法权益的目的。不告不理原则，要求人民法院对行政规定的司法审查，原则上由原告提出申请，并限于原告请求的范围。原告未对行政机关证明其具体行政行为的行政规定的合法性提出异议的，人民法院可不予审查；原告异议中没有涉及的问题，人民法院也可不予审查。但是，为充分体现对公民、法人、其他组织合法权益的救济，维护社会公共利益，如行政规定违反宪法、法律的强制性规定，导致其适用将严重损害行政相对人的合法权益或社会公共利益，法院可在对具体行政行为的审查中，依职权主动审查并决定不予适用。

在行政诉讼中，虽然在理论上主张原被告双方在法律地位上平等，但实际上，相对于强势的行政机关而言，行政相对人处于弱势的地位是不争的事实。行政相对人不愿、不能、不敢起诉或迫于压力撤诉的现象具有普遍性。因此，有必要确立公益诉讼的机制，由一个代表公共利益的专门机关负责履行监督职能。在现有的法律制度和国家权力配置机制中，检察机关是履行这一职责的适当角色。检察

---

① 参见刘丽：《行政规范的司法审查》，《河北法学》2005 年第 6 期，第 115 页。
② 王振宇、阎巍：《德国与法国行政审判制度观察及借鉴》，《法律适用》2013 年第 10 期，第 115 页。

机关是我国的法律监督机关,而起诉权正是实现法律监督的重要途径。检察机关最主要的职责就是代表国家和社会公众把违法者的违法事实提供给法院,要求其依法进行审理和裁判,并对审理的过程和结果进行监督。"对于特定民事和行政领域内侵犯国家、社会和公共利益以及侵犯公民重大权利的案件,检察机关应当进行干预,这也是现代检察权的内容之一。"①同时,应扩大检察机关职能,使其可以作为社会公共利益的代表向法院提起对行政规定的诉讼。

公益诉讼在保护社会环境、维护社会正义、建设法治政府等方面发挥着重要的作用。党的十八届四中全会提出,要"探索建立检察机关提起公益诉讼制度",这为我国公益诉讼制度的建立与完善指明了方向。习近平同志在《关于〈中共中央关于全面推进依法治国若干重大问题的决定〉的说明》中则进一步指出,在现实生活中,对一些行政机关违法行使职权或者不作为造成对国家和社会公共利益侵害或者有侵害危险的案件,如国有资产保护、国有土地使用权转让、生态环境和资源保护等,由于与公民、法人和其他社会组织没有直接利害关系,使其没有也无法提起公益诉讼,导致违法行政行为缺乏有效司法监督,不利于促进依法行政、严格执法,加强对公共利益的保护。由检察机关提起公益诉讼,有利于优化司法职权配置、完善行政诉讼制度,也有利于推进法治政府建设。中央全面深化改革领导小组第十二次会议于2015年5月5日审议通过了《检察机关提起公益诉讼改革试点方案》。2015年7月1日起,全国人民代表大会常务委员会依法授权最高人民检察院,在包括吉林省在内的13个试点地区先行开展为期两年的公益诉讼试点工作。《检察机关提起公益诉讼改革试点方案》提出,针对生态环境和资源保护等领域侵害国家和社会公共利益的情况,及时提起民事或行政公益诉讼。2016年1月,最高人民检察院出台了《人民检察院提起公益诉讼试点工作实施办法》,对检察机关提起公益诉讼的立案程序、举证责任、诉前程序等内容进行了细化与规范。最高人民法院于2016年2月发布了《人民法院审理人民检察院提起公益诉讼试点工作实施办法》。上述规定从国家政策层面为检察机关提起民事和行政公益诉讼奠定了基础。2017年6月27日第十二届全国人民代表大会常务委员会第二十八次会议作出《关于修改〈中华人民共和国民事诉讼法〉和〈中华人民共和国行政诉讼法〉的决定》,其中对《中华人民共和国行政诉讼法》的修改为,第二十五条增加一款,作为第四款:"人民检察院在履行职责中发现生态环境和资源保护、食品药品安全、国有财产保护、国有土地使用权出让等领域负有监督管理职责的行政机关违法行使职权或者不作为,致使国家利益或者社会公共利益受到侵害的,应当向行政机关提出检察建议,督促其依法履行职责。行政机关不依法履行职责的,人民检察院依法向人民法院提起诉讼。"该决定自2017年7月1日

---

① 樊崇义、白秀峰:《关于检察机关提起公益诉讼的几点思考》,《法学杂志》2017年第5期,第80页。

起施行，这从立法层面确立了行政公益诉讼制度。

就修改后的法律规定而言，行政公益诉讼的案件范围包括生态环境和资源保护、食品药品安全、国有财产保护、国有土地使用权出让等领域，根据文义解释，条文中的"等"应是"等外等"，即是非穷尽式列举，还应包括其他行政管理领域中存在的行政机关违法行使职权或者不作为的情形。在上述的这些领域中，违法行使职权的行为不仅包括具体行政行为，还包括抽象行政行为即行政规定，加之行政规定具有反复适用的效力特点，其对行政相对人的影响及社会公共利益的影响较大，从行政公益诉讼确立的宗旨和实效分析，应当将行政规定纳入行政公益诉讼的范围。笔者赞同已有的主张，"基于提高行政效率的考虑，在我国具体的行政执法实践中，行政机关利用抽象行政行为实施的侵犯公共利益的行为比较常见，且这些抽象行政行为往往以行政机关颁发的红头文件为表现形式。既如此，对于规章以下的抽象行政行为侵犯公共利益的情况，也应当纳入到行政公益诉讼的受案范围"[①]。随着行政公益诉讼制度的不断发展和完善，由检察机关对违法的行政规定提起诉讼，将成为对行政规定进行司法审查的缘起和路径。

三、行政复议前置程序的建立

行政复议是解决行政争议的重要方式。自 1990 年 12 月 24 日《中华人民共和国行政复议条例》的发布，我国行政复议制度已经过二十多年的实践，在保护公民合法权利和利益、监督行政机关依法行政、解决行政纠纷等方面发挥了重要的作用。但不可否认的是，我国行政复议制度尚不能完全适应现实的需要，其成为解决行政争议主渠道的应有地位和功能尚未得到应有的凸显与发挥。"从行政复议目前情况看，相对于行政复议制度内在的功能和作用，相对于当前社会普遍存在行政争议的数量行政复议的优势和潜力，还远远没有发挥出来，申请行政复议的数量远不如提起诉讼的人多，更不用和信访的人数相比了。在正常情况下，一个国家解决行政争议最主要的渠道应该是行政复议。"[②]按照国务院法制办公室行政复议处负责人的预期，行政复议案件数量至少应当保持在行政诉讼案件数量的 2 倍至 3 倍，才算基本上达到制度设计的本来目标。[③]然而，2008～2016 年我国行政复议和行政诉讼实际运行情况来看，二者处理的案件量总体上行政诉讼多于行政复议，尤其是 2015 年新修订的《中华人民共和国行政诉讼法》实施后，行政诉讼案件量大幅增加，行政诉讼明显多于行政复议。[④]因此，在信访、复议、诉讼三

---

① 姜涛：《检察机关提起行政公益诉讼制度：一个中国问题的思考》，《政法论坛》2015 年第 6 期，第 26 页。
② 应松年：《把行政复议制度建设成为我国解决行政争议的主渠道》，《法学论坛》2011 年第 5 期，第 6 页。
③ 参见方军：《论中国行政复议的观念更新和制度重构》，《环球法律评论》2004 年春季号，第 41 页。
④ 具体数据参见杨伟东：《行政复议与行政诉讼的协调发展》，《国家行政学院学报》2017 年第 6 期，第 40 页；李月军：《国家与社会关系视角下的行政复议》，《政治学研究》2014 年第 3 期，第 118 页。

种行政争议解纷机制中，形成了为人所诟病的"小复议、中诉讼、大信访"格局。

随着深化改革进入关键时期，党中央、国务院对行政复议工作的要求越来越高，人民群众对行政复议有效化解矛盾纠纷的期待也越来越高。2007年8月1日起施行的《中华人民共和国行政复议法实施条例》将"解决行政争议"列为行政复议制度的目的之一，明确了《中华人民共和国行政复议法》有关行政复议制度的定位；2013年11月，党的十八届三中全会将"改革行政复议体制，健全行政复议案件审理机制，纠正违法或不当行政行为"写入《关于全面深化改革若干重大问题的决定》。2014年4月，为适应依法行政、建设法治政府的要求，全国人民代表大会常务委员会将《中华人民共和国行政复议法》修改列入立法工作计划。2015年12月，党中央、国务院印发的《法治政府建设实施纲要（2015—2020年）》提出"完善行政复议制度，改革行政复议体制，积极探索整合地方行政复议职责。……充分发挥行政复议在解决行政争议中的重要作用"等一系列加强行政复议工作要求。

与行政诉讼制度相比，行政复议在行政争议解决的彻底性上具有明显优势[1]：其一，行政复议机关不仅能够对行政行为进行合法性审查，而且能够对其进行适当性审查；其二，行政复议机关可以凭借其与被申请人之间的上下级领导关系，运用各种必要的行政手段迅速查明案件事实，进而作出最终的处理决定；其三，行政复议机关比较熟悉本地区、本部门或本领域的管理工作和专门性知识，能够迅速、彻底地解决专业性、技术性较强的行政争议。对行政规定的复议，1999年10月1日起正式施行的《中华人民共和国行政复议法》第七条就已作了规定。对行政规定的附带审查曾被视为行政复议立法的特色，被社会各界寄予厚望。然而，从运行的实效来看，却不尽如人意。实践中，鲜有复议机关审查行政规定的案例，如在某省级行政复议机构中近年来从来没有进行过《中华人民共和国行政复议法》第七条规定的工作[2]，以至于行政复议的该项制度成为虚置。出现这种状况的原因是多方面的，但其中行政复议与行政诉讼之间未能形成有效的制度衔接、行政复议的功能未能得到重视和发挥，是不容忽视的因素。

就行政复议与行政诉讼的关系和衔接而言，主要有两种模式：复议前置型和自由选择型。所谓复议前置，是指行政复议作为行政诉讼的先行程序，当事人对行政行为不服时，必须先提起行政复议，对复议决定不服再提起行政诉讼。所谓自由选择，是指当事人可在行政复议与行政诉讼两者中自由选择其救济途径。前者的优势

---

① 参见章志远：《行政复议与行政诉讼衔接关系新论——基于解决行政争议视角的观察》，《法律适用》2017年第23期，第29页。

② 王薇：《完善行政复议制度的若干思考——基于〈行政复议法〉修改的视角》，《湖北社会科学》2017年第6期，第166页。

在于有效地利用行政机关的专业性知识和技术有效解决各类专业性、政策性的争议问题;后者的优势则在于有效地保证行政相对人权利行使的自主性,避免程序拖沓,保证救济的有效性。《中华人民共和国行政诉讼法》修订时并未对行政复议与行政诉讼的程序衔接作出新的安排,"自由选择为主、复议前置为辅"的模式依旧延续。但近年来,包括学者、实务界人士在内的很多行政法学研究者都纷纷表达了扩大行政复议前置范围,乃至建立"复议前置为原则、直接诉讼为例外"的程序衔接新模式的观点。确立复议前置程序的理论依据是穷尽行政救济原则。穷尽行政救济原则主要运用于英国、美国等国的行政法治,其建立的制度特点是:大部分行政争议在要求法院审理之前,需首先通过行政争端解决程序寻求解决。

所谓穷尽行政救济原则,是指当事人寻求救济时,应首先利用行政系统内部的救济手段,然后才能请求法院的司法救济。也就是说,行政救济是司法救济的必经阶段,只有当所有的行政救济手段都不能解决行政相对人与行政机关之间的纠纷时,相对人才能够寻求司法救济。著名行政法学者王名扬先生,对这一原则的含义及原因作了较为详细的阐述。他介绍了美国联邦最高法院在 1969 年的麦卡特诉美国案的判决中列举的穷尽行政救济的理由:①保证行政机关能够利用其专门知识和行使法律所授予的自由裁量权;②让行政程序连续发展不受妨碍,法院只审查行政程序的结果,比在每一阶段允许司法干预更有效;③行政机关不是司法系统的一部分,它们是由国会设立执行特定职务的实体,穷尽行政救济原则尊重行政机关的自主性;④没有穷尽行政救济时,司法审查可能会受到妨碍,因为这时行政机关还没有搜集和分析有关的事实来说明采取行政行为的理由,作为司法审查的根据;⑤穷尽行政救济原则使行政系统内部有自我改正错误的机会,减少司法审查的需要,使法院有限的人力和财力能更有效地调配;⑥如果不进行行政救济而直接进行司法审查,可能会降低行政效率,鼓励当事人超越行政程序,增加行政机关工作的难度和经费。[①]

借鉴上述理论主张和实践经验,可在今后《中华人民共和国行政复议法》的修订中,针对行政规定的合法性审查,可增设复议前置的程序。首先,可充分发挥行政复议的制度功能。行政复议和行政诉讼,虽为两种性质不同的监督制度,但在宗旨和作用上是相同的,都是为了解决行政争议,监督行政机关行使职权,保护公民、法人和其他组织的合法权益,两者在制度上是分工、协同和衔接的关系。"行政复议因其成本低甚至免费,程序简单且专业性较强等优点迅速成为公众寻求权利救济的重要渠道。"[②]"在我国,司法机关定纷止争的能力与行政机关定纷止争的能力各有千秋、各有所长,实践表明,我国政府法治的实现决不能完全

---

① 参见王名扬:《美国行政法》,中国法制出版社 2005 年版,第 647 页。

② 曹鎏:《五国行政复议制度的启示与借鉴》,《行政法学研究》2017 年第 5 期,第 26 页。

依赖外部司法监督，还是要发挥行政机关内生的纠错能力。"[①]在行政规定的司法审查中设置复议前置程序，即由复议机关对引起争议的行政规定先行复议，如果行政相对人对复议决定不服，才可以再向人民法院起诉。这样可以在司法提供最终监督救济的同时，利用行政的专业优势，给行政机关提供自我纠错的机会，发挥行政复议解决纠纷的主渠道作用。

其次，有利于克服"泛司法化""泛行政诉讼化"的弊端。"泛司法化""泛行政诉讼化"的行政纠纷解决机制，是实务界专家和法官的现实忧虑，主要表现为多年来人们对行政纠纷解决机制存在认识上的误区，片面认为对待任何行政纠纷都必须首先考虑并通过诉讼解决，而忽视行政权在解决纠纷方面的天然优势，以致立法和政策导向有意无意地将大量原本可能会先通过行政程序、协调对话、行政复议等方式解决的纠纷，自觉不自觉地引入法院，这加剧了司法和行政诉讼的困境。其造成的不利后果是，司法机关不得不大量应对原本可以通过其他途径化解的纠纷。这一方面既丧失了行政机关在制止侵权、维护权益和填补损失方面具有的便利性、专业性、效率性；另一方面又使这些纠纷不得不面对司法裁判具有的滞后性、程序性和昂贵性，对于社会秩序的稳定和公众的维权而言，并非是有利的。因此，我们在强调司法解决行政纠纷的同时，不应忽视行政机关也可能有效地解决行政纠纷，不宜过分夸大行政机关在解决行政纠纷方面存在的缺陷。[②]确立复议前置，可减轻法院的负担，在避免过多的争议涌入法院的同时，尽量减少司法权对行政权的干预，保障行政的自主性和有效调配司法资源，避免司法权与行政权之间可能产生的矛盾。

最后，有利于提高合法性审查的实效性。行政规定的备案审查工作是近年来法制机构开展的重要工作，而复议机关与法制机构往往是同一主体，将行政规定的审查作为复议前置程序，可实现备案审查与复议审查的双重监督。加之，行政复议的审查强度不仅包括合法性审查，还可针对合理性进行审查，审查更为全面彻底，更有利于对申请人的权利救济。此外，复议决定的效力有利于法秩序的维护。依据《中华人民共和国行政复议法》第二十六条规定，申请人在申请行政复议时，一并提出对本法第七条所列有关规定的审查申请的，行政复议机关对该规定有权处理的，应当在三十日内依法处理；无权处理的，应当在七日内按照法定程序转送有权处理的行政机关依法处理，有权处理的行政机关应当在六十日内依法处理。处理期间，中止对具体行政行为的审查。因此，无论是有权处理的复议机关，还

---

① 杨海坤、朱恒顺：《行政复议的理念调整与制度完善——事关我国〈行政复议法〉及相关法律的重要修改》，《法学评论》2014 年第 4 期，第 26 页。

② 有关论述详见耿宝建：《"泛司法化"下的行政纠纷解决——兼谈《行政复议法》的修改路径》，《中国法律评论》2016 年第 3 期，第 232-233 页。

是接受转送的有权处理机关，在经过审查后，基于其享有的行政管理职权，可对被审查的行政规定作出具有法律效力的审查决定，合法的，予以肯定；不合法的，可以撤销或变更；内容违法或者不具备适用性的，可予以撤销和废止。相比较于行政诉讼中，法院审查后认为不合法，仅有个案中不予适用和提出处理建议的权力而言，行政复议决定的效力更显彻底和效率。

四、附带审查与直接审查相结合的方式

现有国家和地区针对行政规定的审查方式大体上可分为：直接审查方式和附带性审查方式。直接审查方式是指法院可专门就行政规定有无违反上位规范进行直接审查，并不需要附随在具体诉讼案件中才可审查；附带性审查方式是指法院仅可以在审理具体案件或争议时，一并审查其中适用的行政规定。新修订的《中华人民共和国行政诉讼法》第五十三条第一款规定，公民、法人或者其他组织认为行政行为所依据的国务院部门和地方人民政府及其部门制定的规范性文件不合法，在对行政行为提起诉讼时，可以一并请求对该规范性文件进行审查。因此，确立了我国对行政规定的司法审查方式为附带审查。审查方式上的差异主要是对诉讼功能的定位不同导致的。

1）直接审查的方式，主要以法国为代表，其将行政规范视为行政行为，并使之适用与个别行为相同的救济途径。在法国，利害关系人认为条例违法时，可在条例公布后两个月内向行政法院提起诉讼，主张条例无效。附带性审查的方式，主要是以德国为代表。依据德国基本法第 19 条第 4 项的规定，任何人之权利受官署侵害时，得提起诉讼。如别无其他管辖机关时，得向普通法院起诉。《行政法院法》第 40 条集中规定了行政诉讼的受案范围：发生非宪法行政的公法争议且争议不依法由其他法院明确受理的，则由行政法院受理。这意味着"对于任何一个其权利受到公权力侵害的人而言，法律救济途径都是敞开的"[①]。因此，各种形式的行政决定，都可以成为司法审查的对象，行政机关制定的法规命令也不例外。就审查的方式而言，各级行政法院和法官，享有针对法规命令的附随于个案的违法违宪审查权。

2）基于主客观诉讼功能而形成的差异。对于直接审查和附带性审查方式的差异成因，从行政诉讼审判权的功能角度剖析，主要是缘于对诉讼功能的主客观定位不同。法国及与其相似模式的国家，其行政诉讼制度带有浓厚的维护客观法秩序的色彩，基于维护法律的统一，所有行政行为无论其作出的主体或介入的事项，均遵守相同的合法性，接受相同的司法审查，对诉讼的提起和诉讼利益的要求则

---

① 胡建淼主编：《世界行政法院制度研究》，中国法制出版社 2013 年版，第 155 页。

较为宽松，对违法命令通过起诉途径使其从法秩序中消失。①

而德国行政诉讼在传统上是以保护个人的主观公权利为目的的，"确立行政诉讼审判权之首要功能为保护人民权利，对抗公权力不法侵害"②。其行政诉讼制度仿效民事诉讼而设计，为了能提起诉讼，请求人必须存在权利受到损害的事实，当事人在诉讼中被置于平等的地位，且裁判的效力仅及于诉讼当事人，"由于德国行政诉讼是以主观方式来构思，且其行政法是建立在行政当局以及其决定之对象间的二元关系上，因此，对于承认命令的直接诉讼，有其固有的困难"③。在特定条件下，高等行政法院为维护当事人权利，或者基于单纯维护客观法秩序的目的，也享有直接针对部分规范审查的权限。依据《行政法院法》第47条之规定，审查的对象包括依建设法规定所制定的法规，以及联邦法律明文规定的非联邦当局所发布的命令。

3) 行政规定诉讼的客观功能取向。我国的行政诉讼脱胎于民事诉讼，维护个人权利的主观诉讼功能与维护客观法秩序的客观诉讼功能交融并存，是现行诉讼制度的构造特点，这亦体现在开宗明义的立法宗旨中。《中华人民共和国行政诉讼法》第一条规定，为保证人民法院公正、及时审理行政案件，解决行政争议，保护公民、法人和其他组织的合法权益，监督行政机关依法行使职权，根据宪法，制定本法。尽管围绕该立法目的，学界曾一直存在诸如"三重目的说""双重目的说""唯一目的说"的争议，但行政诉讼中主观诉讼和客观诉讼的价值取向及其制度设计均有所体现，正如学者分析认为"我国行政诉讼既不是完整意义上的主观诉讼，也不是完整意义上的客观诉讼，诉讼请求的主观性与法院审判的客观性使得我国行政诉讼在构造上呈现出一种扭曲的'内错裂'形态"④。

行政法治原则的主要要求之一，就是行政机关必须采取行动保证法律规范的正确实施。行政规定一般是为执行法律、法规、规章而制定的，界于立法与行政执法之间，其制度建设的水平关系到依法行政的建设。根据国务院印发的《全面推进依法行政实施纲要》的基本原则和基本要求：必须维护宪法权威，确保法制统一和政令畅通。因此，保障能反复适用和具有普遍约束力的行政规定的合法性，对于维护客观法秩序的统一具有重要意义。对行政规定的合法性审查，更多是彰显出客观诉讼的功能。"行政诉讼不仅为保护当事人的主观公权利，而且也要求确

① 王必芳：《行政命令的抽象司法审查——以法国法为中心》，《中研院法学期刊》2012年第11期，第133—135页。
② 参见Thomas Würtenberger：《德国行政诉讼法之新发展》，刘建宏译，见《"国立"中正大学法学集刊》2009年第5期，第246页。
③ 王必芳：《行政命令的抽象司法审查——以法国法为中心》，《中研院法学期刊》2012年第11期，第187页。
④ 薛刚凌、杨欣：《论我国行政诉讼构造："主观诉讼"抑或"客观诉讼"？》，《行政法学研究》2013年第4期，第34页。

保行政法规的正确适用，以贯彻行政的合法性，维护公共利益，因此在立法政策上，也有承认特殊的'客观诉讼'类型的余地，例如民众诉讼乃至规范审查程序，均属之。"①

也有学者从权利救济的角度，以是否侵犯行政相对人的合法权益或对行政相对人产生不利影响作为能否直接起诉的依据。他们认为，行政规定能否被诉，关键在于是否侵犯行政相对人的合法权益或对行政相对人产生不利影响，如果其尚未侵犯行政相对人的合法权益或对行政相对人产生不利影响，相对人的起诉时机就不"成熟"，只能等待行政机关依据这些规范性文件实施具体行政行为时再一并请求对之"附带审"。如果该规范性文件不经具体行政行为就直接侵犯了行政相对人的合法权益或对行政相对人产生了不利影响，相对人起诉时机就"成熟"了，其便可以"直接诉"而无须"附带诉"，法院可以"直接审"而无须"附带审"。②

因此，基于维护客观法秩序的主要功能定位，针对行政规范性文件的司法审查，宜在今后的立法修改中允许采用直接审查的方式，即利害关系人可直接对其合法性提出审查要求。

五、合法性的审查范围与标准

2007年1月1日起施行的《中华人民共和国各级人民代表大会常务委员会监督法》，以专门的第五章"规范性文件的备案审查"，规定了对有关行政规定的审查、撤销权。根据该法第三十条的规定，县级以上地方各级人民代表大会常务委员会作出的决议、决定和本级人民政府发布的决定、命令，经审查，认为有下列不适当的情形之一的，有权予以撤销：①超越法定权限，限制或者剥夺公民、法人和其他组织的合法权利，或者增加公民、法人和其他组织的义务的；②同法律、法规规定相抵触的；③有其他不适当的情形，应当予以撤销的。结合《中华人民共和国立法法》第九十六条的规定，这两部法律确立了行政规定审查的法律标准，尤其是监督法的规定，已对特定主体即县级以上地方各级人民政府制定的行政规定，明确规定了判定其合法与否的具体标准。《最高人民法院关于适用〈中华人民共和国行政诉讼法〉的解释》（法释〔2018〕1号）第一百四十八条也作出了类似的规定。同时，就我国行政诉讼的司法审查强度而言，学者提出"法官应本着有限审查的原则，依据案件的具体类型选择恰当的审查方式，妥善解决行政争议，避免'过'和'不及'的双重危险"③。基于此，笔者认为，对行政规定合法性审

---

① 陈清秀：《行政诉讼法》，元照出版有限公司2013年版，第155页。

② 参见姜明安：《对新〈行政诉讼法〉确立的规范性文件审查制度的反思》，《人民法治》2016年第7期，第12页。

③ 江必新：《司法审查强度问题研究》，《法治研究》2012年第10期，第3页。

查的标准，可以从以下几方面综合考察。

（一）是否超越职权

国家机关只能在各自的职权范围内活动，超出法定的职权范围，其行为无效，这一原则同样适用于行政规定。行政超越职权，通常被简称为行政越权，是指行政主体超越其法定行政职权（权限和权能）的违法行政行为。行政越权可分为行政权限逾越即逾越行政管辖权和行政权能逾越两大类。行政权限逾越是指，行政主体的行政行为在层次、地域和事务的一方面或几方面逾越该主体职权的情形。实践中，行政主体越权制定行政规定的现象屡有出现。行政主体只能在各自的职权范围内活动，超出法定的职权范围制定的行政规定当属无效。是否超越职权主要审查和判断依据是：制定的主体有无权能，有无超越管辖的事务权限、地域权限和层级权限等。

基于权限的内容，行政权限逾越包括以下几种情形：①事务管辖权逾越，即行政主体超越自己的业务主管管辖了不属其法定业务范围的事务；②地域管辖权逾越，是指行政主体的行政行为超越了法定的空间范围；③层级管辖权逾越，它表现为有直接或间接隶属关系的上下级行政主体之间一方行使了属于另一方的行政权力。行政权能逾越，是指行政主体的行政行为超出了其法定权力主体限度的情形。根据各种权能性质的差异，行政权能逾越包括以下几类：①行政主体享有某项行政权能，但其行政行为超越了该行政权能的法定幅度或限度；②行政主体不享有某项行政权能，但其行政行为却是享有该行政权能的表现；③行政主体不享有非行政性国家权能，但其行政行为却是享有该非行政性国家权能的表现；④行政主体的行政行为根本无任何国家权能的基础。[①]

（二）是否违反法律保留

违反法律保留原则的要求，限制或者剥夺公民、法人和其他组织的合法权利，或者增加公民、法人和其他组织的义务的行政规定不合法。根据《中华人民共和国立法法》第八条和第九条的规定，对公民重要性的基本权利，如人身权、财产权；公民政治权利；以及涉及国家机关组织事项内容，给予法律保留，只能由立法机关加以规范，行政规定不得就此作出规定。《全面推进依法行政实施纲要》就"合法行政"的要求明确规定"没有法律、法规、规章的规定，行政机关不得作出影响公民、法人和其他组织合法权益或者增加公民、法人和其他组织义务的决定"。这种规定与法律保留中"侵害保留说"的观点相一致，结合《中华人民共和国各级人民代表大会常务委员会监督法》中"超越法定权限，

---

① 参见胡建淼主编：《行政违法问题探究》，法律出版社2000年版，第272—279页。

限制或者剥夺公民、法人和其他组织的合法权利，或者增加公民、法人和其他组织的义务"的禁止性规定，对我们审查行政规定的内容是否合法，提供了明晰的判断标准。同时，依据侵害保留原则，在审查行政规定时，如其内容涉及行政相对人的实体权利和义务时，应判断其有无上位法规范的授权或规定，如没有，则不具有合法性。

根据前文第四章第二节中的"重要性理论"相关论述，对于应适用法律保留的领域，行政规定不得加以设定，这是防止行政规定以行政权的方式侵害公民重要权益并侵及立法权。尊重和保障公民自由权利是行政规定合法性的实质要件，因而对公民重要性的基本权利，予以法律保留，是行政规定应当恪守的前提。此外，从"积极行政"和"消极行政"的要求出发，遵循行政合法性原则，强调依法行政并非一味地限制行政活动。对于负担性行政行为，如行政处罚、行政强制、行政执行、行政征收、行政征用等，必须以法律、法规、规章为依据，而不能以行政规定作为依据，"没有法律规范就没有行政"。对于那些对行政相对人的权利和义务不产生直接影响的行为，如行政规划、行政指导、行政咨询、行政建议、行政政策等，一般不需要以法律、法规、规章作为授权依据，行政规定可加以规定，在法定的权限内积极作为，"法无明文禁止，即可作为"。当前存在问题比较突出的是在行政征收、行政补偿等领域还没有严格的法律规定，行政机关以自己制定的规定为准则；对政治权利，往往在法律规定之外，被行政规定加以额外限制；对经济、社会和文化权利，各地有时从其经济状况出发，以行政规定的方式予以限制甚至剥夺。这些现象，从法律保留的法治原则出发，必须加以改正和杜绝，否则将阻碍我国法治建设的健康发展。

（三）是否同法律法规相抵触

不抵触原则，是指人民法院审查行政规定的内容，以不抵触宪法和上位法作为合法的标准。不抵触原则对应的是依据（或称根据）原则。依据原则，是指下位法的各项规定应当源于宪法和上位法，行政机关不能制定没有宪法和上位法"根据"的条款。采用不抵触原则而不是依据原则，意味着行政机关在制定行政规定时享有更多的自主权，法院在审查行政规定时必须给这种自主权更多的尊重。人民法院只能对其内容是否和上位法相抵触进行审查，不能代替行政机关进行审议，更不能对其行政规定是否必要、结构是否合理、表述是否科学、文风是否简练等进行审查。行政规定不与上位法相抵触主要是指：不能直接与上位法相抵触；不能与法律原则、法治精神相抵触；不能没有法律法规及规章授权而限制行政相对人的权利，或者给行政相对人增加义务或负担，除非是为了公共利益的需要。

借鉴法国有关条例的法律制度，对于执行性行政规定，由于其目的在于执行和解释法律的规定，当然不能同它所执行和解释的法律相抵触，也不能和其他法律相抵触。创设性行政规定所规定的事项是法律范围以外的事项，它的效力不由法律规定，只受宪法的限制，但当它所规定的事项如果和法律所规定的事项有牵连时，法律的效力高于行政规定。此外，还应受法的一般原则的限制，主要是指如下原则①：公民的基本自由权，公民的各种平等权，包括法律面前、租税面前、公务面前、公共负担面前及其他方面的平等在内，为自己辩护权，不溯既往原则，既判力原则，不当得利返还原则，尊重既得权原则，比例原则等。

（四）程序和形式合法的审查

依法定程序产生和以法定形式表现是合法性的重要构成要素。在行政规定制定程序中，调研起草、预告、征求意见、听证、审核、签署、公布、备案等环节，是其具备合法性的主要制度内容。根据前文有关制定程序的阐述，由于行政规定内容涉及的性质、范围不同，制定的程序要求也会有所差异，除特殊事项可免除公众参与程序范围及在紧急状态下可适用简易程序外，正常的行政规定制定应遵循正当程序标准，即审查行政规定的制定是否遵循了法律规定的最起码的程序：事前是否进行了公告通知，是否提供了公众参与的机会，对公众的评价意见是否进行了适当的考虑，是否以便民的形式公告，等等。未尽此正当程序的规定无效。借鉴国外的做法，对程序瑕疵通常采取宽松的要求，一般不轻易因程序的个别瑕疵而否定其效力。

（五）强弱有别的审查事项

通过上述关于对抽象行政行为的司法审查模式及具体审查标准、原则的考察可以看出，能动与克制的理念融入其中，大体而言，对涉及生命健康及人身自由等基本人权保障内容、具有确定的损害事实、缺乏足够的民主正当性基础和正当程序、合理性明显缺乏等这类行为，秉持能动的司法审查态度及要求，积极主动审理裁判。对行为尚未形成、对当事人权利和义务影响不明确、尚未穷尽行政救济程序、涉及科技和经济及政策形成等行政专业领域事项、具有一定的合理性基础、具备授权或委托的合法权力来源、经过完善的公开公正程序等这类行为，采取谦抑克制的司法审查态度，尽可能地尊重行政机关作出的决定。尤其是在规范的内容涉及特定领域事务时，如专业技术标准、经济政策管制等，行政机关拥有较大的自由裁量空间，法院应主要就行政规范性文件制定的程序、制定主体的独立性和利益代表的广泛程度等进行审查。

---

① 参见王名扬：《法国行政法》，中国政法大学出版社 1988 年版，第 145—146 页、第 212 页。

六、合理性的审查标准

从法的正义、理性的价值出发，我国应当扩大合理性审查标准的适用范围，加深行政行为司法审查的程度，使合理性成为与合法性标准相并列的行政行为审查的基本标准，这既符合世界各国行政行为审查标准发展的共同趋势，顺应了现代行政法治已从传统的形式主义法治发展为实质主义法治的潮流，也是我国行政法治发展的根本要求。"纵观世界各国司法审查范围的变迁，经历了由合法性审查到以合法性审查为主，辅以合理性审查的过程。这一过程凸显了人们对行政权控制不断深化的理念，也表明了司法能动主义的积极意义。随着法治、民主思想不断深入人心，司法审查的范围势必会加深。"[1]因此，确立合理性审查的具体标准就显得尤为重要。为此，我国可以借鉴国外的经验，如德国的比例原则、英国的越权无效原则，在立法中明确规定"不合理"的表现，如目的不当、专断与反复无常、考虑了不相关的因素和未考虑相关的因素、不作为和迟延等，从而使合理性审查具有可操作性。

行政规定中的不合理，主要体现为对自由裁量权的滥用，所谓滥用自由裁量权，是指行政主体及其工作人员在职务权限范围内严重违反行政合理性原则的自由裁量行为。学界已对违反行政合理原则而构成滥用自由裁量权的判断方法及其表现形式，有较深入系统的阐述，可资借鉴。[2]判断行政滥用职权的方法有以下四种。①主观判断法，其标准是自由裁量的行为动机目的是否符合法定的动机、目的。②过程判断法，其标准是自由裁量行为是否考虑了不该考虑的因素或者没有考虑应该考虑的因素。③结果判断法，其标准是自由裁量行为结果是否显失公正。④比较判断法，其标准是自由裁量行为是否违反平等对待、惯例、比例等。根据上述判断方法，我们可以把行政规定中滥用职权的具体表现形式概括为以下主要情形：①背离法定目的；②不相关的考虑；③违反可行性原则；④违反均衡原则；⑤违反平等对待原则；⑥违反惯例原则；⑦违反遵守行政规则原则；⑧结果显失公正。

对于行政规定的合理性审查，由于涉及行政自由裁量权，一般应持克制的态度。而上述判断标准及表现形式，应当是在达到明显程度时，方可构成不合理的判定。

七、司法裁判的效力及执行

（一）裁判的不同效力及意义

行政规定经司法审查后，如确认合法，自然不会影响到该规定的效力。如确

---

① 高秦伟：《行政行为司法审查范围的比较研究》，《湖北行政学院学报》2003 年第 5 期，第 33 页。
② 参见应松年主编：《当代中国行政法》（下卷），中国方正出版社 2005 年版，第 1533—1536 页。

认违法，法院应如何处理，主要有不予适用和撤销两种结果。不予适用，是指法官只能在具体案件中裁决该行政规定不合法，有权在个案中拒绝适用，但不能直接宣告其无效，以致该规定在法秩序中继续有效。其理由主要是基于司法权限于个案争议，争议出现之后形成的结果也应限于个案，且就行政规定而言，作为一方当事人的被告往往并不是争议对象的制定者，这种裁判方式主要存在附带式审查模式中。如果行政规定违法被宣告撤销，其裁判的效力不仅及于当事人，而且具有对世效力，该裁判方式主要存在于直接审查模式。

从这两种裁判效力的利弊分析看，由于仅在个案中否定其效力，修改、废止行政规定的权力仍为行政机关所享有，可以最大限度地减少司法对行政的不当干预。但该行政规定继续有效存在于法秩序中，一方面，其违法性可能会导致在反复适用时继续损害不特定多数人的利益，另一方面，如果在另案诉讼中，被不同的法院或法官认为合法而适用，将造成裁判的分歧，这既不符合法安定性的要求，且有违适用上的平等原则。而撤销不合法的行政规定，既可以一劳永逸地及早于上游清除违法来源，给予行政相对人更有效、更合理及更经济的权利保护，同时可以避免引发其他的另案诉讼。此外，作成具有普遍约束力的审查判决，亦可避免在个别诉讼程序中出现判决歧异，以维护法安定性，符合法治国家的要求。

（二）撤销判决中的调整权机制

考虑到行政规定具有的反复适用性和维护法秩序统一的需求，为克服个案裁判效力的诸多弊端，笔者赞同采用撤销的裁判方式，使不合法的行政规定失去普遍效力。但由此引发的另一个问题是，依据行政行为的效力理论，撤销的后果要在效力上溯及既往。原则上，废弃行政行为的效力应回溯到该行为被作成之时，而在其被法院撤销之前的存续期间可能被反复适用，依此做出的特定行为虽不具有合法依据，但都已可能产生具体的法律效果或状态，如一律具有回溯效力可能会产生严重的不利后果。国外判例中虽认为，如对这些具体行为未在诉权保护期间内提起争讼，则效力状态可归于确定，但同时不排除会启动另一波诉讼，而造成对已生效具体行政行为效力的质疑和司法的困境。

鉴于此，法国行政法律制度中确立了法官"调整权"机制，对命令撤销后的溯及力问题，宣告撤销的行政法院法官有权决定是否以及如何具有回溯的效力。在 2009 年 7 月 24 日的判决中，法院决定一个介入法律保留领域的命令不具合法性，但其到 2010 年 6 月 30 日方才失效。调整权的发展则是中央行政法院基于实务的考量，透过其判例所建置的机制。在没有立法者之实证法为基础的情形下，法院纯粹是依自己的司法权威，运用调整权。因此，对撤销的不合法行政规定，是否具有溯及力，应区别对待，由法官审慎地进行利益衡量，以体现出法律必须保护国家、社会和第三人利益的价值作用，以维护正常的社会秩序，维持社会关系的稳定。

（三）司法裁判执行力的问题

长期以来，基于司法权与行政权的权力分立原则，法国最高行政法院一直认为行政法官不得向行政机关下达指令，以执行法院的判决。这种情形的存在，与判决既判力应有的权威相违背，其在 2005 年通过立法填补该漏洞，该法律赋予行政法院指令权与处罚权，以迫使行政机关必须执行行政法院所作出的判决。自该法律通过后，这些机制在实际中均有所运用。

《中华人民共和国行政诉讼法》第六十四条规定，人民法院在审理行政案件中，经审查认为本法第五十三条规定的规范性文件不合法的，不作为认定行政行为合法的依据，并向制定机关提出处理建议。《中华人民共和国行政诉讼法》第九十六条规定，行政机关拒绝履行判决、裁定时，可以采取划拨、罚款、公告、提出司法建议乃至追究刑事责任等执行手段。通过这几种手段采用的现实可能性的分析，采用司法建议的方式，更有利于保障生效判决的执行和实现司法权与行政权之间的良性互动。"在行政审判过程中，如果加入合理有效的司法建议制度，法官的良知和职业使命感会促使更多的有问题的行政行为因为接受司法建议而被纠正。"①除了立法规定的向该行政机关的上一级行政机关或者监察机关提出司法建议外，可拓展延伸到同级政府的法制部门和同级人民代表大会，将行政机关内部上级对下级的监督、外部异体监督和专门监督相结合，充分发挥司法建议能动司法的效能。《最高人民法院关于适用〈中华人民共和国行政诉讼法〉的解释》（法释〔2018〕1 号）第一百四十九条的规定体现了强化司法建议对行政规定监督的理念和要求，该条规定经审查认为规范性文件不合法的，不作为人民法院认定行政行为合法的依据，并在裁判理由中予以阐明。作出生效裁判的人民法院应当向规范性文件的制定机关提出处理建议，并可以抄送制定机关的同级人民政府、上一级行政机关、监察机关以及规范性文件的备案机关。同时，规定了接收司法建议的行政机关应当在收到司法建议之日起六十日内予以书面答复的义务。紧急情况的，人民法院可以建议制定机关或者其上一级行政机关立即停止执行该规范性文件。

---

① 黄学贤、丁钰：《行政审判中的司法建议制度运行分析——以江苏法院为视角》，《行政法学研究》2011年第 3 期，第 91 页。